櫻井茂男［編］

改訂版

# たのしく学べる 最新 発達心理学

—乳幼児から中学生までの心と体の育ち—

図書文化

# まえがき

本書は，教職（おもに幼稚園教諭や小中学校教諭）をめざす人や，保育士など教職に準じた職業をめざす人（発達心理学等の単位が必要な人）のために書かれた「発達心理学」のテキストです。乳幼児期から青年期前期まで，具体的にいえば「生まれたばかりの赤ちゃんから中学生くらいまで」の子どもの心身の発達がつぶさにわかるように執筆しました。

書名にあるように“たのしく学べる”ことを大切にして，わかりにくい内容でも一読で理解できるように文章表現に気を配りました。「コラム」では現代的なトピックを取り上げ，たのしみながら学べるように工夫しました。“たのしく学べた”という体験は，教諭や保育士になったときに必ず生きてくるものと思います。

しかし，本書はたのしいだけの読み物ではありません。本書はテキストですから，発達心理学の基本的な内容と最新の内容をしっかり盛り込みました。従来こうしたテキストでは，欧米のデータを中心に紹介することが多かったのですが，本書ではわが国の子どもの発達を重視する立場から，できるだけわが国のデータや研究を取り上げました。より深く学びたいという人のための「読書案内」や各章の内容理解を確認するための「演習問題」など，“自学自習”のための工夫も凝らしてあります。

本書の内容ですが，従来の「発達心理学」のテキストと違い，現代的な内容を多く取り上げました。「心の問題と心理臨床」の章では，近年とくに注目されている発達障害とそれへの対応の仕方を，専門家の先生にわかりやすく解説してもらいました。「キャリアの発達」の章では，生涯発達の中で重要な役割を果たすキャリア発達を取り上げ，詳しく説明しています。そして「情報リテラシーの発達」の章では，いまどきの子どもがこれからの高度情報化社会の中でうまく生きられるように，新しいメディアに対応した教育について紹介しています。

こうした趣旨や内容で刊行した初版でしたが，すでに10年以上の歳月が流れました。この間に本書は多くの大学や短大，専門学校等のテキストとして採用され，多くの先生や学生さんから好評を得ました。これは本書刊行の大きな目的が達成されたということであり，著者一同大変うれしく思っています。

ただ，その一方で10年以上の歳月によってデータの一部が古くなり，それらを更新したり，新たな知見を追加したりして内容を充実させる必要性も高まりました。そうしたことに対応するため，このたび改訂版を刊行することになりました。おもな修正点は以下のとおりです。

①今日的な視点から，必要に応じて内容を修正する。

②「コラム」で扱うトピックはできるだけ新しいものにする。

③「読者案内」は最新の図書を加味したものにする。

④「演習問題」も修正内容に応じて新しくする。

また内容面の大きな変化として「非認知能力の発達」（5章）の章を新設しました。これまでは認知能力（知能や思考など）の発達が重要視されてきましたが，近年メタ認知（認知する自分を一歩高いところから認知すること）やセルフ・コントロール，エンゲージメント（学習などへの積極的な取り組み）というような非認知能力の発達もとても重要であることが明らかにされました。

以上のように改訂版は最新の知見を取り入れ，バージョンアップされたテキストといえます。これから発達心理学を学ぼうとする方に大いに役立つことが期待できます。

最後になりましたが，本書の出版および改訂を快くお引き受けいただきました図書文化社長の則岡秀卓氏，大変な編集の労をお取りいただきました同社出版部の大木修平氏に心より感謝いたします。

令和5年1月

編者　櫻井茂男

もくじ――改訂版 たのしく学べる最新発達心理学

◆コラム◆

# 第1章

# 発達心理学とは

教職につくには，子どもの発達とはどのようなものか，十分に理解していることが大切です。本章では，子どもの発達について，心理学の立場から基本的な事項を説明します。第1節の「発達とは何か」では，発達の定義，発達を規定するもの，人間における発達の特徴を説明します。第2節の「発達の原理」では，発達にみられる基本的な法則を紹介します。第3節の「発達段階」では，一般的な発達段階や，各発達段階での重要な発達課題について説明します。第4節の「発達の諸相」では，胎生期，乳児期，幼児期，児童期，青年期前期（中学校時代）の発達の様相を概観します。本章の内容をガイドにして，次章からの各論に進んでください。

# I　発達とは何か

## 1　発達の定義

「発達（development）」とは，出生から（あるいは，精子と卵子が受精してから）死亡までの，体や心の構造・機能に生じる連続的な変化をいう。例えば，赤ちゃんが言葉を話せるようになる，小学校高学年生が抽象的な思考ができるようになる，高齢者がもの忘れの回数が増える，といった変化である。従来は成人へと向かう上昇的な変化だけを発達といったが，近年は“出生から死亡まで”という期間を重視し，成人から老人へと向かう，どちらかといえば下降的な変化も含めて発達という。人生前半の発達が，成長していくポジティブなイメージであるのに対して，人生後半の発達は，死に向かって衰えていくネガティブなイメージになりやすい。しかし，人生後半の老年期（**図１－１**）でも，人生経験を生かして深みのある文章が書けるようになったり，他者の気持ちを十分に配慮して温かい対応ができるようになったりと，ネガティブな発達ばかりではなくポジティブな発達もみられるのである。また，知恵あるいは英知（wisdom）は，人生後半の老年期にとくに発揮されるものであると考えられている。

こうした発達現象を解明する心理学を，「発達心理学（developmental psychology）」という。出生から死亡までという点を強調して，「生涯発達心理学（life-span developmental psychology）」ということもある。

なお，本書は，短大や大学における教員養成課程（教職課程）で使用される発達心理学のテキストであることから，「出生から中学生くらいまで」の発達過程に焦点を当てて解説している。その後の発達や，生涯を通しての発達に興味のある方は，櫻井・佐藤（2013）などをお読みいただきたい。

## 2　発達を規定するもの――遺伝と環境

発達は，一般に「成熟（maturation）」と「学習（learning）」によって生じると考えられている。成熟とは，環境のよしあしにはほとんど関係なく，遺伝的に親から受け継がれたものが時間の経過とともに外に現れることである。背の高さは遺伝に強く規定されており，親の身長が高ければ，子どもの身長も高くなる。日本人の場合，栄養状態のよい現在のほうが栄養状態の悪い50年前よりも，同じ年齢の平均身長は高くなっている。したがって，同じ年齢で比べれば，親よりも子どものほうが身長は高いケースが多い。その意味では，背の高さにも環境（とくに栄養状態）の影響はあるといえる。しかし，50年前に生まれた親がその世代のなかで背が高ければ，その子どもも，子どもの世代のなかで背が高い場合が多い。このような意味で，背の高さは成熟の好例といえる。

いっぽう，学習とは，経験の結果によって生じる，比較的永続的な変化のことである。言葉の獲得は，成熟よりは学習に負うところが大きい。幼いころの言語環境が悪かった場合，すなわち，母親が子どもにあまり話しかけなかったり，子どもの話をゆっくり聞かなかったりした場合には，子どもの言葉の発達は遅れることが多い。

成熟は「遺伝」と，学習は「環境」と関連が深い。昔から，発達はどのような要因によってどのように規定されているかということが議論されてきた。遺伝が重要と考える「遺伝説」，環境が重要と考える「環境説」，遺伝と環境の双方がともに重要と考える「輻輳（ふくそう）説」や「相互作用説（interactionism）」が提唱されている。輻輳説は，遺伝と環境の影響を加算的に考え，相互作用説は，それらの影響を相乗的に考える点が異なっている。一般に，遺伝の影響が70％，環境の影響が30％で，両方を合わせて100％という考え方は輻輳説である。いっぽう，遺伝要因は環境要因によって刺激されて外に現れ，その現れによって，周囲の環境が変化し，さらに遺伝要因が外に現れやすくなるといった考え方は相互作用説である。

相互作用説によれば，作曲家モーツァルトの偉業は，音楽に関する優れた才能（遺伝要因）が父親による訓練等で外に現れ（優れた演奏や作品），それが世の人たちに認められ，その才能がさらに開花する機会（演奏会や作曲の依頼）を与えられた結果，よりすばらしい演奏や作品が生まれた，と考えられる。

なお現在では，相互作用説が，発達を最もよく説明できる説として評価されている。

## 3　人間の発達の特徴

人間の赤ちゃんは，生後１年くらいまでは「胎生期」（胎内にいる時期：**図１－１**）の延長であるかのように，急速な発達をとげる。身長は出生時の1.5倍（約75cm），体重は３倍（約10kg）になる。また，高等哺乳類（ウマやウシ）は，生まれるとすぐに立ち上がって歩く。ところが，人間の「直立歩行」は，生後１年くらいたってから，ようやく可能になる。こうした事情を考慮して，スイスの動物学者ポルトマン（Portmann, 1951）は，人間の赤ちゃんは，生後１年くらいは胎内で育つべきであるにもかかわらず，そこまで育つと産道を通れなくなるために，１年くらい早く生まれるのではないかと結論した。そしてこの現象を，「生理的早産（physiological premature delivery）」と名づけた。

人間の赤ちゃんにとって，生後のこの１年は，胎内にいるときよりも多くの環境刺激を受け，豊かに成長できる可能性を秘めた時期といえる。養育者がよい環境を提供できれば，赤ちゃんはそれだけ豊かに発達できるということである。これが，人間の発達における大きな特徴のひとつである。

もうひとつの特徴は，成人に達するまでの期間が長いということである。日本でも欧米諸国でも18歳くらいになると成人とされるが，男子でも女子でも，身体的に子どもがつくれるようになってから成人といわれるまでに，かなりの時間がかかる。すなわち，体が大人になっても，精神的にはまだ子どもの状態が続くということである。人間の社会では，一人前の大人（成人）になるには，かなり長い教育期間が必要なのである。この特徴も，最初の特徴と同様に，人間を取り巻く環境の重要性を示唆しているといえる。

## Ⅱ　発達の原理

発達現象にみられる基本的な法則を,「発達の原理(principle of development)」という。次の８つの原理がよく知られている（櫻井，2014)。

**①個体と環境の相互交渉によって発達は進む**

人間の発達は，個体である人間が環境に働きかけ，その結果が人間にフィードバックされるといった相互交渉によって進む。環境からの働きかけを一方的に受ける状況だと，発達はうまく進まない。例えば，幼児をテレビの視聴だけをさせるような状況に長く置くと，幼児の好奇心はしぼみ，学ぶ意欲は発達してこない。意欲を発達させるには，視聴内容を話せる相手が必要である。

**②分化と統合によって発達は進む**

発達とは，未分化の状態が分化した状態になり，さらにいくつかの分化した状態が統合される過程である。例えば，乳児が積み木をつかむ行動は，指全体を使って握るようにつかむ未分化の状態から，親指と人差し指で，まさにつかむといえる分化した状態へと発達する。そして，しばらくすると，その分化したつかむという行動は，指を使うさまざまな行動のなかに統合される。

**③発達は連続的に進む**

例えば，中学生くらいになると抽象的な思考ができるといわれるが，昨日はそれができなかったが，今日はできる，というようなことはない。抽象的な思考は，試行錯誤しながら少しずつできるようになるのである。そうした連続的な変化を巨視的にみると，２～３ヶ月前はできなかったが，今月はほぼできるようになった，というふうにいえるのである。このような巨視的な見方が，発達段階という考え方につながっていく。

④発達は順序性をもって進む

例えば，日本語の話し言葉は，一定の順序で獲得される。出生とともに音声(産声や泣き声）を発し，喃語に進み，初語（同じ内容に対して一貫して発せられる同じ言葉：マンマ［食べ物］，ママ［母親］などが多い）を発し，一語文（「ママ」という一語発話で「ママ来て」などを意味する）や二語文（「ママ，ブーブー」という二語発話で「ママ，ブーブー（玩具の車）を取って」などを意味する）を話す，という順序で発達する。また，人間の直立歩行も，おおむね「ハイハイ→つかまり立ち（伝い歩き）→ひとり歩き」という順序で習得される。

⑤発達は方向性をもって進む

身体の発達では，頭部がまず発達し，次に脚部の発達へと進む。「頭でっかちの赤ちゃん」（まずは頭部が発達）と「八頭身の成人」（後に脚部が発達）という表現は，方向性をもって進む身体の発達の過程をうまく表している。

⑥発達は異なる速度で進む

発達は，いつも同じような速さで進むとは限らない。スキャモンの発育（発達）曲線（30ページ参照）は，このことを端的に表している。例えば，図中の生殖型（睾丸，卵巣，子宮などの生殖器官）は，12歳くらいまではゆるやかに発達するが，それ以後，20歳くらいまでは急速に発達する。性の発達は，初期は遅く，中学生ごろから急速に進むのである。

⑦発達には個人差がある

発達の速度や程度には，個人差がある。声変わり（男性）や初潮（女性）は，児童期と青年期を分ける重要な指標である（**図１－１**）が，早熟な子どもは小学４年生くらいで，晩熟の子どもは中学２年生くらいでこれらを迎える。

⑧発達には敏感期（sensitive period）がある

発達初期のごく限られた時期にしか,（うまく）習得できないものがある。人間では，言葉の習得がそれに含まれる。母語は，幼いうちに練習したほうがうまく習得される。人間の発達の場合には，それほど限定的ではないため「敏感期」といわれるが，鳥類の子が親鳥の後を追う行動などは，ほんとうに限定的な時期にしか習得されないため，「臨界期（critical period）」といわれる。

# Ⅲ　発達段階

## 1　発達段階とは何か

前節でも説明したとおり，発達は連続的に進むのであるが，100年にも及ぶ人間の一生を眺めると，その発達過程は，ある基準によって段階として分けることができる。そうして分けられたものを「発達段階（developmental stage）」という。人間の一生（発達）をおおまかな段階に分けることもできるし，ある特定領域の発達（例えば，知的な発達や感情の発達）を段階に分けることもできる。

**図1－1**に示した発達段階は前者の例であり，最もポピュラーなものである。生理的基準と社会的基準の両方によって，人間の一生を段階に分けている。その結果，人間の一生は，胎生期（受精から出生まで），新生児期（出生から生後1ヶ月くらいまで），乳児期（通常は新生児期を含み，出生から生後1年半くらいまで），幼児期（生後1年半くらいから小学校入学前まで），児童期（小学生の時代），青年期（中学生，高校生，大学生の時代），成人期（就職から退職まで），老年期（退職から死亡まで）などに分かれている。これらの段階名とそれに対応する時期は，本書でよく使用されるので覚えていただきたい。

また，フロイト（Freud, S.）が提唱した「心理・性的発達理論」や，エリクソン（Erikson, E.H.）が提唱した「心理･社会的発達理論」，さらに，ピアジェ（Piaget, J.）が提唱した思考の発達段階などは，後者の特定領域の例である。

これらのうち，エリクソン（Erikson, 1959）の「心理・社会的発達理論」について説明しておこう。**図1－2**に概要が示されている。エリクソンは，性的

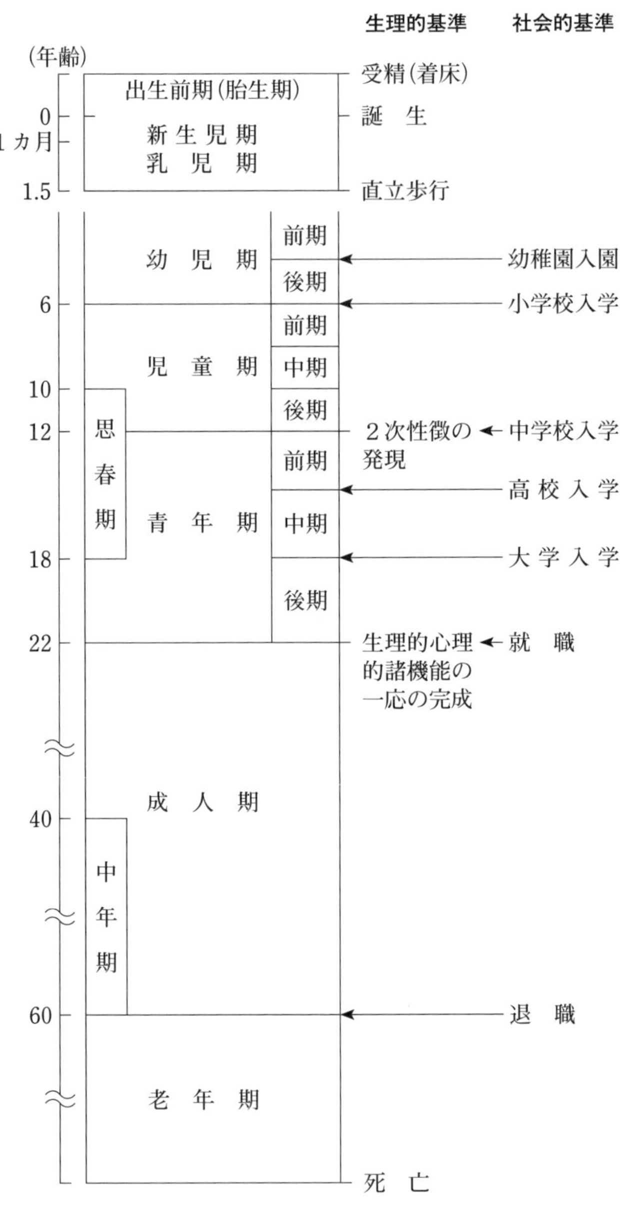


図1－1　一般的な発達段階区分（富田，2001）

なものを重視するフロイトの心理・性的発達理論を嫌い，それをベースにしながらも，社会的なものを重視する独自の発達理論を構築した。彼は心理・社会的な観点から，人生を８つの時期（発達段階）に分け，各時期に達成しなければいけない課題（発達課題）を設定した。その課題が達成されることによって生じるポジティブな面と，達成されないことによって生じるネガティブな面が，**図１－２**にまとめられている。もちろん，課題を達成してポジティブな面を獲得することが，健常な発達である。エリクソンの理論のなかで最も有名なのは，青年期の「自我同一性の確立」である。ただ，彼の理論では，自我同一性を確立するには，青年期の前の段階である児童期に「勤勉性」を獲得することが必要条件となっている。小学校時代にしっかり学び，自分に自信がもてれば，青年期の自我同一性も順当に確立することができるのである。

本来の発達段階とは，このように，ある発達段階における達成が，後続する

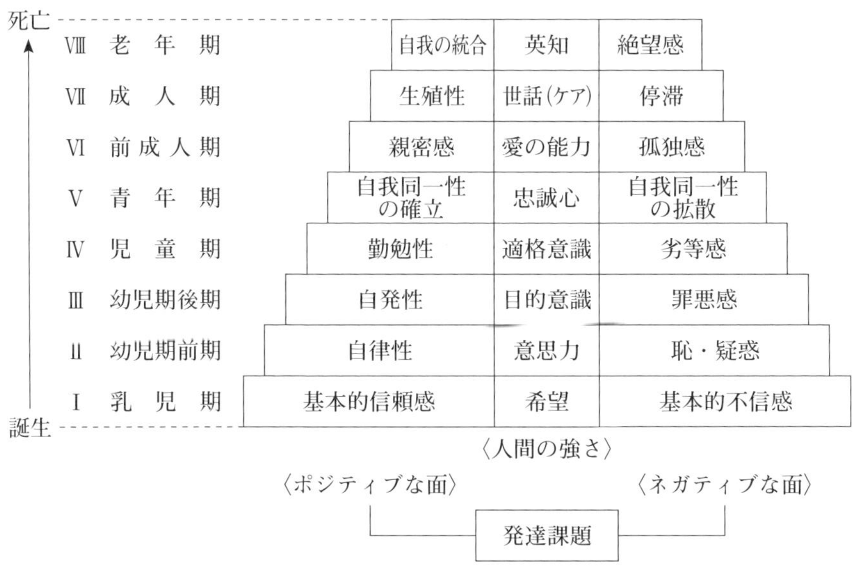


図１－２　エリクソンの発達段階（古賀・鈴木，1995）

発達段階の発達課題の達成に決定的な影響を及ぼす，という積み上げ式になっていることを理解していただきたい。

## 2　発達課題

「発達課題（developmental task）」とは，発達の各段階で，十分に習得しておくことが望ましいとされる課題である。このような発達課題という概念を最初に提唱したのはハヴィガースト（Havighurst, 1953）であり，彼は，発達課題を「人間が健全で幸福な発達を遂げるために各発達段階で達成しておかなければならない課題であり，次の発達段階にスムーズに移行するために，それぞれの発達段階で習得しておくべき課題である」と捉えていた。**表1－1**には，ハヴィガーストの著書（Havighurst, 1972）より，乳幼児期，児童期，青年期（中学生と高校生の時代）の発達課題を示した。

これをよくみると，望ましい社会人を育成するためのおおまかな課題であることがわかる。また，児童期における「男性あるいは女性としての適切な社会的役割を学ぶ」や，青年期における「男性あるいは女性としての適切な社会的役割を獲得する」といった課題は，性役割に関する課題であり，時代，文化，価値，宗教の違いなどによって，その内容の理解は異なるものと予想される。そして，その理解の違いによって，この課題を達成させるためになされる周囲の援助にも，違いが出てくるものと考えられる。さらに，障害をもつ子どものなかには，**表1－1**のような発達課題が達成できない子どもが出てくることも十分に想定できる。そうした子どもを，未発達とラベリングすることには問題があるといえる。結局，こうした発達課題は，発達のひとつの目安であり，その取扱いには十分な配慮をする必要がある。とくに，発達検査などの検査項目として採用するような場合には，多面的な検討が欠かせない。

表１－１　ハヴィガーストの発達課題（Havighurst, 1972；斎藤，1990による）

Ⅰ．乳児期および幼児期――誕生からほぼ６歳まで
1．歩くことを学ぶ
2．かたい食べ物を食べることを学ぶ
3．話すことを学ぶ
4．排泄をコントロールすることを学ぶ
5．性の違いと性に結びついた慎みを学ぶ
6．概念を形成し，社会的現実と物理的現実を表わすことばを学ぶ
7．読むための準備をする
8．良いことと悪いことの区別を学んで，良心を発達させはじめる

Ⅱ．児童期――ほぼ６歳から12歳
1．ふつうのゲームをするのに必要な身体的スキル（技能）を学ぶ
2．成長している生物としての自分について健全な態度をきずく
3．同じ年ごろの仲間とうまくつきあっていくことを学ぶ
4．男性あるいは女性としての適切な社会的役割を学ぶ
5．読み，書き，計算の基本的スキル（技能）を学ぶ
6．日常生活に必要な概念を発達させる
7．良心，道徳性，価値基準を発達させる
8．個人的な独立性を形成する
9．社会集団と社会制度に対する態度を発達させる

Ⅲ．青年期――12歳から18歳
1．同性と異性の同じ年ごろの仲間とのあいだに，新しい，そしてこれまでよりも成熟した関係をつくりだす
2．男性あるいは女性としての適切な社会的役割を獲得する
3．自分のからだつきを受け入れて，身体を効果的につかう
4．両親やほかの大人からの情緒的独立を達成する
5．結婚と家庭生活のために準備をする
6．経済的なキャリア（経歴）に備えて用意する
7．行動の基準となる価値と倫理の体系を修得する―イデオロギーを発達させる
8．社会的責任をともなう行動を望んでなしとげる

# Ⅳ　発達の諸相

ここでは，ポピュラーな発達段階（**図1－1**）に従って，胎生期，乳児期，幼児期，児童期，青年期前期（中学生の時代）の発達の様相を，櫻井（2021）や櫻井・佐藤（2013）などを参考にして概説する。なお，領域ごとの詳しい発達の様相は，次章以降をよく読み，学んでいただきたい。

## 1　胎生期

胎生期とは，精子と卵子が受精して受精卵ができ，それが成長して胎児になり，やがて出生するまでの時期である。なお，「胎児期」とは，胎生期の一時期であり，受精卵が胎児になってから出生するまでの時期である。一般的には，受胎後（受精卵が子宮内膜に着床し，妊娠が成立した後）２ヶ月の終わりから胎児と呼ぶので，それから出生までの時期をいう。

胎生期はおよそ40週間で，身体の諸器官が発生・分化し，出生後の生活に必要な準備をする時期である。出産によって外界へ出ても，養育者の保護があれば，何とか生きられるまでに成長する。受胎後２ヶ月が過ぎると（胎児といわれるが），それまでの魚のような形態から，人間らしい形態へと変化して，人間の赤ちゃんであるとわかるようになる。この時期の研究は，超音波検査器の開発によって大きく進歩した。具体的な映像として，胎児の行動が観察できるようになったからである。受胎後３ヶ月になると性別がはっきりし，４ヶ月のころには指を吸う行動が現れる。６ヶ月の終わりには聴覚がかなり発達し，外界の大きな音に驚いて激しく動くことがある。そして８ヶ月を過ぎれば，未熟児として生まれてもほぼ正常な発達ができる。

近年の研究によると，薬物，アルコール（酒），ニコチン（たばこ），ストレスなどが，母体を通して胎児に望ましくない影響を与えることがわかってきた。例えば，たばこの影響（高林ら，1981）では，母体が妊娠中も喫煙すると，喫煙しない母体よりも早産が多くなるという。また，1日に吸うたばこの本数が増えると，早産の危険率が高まり，1日に16本以上吸う母体の場合では，早産の危険率は20％にも達するという。

## 2　乳児期

乳児期とは，出生から生後1年半までの時期であり，一般には，新生児期（出生から生後1ヶ月まで）を含む。既述したとおり，乳児期は，ポルトマン（1951）のいう「生理的早産」の時期に相当する。彼は，人間の赤ちゃんはほかの高等哺乳類の赤ちゃんに比べると，1年程度早く生まれると考えた。その理由は，ウマやウシの赤ちゃんは，出生後すぐに歩くことができるが，人間の赤ちゃんは，1人で歩けるまでにほぼ1年かかるからである。しかし，人間の赤ちゃんは，胎内にいるはずの1年程度を外界で過ごすことにより，胎内にいるときよりもずっと豊かな刺激にふれ，めざましい発達をとげることができるといえる。ただそのかわり，養育者による養育の仕方（養育環境）が，赤ちゃんの発達にきわめて大きな影響を与えることにもなるのである。

新生児期は，「原始反射（新生児反射）」のような生得的な反応様式によって外界に適応しようとする時期である。例えば，新生児は生命活動を維持するためにお乳を飲むことが必要であるが，それは「口唇探索反射（口元を軽くつつくと触れた方向に頭を向ける反射）」や「吸啜（てつ）反射（口の中に物を入れると吸う反射）」によって可能である。しかし，こうした原始反射は長くても2ヶ月程度で消失するため，その後は反射的にではなく，“意識的”にお乳を飲まなければならない。しかし，人間の体はうまくできており，それまでの脳神経系の発達と原始反射によるお乳を飲むという繰り返し行動によってそれが可能になるのである。

その後の生後1歳半までの乳児期は，**図1－1**によれば，1人で歩けるようになるまでの時期である。乳児が順調に成長するには，養育者（母親である場合が多いので，以後は母親ともいう）による温かい養育が不可欠である。乳児はそうした養育を獲得するために，母親に対して微笑んだり（自発的微笑や社会的微笑），母親の真似をしたり（模倣）する。母親はそうした乳児の行動を愛おしく思い，かいがいしく世話をするのである。乳児と母親との相互交渉によって，乳児には母親に対する心の絆が形成される。これは「愛着（アタッチメント）」といわれる。母親への愛着は，子どもの知能（知的能力），言葉，人間関係の発達の基礎となる。それゆえ，愛着の形成はきわめて重要である。

なお，生後6，7ヶ月になると「人見知り」という現象が現れる。母親以外の人に抱かれると不満な顔をしたり，泣き出したりする現象である。これは母親への愛着がきちんと形成されている証である。母親への愛着がきちんとできているから，母親以外の人を区別し嫌うのである。母親への愛着は，やがて母親とよい関係にある父親，祖父母などにも広がり，しだいに人見知りは消失する。これが順調な発達である。そして，生後1年半までには，身体や運動能力の発達によって直立歩行が可能となり，言語能力の発達によってはじめての言葉である初語が発せられる。1人で歩けるようになると，子どもの活動範囲は急激に広がり，さらに多様な刺激を探求する状態が出来上がる。

## 3　幼児期

幼児期とは，生後1年半から小学校入学前までの時期で，おもに保育園・幼稚園の時代に相当する。小学校に入る前の時期という意味で，就学前期ともいわれる。この時期は，基本的な生活習慣を身につけ，自分を意識（主張）するようになり（第1反抗期），言語能力（とくに話し言葉）や思考能力が急速に発達する。

乳児は母親から手厚い養育を受けるが，幼児は，自分自身の力で身の回りのことを処理するようになる。それが，基本的な生活習慣の自立である。**表１－２**を見ていただきたい。４歳になるまでには，幼児は，１人でこぼさずに食べる，

表１－２　基本的生活習慣の自立の基準（藤﨑，1993）

| | 食　事 | 睡　眠 | 排　泄 | 着脱衣 | 清　潔 |
|---|---|---|---|---|---|
| ６カ月〜１歳３カ月 | 離乳食〜幼児食へ移行させ，喜んで食べる。 | 生活リズムにそって，眠いときは安心して十分眠る。 | 徐々に便器での排泄になれる。 | | おむつの交換などにより，清潔の心地よさを知る。 |
| １歳３カ月〜２歳未満 | スプーン，フォークを使って１人で食べようとする気持ちをもつ。 | | 便器での排泄になれる。 | 衣服の着脱に興味をもつ。 | |
| ２歳 | こぼしたり，ひっくりかえしても自分で食事しようとする。嫌いな物も少しずつ食べる。食後うがいをする。 | 落ち着いた雰囲気で十分眠る。 | 自分から，また促されて便所に行く。見守られて自分で排泄する。 | 簡単な衣服は１人で脱げる。手伝ってもらいながら１人で着る。 | 手伝ってもらいながら顔を拭く，手を洗う，鼻を拭く。 |
| ３歳 | こぼさずに１人で食べる。 | | 失敗することはあっても，適宜１人で排尿，排便できる。 | ほとんどの衣服を自分で着脱し，調節しようとする。 | 食事の前後，汚したときに,自分で洗い，拭くなどし清潔を保つ。自分用のハンカチ，タオルを使う。 |
| ４歳 | 食事の前には，自分から手を洗い，食後は歯を磨く。 | 落ち着いた雰囲気で十分眠る。言われて休息，昼寝ができる。 | 排泄やその後始末は，ほとんど１人でできる。 | 言われると帽子を被る。順序よく衣服の着脱をする。衣服の調節をする。 | 鼻をかんだり，顔や手を洗い，からだの清潔を保つ。 |
| ５歳 | 食事の仕方が身につき,楽しんで食べる。食後は進んで歯を磨く。 | | 排泄の後始末を上手にする。 | ほとんど１人で衣服を着脱し，必要に応じて衣服を調節する。 | うがい，手洗いの意味がわかる。からだや身のまわりを清潔にする。 |
| ６歳 | 食べ物とからだの関係について関心をもって食事をする。 | 休息するわけがわかり，運動や食事の後は静かに休む。 | 便所を上手に使う。 | 衣服の着脱が１人ででき，衣服を適当に調節する。 | 清潔にしておくことが病気の予防と関連することがわかる。からだ，衣服，持ちものなどを清潔にする仕方を身につける。 |

１人でトイレにいける（大便･小便をする)，１人で衣服の着脱ができる，といった基本的な生活習慣をほぼ習得するのである。こうしたことができれば，日常生活では母親から自立でき，幼稚園にも入園できるのである。そして，何よりも「自分１人でできる」という大きな自信が形成され，「第１反抗期」が訪れる。この時期には，母親が「○○をやってあげる」と言っても，幼児は「いやだ」と言ってきかない。一見，それは反抗しているようにみえる。しかし，実際は“自分１人でできるからやらせてほしい”という自己主張をしているのである。母親はその気持ちを十分に受け止め，１人でできるように見守ってあげる姿勢が重要である。なお，基本的生活習慣の自立，とくにトイレのトレーニングには時間がかかる。幼児がつらいトレーニングでもがんばるのは，母親への愛着があるからである。大事な人のためならがんばれるのである。

幼児期には，話す力も考える力も急速に発達する。４歳になれば，日常的な会話力は完成に近づく。語彙数も急速に増え，６歳で使用語彙は3000語，理解語彙は5000語ともいわれる。思考の面では，ピアジェのいう「直観的思考」の段階に達する。乳児と比べると大きな進歩で，イメージや言葉を使って考えることができるようになる。ただ，**図１－３**に示されているように，幼児の思考は，論理的というよりも，ものの見え方（直観）に左右されやすい。図の（ａ）の例では，主線がＡ＝Ｂであることを何度確かめても，幼児は矢羽による錯視（Ａ＜Ｂ）に左右され，Ａ＜Ｂと答えるのである。また，数の多少の判断でも，

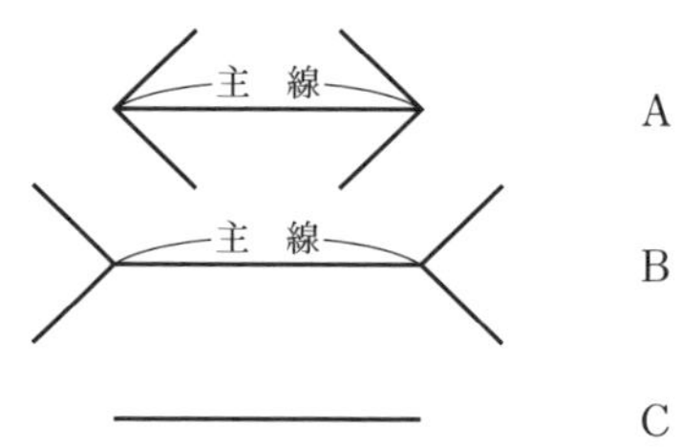


(a)　A=C，B=Cであることを認めても
やはりA<Bであると主張する。

問１「白と黒とどちらが多いですか」

○○○○○
●●●●●

幼児の答

「白と黒の数は同じ」

問２「今度はどうか？」

○○○○○
●●●●●

「黒の方が多い。
黒の方がいっぱい
つまっているから」

(b)　数の保存概念の欠如の例

図１－３　直観的思考の例（杉原，1986）

（b）の例のように，見え方に左右されてしまう。これは，まだ数の保存概念が獲得されていないことを示している。小学生になれば，できるようになる。

## 4　児童期

児童期とは，小学校時代であり，学童期ともいわれる。この時期の最も重要な課題は，エリクソンの発達段階（**図1－2**）にも示されているように「勤勉性」，言いかえれば“有能感（自信）”をもつようになることである。ただ，有能感といっても，等身大の有能感であり，幼児期のはじめのころのような万能感ではない。自分を客観的に評価したうえでの有能感であり，これをもつことがこの時期の重要な課題である。

児童期には，体が順調に大きくなり，運動面でも走力，跳躍力，投力，巧緻性などが発達してくる。感情面では，幼児期後期に獲得される，感情のコントロール力や感情表出のコントロール力がさらに洗練され，感情を行動（泣く，たたくなど）ではなく言葉で表現したり，人前では感情の表出を抑制したりするようになる。知的な面では，ピアジェのいう「具体的操作期」に入り，具体物の助けがあれば論理的な思考ができるようになる。また，記憶力は，記憶方略（リハーサルなど）の自発的使用によって飛躍的に高まる。言葉の面では，幼児期に獲得される話し言葉が洗練され，公の場面（授業場面）での言葉と，友達同士の私的な場面での言葉とが区別される。さらに，書き言葉が急速に習得され，徐々に自分の内面も，文章で表現できるようになる。

社会的な面では友達関係の重要性が増す。昔は，児童期の中期から後期（小学3年生から6年生くらいの時期）を，「ギャングエイジ（gang age）」と呼んだ。この時期の児童は，強い親密性で結ばれた集団（ギャング集団）をつくり，よく悪さをした。こうした集団活動によって，社会生活に必要なもの，例えば，役割，責任，協力，遵法，友情などが育まれたといわれる。しかし，現在では，空間的（遊ぶ場所がない）にも，時間的（遊ぶ時間がない）にも，人的（遊ぶ相手がいない）にも，ギャング集団は形成されにくい状況にある。

最後に，意欲面では，児童期は好奇心旺盛で，友達に勝りたいという達成欲求も徐々に強くなるため，意欲的に学ぶには絶好の時期といえる。友達と競争するだけでなく，協力することもでき，さらに有意義な学習が展開される。

## 「等身大の自信」がもてない中高生？

児童期の重要な発達課題として，自信（有能感）をもつこと，それも「等身大の自信」をもつということを述べた。しかし，そうした理想とは食い違っている現状が，ある調査から明らかになっている。ベネッセ教育研究開発センター（2005）の『第１回子ども生活実態基本調査』がそれである。さらに，第２回の調査（2010）でも同様の結果が示されている。

この調査は，小学４年生から高校２年生までの約15,000名（各学年1,800名程度）を対象にした大規模な調査である。調査項目は多岐にわたっているが，注目したいのは，「やる気になれば，どんなことでもできる」という質問に対する肯定的な回答（「とてもそう」あるいは「まあそう」）をした者の割合である。驚くことに，小学４～６年生の67.5%，中学生の70.3%，高校１～２年生の73.8%が，この質問に肯定的に回答しているのである。

児童期の後期（小学５，６年）には，自分を客観的に評価する力が育ってくるといわれる。そのため，中学生や高校生では当然，自分の得意・不得意が明確となり，学業でも遊びでも，しっかりした自己評価が定着してくるはずである。そうであるならば，「どんなことでもできる」などとは思えないはずである。それなのに，高校生でさえ７割以上が「やる気になれば，どんなことでもできる」という質問に，イエスと回答しているのである。

いまどきの小・中・高校生は，他者から自分に対するネガティブな評価を聞くことが少ないという。また，親や教師は，子どもが何か失敗をしても「あなたは，本当はできる子なのよ」と，失敗を失敗と認めさせないような励まし方をすることが多いという。こうした〝ぬるま湯につかったような〟家庭や学校では，「等身大の自信」を育てることはむずかしいのではないだろうか。

## 5　青年期前期（中学校時代）

青年期は中学校時代，高校時代，大学時代を含み，青年期前期は，中学校時代に相当する。青年期の重要な課題は，エリクソンの発達段階（図１－２）にも示されているように「自我同一性の確立」である。したがって青年期前期では，その最初の段階として，自分をみつめ，将来のことを考え，おおまかな人生目標をもつことが大事であるといえる。

中学校時代には，２次性徴が発現する。こうした体の変化とともに，「自分とは何者か」ということを考えるようになる。この時期には，思考力が，ピアジェのいう「形式的操作期」に入るため，論理的・抽象的な思考が可能となる。そのために，自分のこと（内面）を深く探究することもできるようになる。学業の面では，教科についての得意・不得意がはっきりする。これは，自分の将来を考えるうえで，よい資料となる。社会面では，友達関係がいっそう重要性を増し，友達について悩むことも多くなる。また，異性関係も活発になり，悩み事がたえない時期である。

## 読書案内

**○櫻井茂男・佐藤有耕（編）2013『スタンダード発達心理学』サイエンス社**

生涯発達のメカニズムやプロセスを，わかりやすく説明している。

**○櫻井茂男・濱口佳和・向井隆代 2014『子どものこころ－児童心理学入門－［新版］』有斐閣**

いまどきの児童の発達について，例をあげ，詳細に紹介している。

**○櫻井茂男・大内晶子（編著）2021『たのしく学べる乳幼児のこころと発達』福村出版**

乳幼児の発達について，臨床例をあげ，わかりやすく解説している。

## 演習問題

A群の問いに対する解答を，B群から１つ選びなさい。

［A群］

1　出生から死亡までの心の変化を扱う心理学は，何というか。

2　発達を規定するものは，学習と何か。

3　「生理的早産」というアイデアを発表した人は誰か。

4　「分化」と何によって，発達は進むのか。

5　「喃語→（　　）→一語文・二語文」と言葉の発達は進むが，（　　）に入るのは何か。

6　鳥類では発達の「臨界期」というが，人間では何というか。

7　「心理・社会的発達理論（発達段階）」を提唱した人は誰か。

8　乳児期とは，出生から生後いつまでをいうか。

9　各発達段階において，達成すべき重要な課題を何というか。

10　思考（操作）の発達段階を提唱した人は誰か。

［B群］

ポルトマン，初語，ピアジェ，１年半，生涯発達心理学，環境，３年，過敏期，キーワード，フロイト，総合，統合，エリクソン，人生発達心理学，敏感期，成熟，発達課題

# 第2章

# 体と運動の発達

「最近の子どもたちは，体は大きくなったが，体力はなくなった」という話を，みなさんも聞いたことがあるのではないでしょうか。体が変化していくことや，運動がうまくできるようになることは，わたしたちにとって，とても身近な出来事です。しかし，身近であるからこそ，自分たちの体と運動について，気がつかないことも多いともいえます。本章では，体と運動はどのように発達していくのかを学びます。第1節では，体の発達について説明します。第2節では，体力と運動能力の発達について解説します。第3節では，本章のまとめとして，体と運動が発達していく意味と，学校教育とのかかわりを考えていきたいと思います。

# Ⅰ　体の発達

## 1　体の発達の概要

精子と卵子の出会いから，人間の体の発達は始まる。人間の体はどのように発達していくのか。**図２－１**は，スキャモン（Scammon, R.E.）の発育曲線と呼ばれ，誕生から20歳までの発育増加量を100として，各年齢時までの増加量が百分率で示されている。スキャモンは，リンパ系型・神経型・一般型・生殖型の４種類に,発達のパターンを分類している（**表２－１**)。脳や脊髄などの神経型は，６歳ごろまでに成人のおよそ80％に達するのに対して，睾丸や卵巣などの生殖型は，12歳ごろまで大きな変化がみられない。このように，体は各部位や各器官が同じように発達していくのではなく，部位や器官によって，その発達が進む時期や程度が異なるのである。

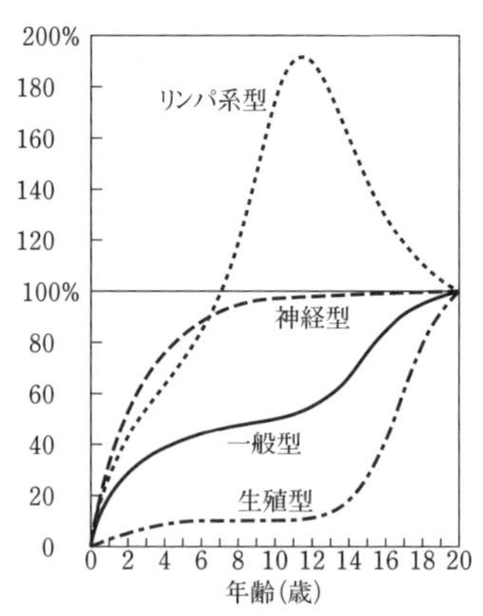


図２－１　スキャモンの発育曲線
（スキャモン，1930；高石・樋口・小島，1981）

表２－１　スキャモンの臓器発育の分類（鈴木隆男，1994）

| | 臓器や器官など | 発育の様子 |
|---|---|---|
| リンパ系型 | 胸腺・リンパ節・扁桃・アデノイド<br>腸間リンパ組織 | 児童期の終わりから青年期の初めにかけて，成人の２倍近くに発育した後減少 |
| 神経型 | 脳・硬脳膜・脊髄<br>眼球・頭部計測値 | 生後急速な発育を示した後，発育速度は小さくなる |
| 一般型 | 全身・外的計測値（頭部を除く）<br>呼吸器・消化器・腎臓・大動脈ならびに肺動静脈・脾臓・筋肉系・骨格系・血液量 | 誕生後の急激な発育を経て，児童期にはゆっくりと変化<br>思春期に再度発育速度が増加する |
| 生殖型 | 睾丸・卵巣・副睾丸・子宮・前立腺・精嚢 | 思春期ごろまでは非常にゆっくりと発育しているが，思春期の開始とともに急速に発育する |

また，体の発達には方向性があり，２つの法則が指摘される（鈴木雅裕，1994）。１つは「頭尾法則」であり，頭部から脚部の方向に向かって発達が進行することである。もう１つは「中枢末端法則」であり，中心部分である体幹から，末端である四肢へと発達が進行することを意味している。

体の発達は，身長や体重の増加など，いわゆる体つきに当たる形態発達と，神経系や内分泌系などの機能発達の２つに大きく分けられる。本章では，体の形態発達に着目して説明する。

## 2　体の形態発達の推移

体の形態発達には，大きく分けると，体格の変化と体形の変化がある。

体格の変化の代表的な指標に，身長と体重がある。平成22年度乳幼児身体発育調査報告書（厚生労働省雇用均等・児童家庭局，2012）によれば，新生児における身長の中央値は男子49.0cm，女子48.5cmであり，体重の中央値は男子3000g，女子2940gである。**図２－２**は，2000（平成12）年度生まれの男女の，０歳から16歳までの身長の年間発育量の推移である。身長増加の大きい時期として，男女ともに2歳ごろまでと，女子で9歳から10歳ごろ，男子で11歳から12歳ごろの2つがある。前者は，受胎から幼児期の初めにかけて生じる第1発育急進期と呼ばれ，後者は，10歳前後から数年間生じる第2発育急進期と呼ばれている。第2発育急進期にみられる身長や体重の著しい増加は,「思春期のスパート」とも呼ばれており，3つの特徴がある。第1に，女子は男子よりもおよそ2年早く始まること，第2に，男子の増加量が女子よりも大きいこと，第3に，発達の個人差が大きいことである。

体形，すなわちプロポーションの年齢的変化については，胎齢2ヶ月で2頭身，胎齢5ヶ月で3頭身，新生児では4頭身となり，生後2ヶ月で5頭身，6歳

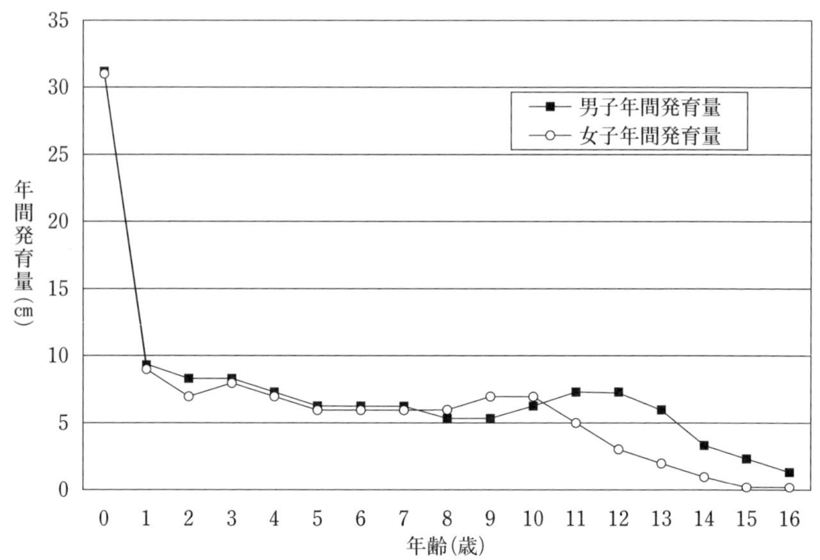


図2－2　2000（平成12）年度生まれ男女の身長の年間発育量の推移（厚生労働省雇用均等・児童家庭局，2012；厚生労働省，2006；文部科学省，2022より作成）

注1：年間発育量とは，例えば5歳児の年間発育量は平成18年度6歳の者の身長から平成17年度5歳の者の身長を引いたものである。

注2：2000（平成12）年度生まれの男女の平均身長は，出生時には男子49.0cm，女子48.4cm（厚生労働省雇用均等・児童家庭局，2012），17歳時には男子170.6cm，女子157.8cm（文部科学省，2022）である。

で６頭身，そして成人は８頭身になると，欧米では古くからいわれている（高石ほか，1981）。このように，成人と子どもでは体形が異なり，成人の体を単純に縮小しても，子どもの体つきにはならない。

さらに，身長と体重の計測値を組み合わせて，体形を総合的に表そうとする指数もある。代表的なものとして，比体重，BMI（Body Mass Index）あるいはカウプ指数，ローレル指数があげられる（**表２－２**）。比体重が年齢に伴って急速に値が大きくなるのに対して，カウプ指数は，乳幼児期から児童期前半にかけて変化が比較的少ないことがわかっているので乳幼児保健の分野で多く用いられ，ローレル指数は学校保健の分野で多く用いられてきた。カウプ指数については，BMIという名称も広まってきており，近年，乳幼児保健の分野以外でも多く使用されている。一般的に，日本では，BMIが25を超えると肥満と考えられる（日本肥満学会肥満症診断基準検討委員会，2011）。年齢に応じた肥満の基準も議論されており，乳児期はBMI（カウプ指数）20以上，幼児期はBMI（カウプ指数）18以上，児童期以降はローレル指数160以上であるといわれる（長谷川，2000）。

表２－２　体形を評価する代表的な指数

| 名称 | 計算式 |
|---|---|
| 比体重 | (体重／身長) $\times 10^2$ |
| BMIあるいはカウプ指数 | (体重／身長$^2$) $\times 10^4$ |
| ローレル指数 | (体重／身長$^3$) $\times 10^7$ |

注：体重の単位はkg，身長の単位はcmである。

## 3　体の発達の現代的特徴

体の発達には，時代や地域により差異があることが知られている。「世代が新しくなるにつれて，身体的発達が促進される現象」を，「発達加速現象」という（澤田，1982）。発達加速現象には，２つの側面がある。１つは，異なる世代間での発達速度の違いを指す「年間加速現象」である。年間加速現象は，身長や体重などが世代が進むごとに増加する「成長加速現象」と，初潮や精通の発現年齢が若年化する「成熟前傾現象」の２つに分けられる。前者の成長加速現象の例として，1890（明治33）年から2020（令和２）年にかけて，15歳の平均身長が男子で16.7cm増加，女子で12.5cm増加していることがあげられる（文部科学省，2022）。後者の成熟前傾現象の例としては，平均初潮年齢が1961（昭和36）年で13歳2.6月であったのが2002（平成14）年では12歳2.0月と，41年間で12.6ヶ月の早期化が認められる（日野林，2007。性の発達の詳細は本書10章参照）。

発達加速現象のもう１つの側面は，同一世代でも地域や民族，階層などでの発達速度の違いを指す「発達勾配現象」である。近年までは，郡部よりも都市部のほうで成長加速や成熟前傾がみられたが，都市化の進展に伴い，大きな差異はみられなくなっているとの考え方が現在では強い。

近代の高度産業社会の成立とともに，世代が新たになるにつれて，人間のさまざまな発達の速度が促進されている事実が明らかになった（日野林，2007）。しかし，近年では発達加速の停滞も報告されており，やがて，加速も生物学的な限界に達すると考えられる。なお，発達加速現象は，青年期の開始を早め，児童期の短縮と青年期の長期化をもたらす１つの要因であることも指摘できる。

# Ⅱ　運動の発達

## 1　運動の発達の概要

運動の発達は，運動機能の発達と体力の発達から捉えられることが多い。

運動機能の発達は，運動の強さとなめらかさ，速さ，正確さ，運動を状況や他者と合わせることなど，さまざまな観点から理解することが必要である。

体力については，**図２－３**にみられるように，「身体的要素」と「精神的要

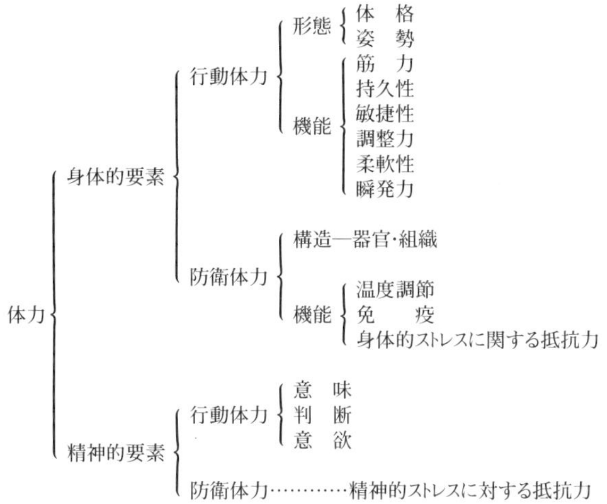


図２－３　体力の構成要因（日本体育学会測定評価専門分科会，1977）

素」に分け，さらに，それぞれを「行動体力」と「防衛体力」に分類する考え方が示されている。行動体力とは，スポーツなどで発揮され，エネルギー生産にかかわる機能がある。防衛体力とは，免疫機能などにみられ，生体の内外からの刺激に対し，生体を防衛する生理的反応として捉えられる。この防衛体力には，精神的ストレスのみではなく，暑さ寒さという物理的ストレス，病などの生理的ストレス，寄生虫などの生物的ストレス，スモッグなどの化学的ストレス，不安などの心理的ストレスなどに対する抵抗力も含まれている。

## 2　運動の発達の推移

胎児は，出生と同時に母体から分離される。母体内は羊水に包まれた環境にあるが，出生後は大気という環境下に存在することになり，肺呼吸の開始とともに呼吸・循環器系に大きな変化が生じ，これらの機能は，生後著しく発達する（鈴木雅裕，1994）。また，胎児の運動が受胎後第19～20週にかけてみられることから，身体諸機能，とくに運動系の発達はこの時期より先行しており，受胎後約9週ごろから身体運動としての反射運動が始まる。

出生から2歳ごろまでに体の形態発達が著しく進むように，運動能力の発達も，出生から1年間に急激な発達がみられる。誕生から生後1ヶ月ほどまでの新生児期には，中枢神経系によらない原始反射が特徴的である。代表的なものに，口唇探索反射，モロー反射，把握反射，歩行反射，交叉伸展反射などがみられる（**表2－3**）。これらの原始反射は，澤江（2007）によると，次の2つの意味をもつという。1つは，出生後に身を守る術をもたない新生児が，「自らの生存を守るためのしくみ」である。もう1つは，反射が運動発達のなかでみられる姿勢コントロールや移動運動，操作運動への連結をなすという役割である。

原始反射が特徴的な時期を過ぎると，大脳の急速な発達に伴い，意識的に調整される随意運動の初期形態がみられるようになる。そのなかで，**図2－4**に示されるように，新生児期の寝たままの姿勢から，「ひとりですわる」，「はい

表2－3　代表的な原始反射（西野，1992をもとに作成）

| 名称 | 出現時期 | 消失時期 | 内容 |
|---|---|---|---|
| 口唇探索反射 | 受胎28週頃 | 生後3週から3ヶ月頃 | 口唇や周辺に物が触れると，そちらを向く反射であり，空腹時によくみられる。 |
| モロー反射 | 受胎32週頃 | 生後4ヶ月から6ヶ月頃 | 急な落下や音に対して，手や肘を軽く外側に曲げ，両上肢を大きく広げ，抱きつくように両手を交叉する。生後2ヶ月頃からは左右の対称性が薄れる。 |
| 把握反射 | | | |
| 第一層 | 受胎28週頃 | 生後3ヶ月頃 | 手のひらに触れると強くにぎりしめる。手のひらに刺激が加わると，中指→薬指→小指→人差し指の順に折り曲げる。 |
| 第二層 | 受胎35週頃 | 生後9ヶ月から10ヶ月頃 | 握った指を離そうとすると，よけい強く握り，屈曲筋の緊張が手首から肩や頸部にまで及ぶ。 |
| 歩行反射 | 受胎37週頃 | 生後2ヶ月から3ヶ月頃 | 腋の下を支えて立たせ，足を軽く床に触れさせると，下肢に力が入り，全身が力んだようになる（下肢の直伸反射）。この状態のまま体を少し前傾させると，下肢を伸ばしたり曲げたりして，まるで歩くように足をすすめる。 |
| 交叉伸展反射 | 受胎41週頃 | 生後1ヶ月頃 | 仰向けに寝かせ，一方の膝を抑え足を伸ばして，足の裏を刺激すると，他方の下肢がまず屈曲し，次に伸展し，足の指を扇形に広げて足が内側を向く。さらに刺激し続けると，下肢が持ち上がり，刺激を払いのけるかのように両足が交叉する形になる。 |

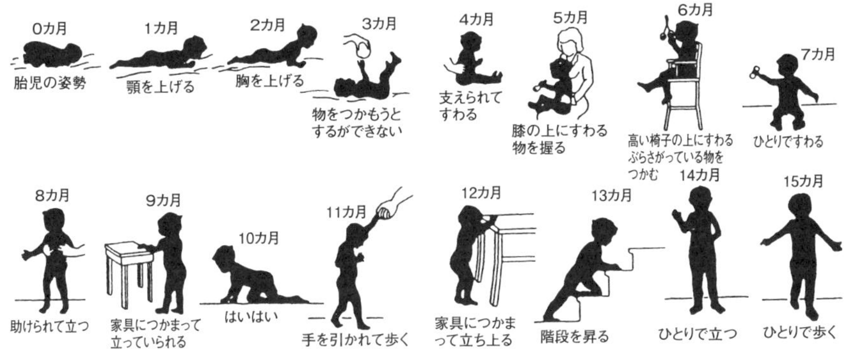


図2－4　運動発達の順序（シャーレイ，1951；齊藤，1997）

はい」をする，「ひとりで立つ」，そして「ひとりで歩く」という一定の順序で，徐々に歩行まで発達していく。さらに，ひとりで歩きはじめてから3歳ごろまでには，「走る」，「物を持つ」，「のぼる」といった単純な運動ができるようになり，その後，これらを組み合わせた運動や遊びがみられるようになる。

## 3　運動の発達の現代的特徴

最近の子どもの特徴として，体力・運動能力の低下と，運動不足が指摘されることが多い。

体力と運動能力の低下については，文部科学省（旧文部省）の「体力・運動能力調査」の結果が注目される。現在の子どもたちの体格は，以前に比べて向上したにもかかわらず，依然として基礎的な体力や運動能力は低い水準のままにあり，この問題はいまだ解決されていないとの指摘もある（内藤，2008）。**図2－5**は，以前行われていた体力診断テスト，運動能力テストの合計得点の年次推移である。この結果をみると，体力と運動能力および年齢によって，年次推移の傾向が異なることがわかる。体力診断テストの合計点では，いずれの年齢および男女ともに比較的変化が少なく，1964（昭和39）年のテスト開始以降よりも高い値を維持している。いっぽう，運動能力テストでは，小学生において，早い段階での低下傾向がみられる。種目別にみると，例えば，握力の年次推移は，男女ともにゆるやかな変化のみであるのに対して，持久走の成績は，とくに男子で低下している。これらのことから，体力と運動能力の低下を考えるうえで，年齢や性別，種目によって異なる傾向がみられることに留意する必要がある。これに対して，1998（平成10）年度に導入された新体力テスト（スポーツテストの運動能力テストと体力診断テストを統合した体力･運動力の測定）の合計点は，上昇傾向を続けていることが報告されている（スポーツ庁，2019）。青少年の男子の推移を**図２－６**，女子の推移を**図２－７**に示す。とくに1985（昭和60）年ごろから続いていた体力低下は1998（平成10）年ごろで収まり，青少年の体力は総合的には向上しているが，1985（昭和60）年ごろの最高値に回復したテスト項目は少ないことも指摘されている（スポーツ庁，2019）。

運動不足の問題は，上記の運動能力と体力の低下と関連して論じられることが多い。近年の子どもの運動とスポーツ実施状況については，競技志向と非競技志向の二極化が指摘されている（藤井・稚丸・花井・酒井，2006）。子どもたちの体力低下がみられるのは，運動の強度，頻度および時間等が相対的に低い

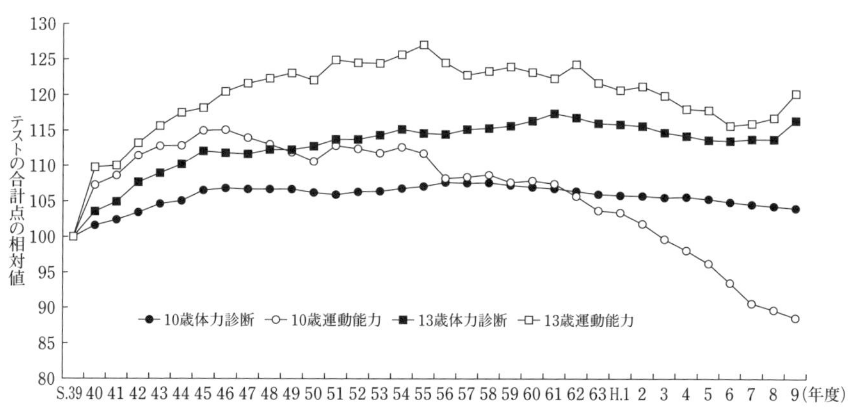


図２－５　体力診断，運動能力テスト合計点の年次推移（内藤，2008）

注１：昭和39年度の値（男子）を基準（100）として各年度の値を相対的に示している。
注２：昭和40年度以降は５年間で移動平均した値で示している。

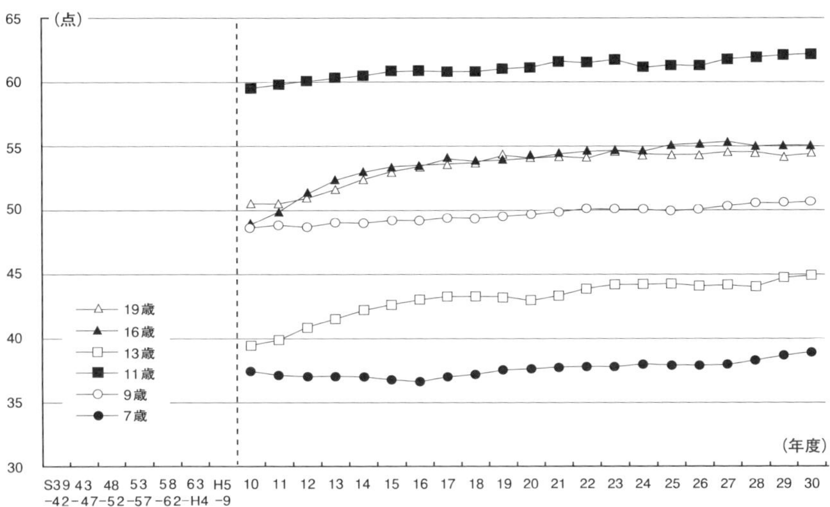


図2－6　青少年（男子）の新体力テストの合計点の年次推移（スポーツ庁，2019）

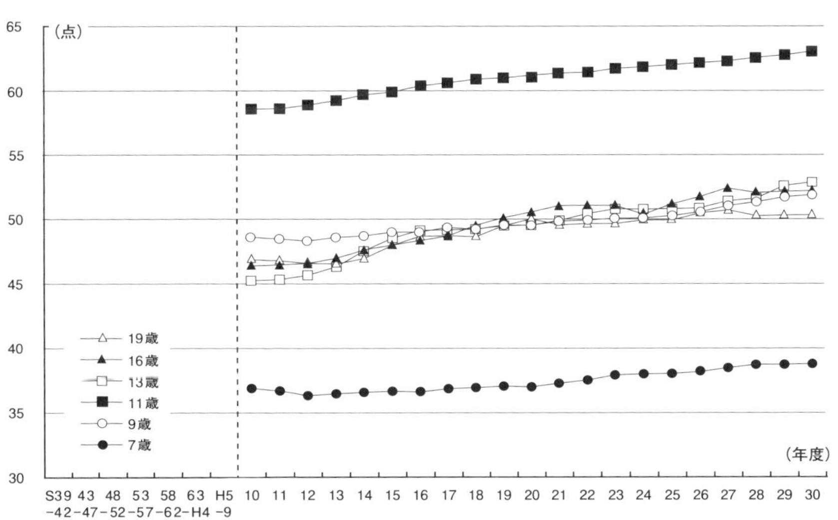


図2－7　青少年（女子）の新体力テストの合計点の年次推移（スポーツ庁，2019）

注1：３点移動平均法を用いて平滑化してある。
注2：合計点は，新体力テスト実施要項の「項目別得点表」による。
注3：得点基準は６～11歳，12～19歳で異なる。

場合であり，このような子どもたちが多くなったことが，運動能力と体力の相対的な低下につながっているという。そのいっぽうで，体重制限や無理な食事制限が体の発達に及ぼす影響（齊藤，1997）や，発育期の筋力トレーニングの弊害や，競技能力を高めるためのドーピングの問題（石井，1999）なども指摘されている。運動不足の子どもたちの問題と同時に，過剰な競技志向の問題にも留意する必要がある。

# III 体と運動の発達的意味

これまでみてきた体と運動の発達は，身体的に成熟していくことや運動能力の向上だけにとどまらない，さまざまな変化をもたらす。また，社会や文化の変化による影響を受けながら，体と運動の発達は進んでいくのだともいえる。本節では，①体と運動の発達による生活世界の変化，②体と運動の発達に伴うストレス，③体と運動の発達に生活習慣が及ぼす影響について順に説明し，体と運動が発達していく意味と，学校教育とのかかわりをまとめる。

## 1 体と運動の発達による生活世界の変化

体と運動の発達は，子どもが生きる世界そのものに変化をもたらす。乳児が，寝たままの姿勢から直立にいたることで，ものを見る視点が変わり，多くのものに興味や関心を向けることにつながる。さらに，歩行が始まることによって，子どもは行きたいところへ自分ひとりで行けるようになり，知的好奇心を広げたり，自我の発達が促されたりすることになる。

また，「親の背を超える」ということは，身体的側面での発達にとどまらず，親子関係の変化や心理的自立にも影響すると考えられる。体と運動の発達は，その本人のみに影響を与えるものではなく，親や教師など周りの人間にも影響を与えるものといえる。日々発達していく子どもたち，そして，徐々に子どもではなくなっていく青年たちとかかわるうえで，周りの成人たちにも，意識やかかわり方の変化が求められるであろう。

学校教育においても，目に見えやすい体と運動の発達にのみ着目するのではなく，身体的変化と心理的変化とを結びつけた配慮が必要になる。例えば，運動がうまくできない生徒を，単にやる気がない，能力がないと評価してしまう前に，その生徒自身が運動をうまくできないことをどのように感じ，受けとめているかということに留意することが大切であるといえる。

## 2　体と運動の発達に伴うストレス

体と運動の発達は，子どもたちにストレスをもたらすことがある。第１に，成長ストレスの問題である。思春期の身体的変化は，さまざまなホルモンの分泌によって生じており，こうしたホルモンが大量に分泌されることによって行動が統制できなくなったりするなど，体に多くのストレスがかかる。第２に，他者との比較の問題である。小学生や中学生にとって，運動が得意であることは自尊心や有能感を支えることにもつながる。その反面，運動が苦手であることや，友達よりも身長が低いことや高いこと，体重が少ないことや多いことが，悩みや劣等感をもたらすこともある。第３に，体と運動の発達と心理的発達とのアンバランスという問題である。急激な身体発達や運動能力の発達に，心の準備ができていなかったり，心理的な発達が追いついていなかったりする場合，とまどいや違和感を覚えることは少なくない。

こうした体と運動の発達に伴うストレスに，子どもたちはうまく対処することが必要になる。ストレスは，①心身の安全を脅かす環境や刺激である「ストレッサー」，②環境や刺激に対応する心身の諸機能・諸器官の働きである「ストレス対処」ないし「ストレス状態」，③対応した結果としての心身の状態である「ストレス反応」として理解される（小杉，2006)。成長期にある子どもが，自分の発達に伴うストレスにうまく対処する方法や知恵を学ぶことができる，ストレス・マネジメント教育の重要性と必要性も近年指摘されている（竹中，1997；小澤，2017)。

体や運動面での変化を，自分自身でいかに引き受けていくかが，子どもたちにとって大きな課題となる。前述したストレス・マネジメント教育のように，学校教育を通して，子どもたちが体や運動面での変化を引き受けていく知恵や技法を身につけることも有意義であろう。そこでは，子どもたち一人一人の発達の状態に応じたかかわりが必要になる。

## 3 体と運動の発達に生活習慣が及ぼす影響

1996（平成８）年に，疾病の発症・進行に食習慣，運動習慣，喫煙，飲酒などの生活習慣が関与することに着目し，厚生省は従来の「成人病」という呼称を，「生活習慣病」へと改めることを発表した。村田（2004）は，子どもの生活習慣病が問題になる背景として，食事に関する「食べすぎ—エネルギー過剰摂取」と「食事の片寄り—脂肪摂取過剰や食塩摂取過剰など」，運動に関する「日常的な身体活動不足による消費エネルギー低下による相対的エネルギー摂取過剰，心肺機能の低下，筋力低下，骨密度低下」，休養に関する「睡眠不足による体力低下」と「休養不足によるストレスの蓄積」をあげている。これらのことから，体と運動の発達は，現代社会を生きるわたしたちのライフスタイルと密接に関係しているといえる。

2011（平成23）年の東日本大震災や2020（令和２）年から世界中で拡大したCOVID-19の対応に伴う行動制限など，社会的な出来事が子どもたちの生活習慣に影響を及ぼすといえる。また，家庭の社会経済状況によって，子どもの食事や運動の機会に差が生じる場合があることも考えられる。そこでは，子どもたちが安心して，体と運動の発達を進めていけるような環境を保障することが

Column コラム

## 「健康な育ち」とは

「健康が何よりだよね」「この子が健康に育ってくれたら」「あの子の生活は健康からはほど遠い」，このような思いを，ふだんの生活のなかで感じたり，自分の子どもや生徒に向けて抱いたりすることは，珍しいことではないであろう。しかし，改めて考えてみると，“人が健康に育つ”ということは，いったいどのようなことであるのか。

WHO（World Health Organization；世界保健機関）は，「健康とは，病気ではないとか，弱っていないということではなく，肉体的にも，精神的にも，そして社会的にも，すべてが満たされた状態にあること」と定義している。この定義にある「すべてが満たされた状態」（well-being）とも関係して，OECD（経済協力開発機構）は2015年度に実施した「生徒の学習到達度調査」（PISA：Programme for International Student Assessment）において，生徒のwell-being（健やかさ・幸福度）という視点で国際比較を行っている（国立教育政策研究所，2017）。このように，健やかさや幸福，そして人が健康に育つということが改めて注目されている。

ここで指摘したいのは，「健康が何よりだよね」「この子が健康に育ってくれたら」「あの子の生活は健康からはほど遠い」という思いには，その時点での「健康」の捉え方や考え方が反映しているということである。その捉え方や考え方にこだわりすぎたり，とらわれたりしてしまうことは，子どものさまざまな発達の可能性を制限してしまうことにもなりかねない。自分自身や相手の健康を願うとき，たとえ善意や思いやりから生じた願いであるとしても，自分が暗黙のうちに捉えている“健康な育ち”とはどんなものなのかを問い直すことが重要になるといえる。このことは，子どもの発達や教育にかかわるうえでも同様であろう。

さて，あなたにとって，健康な育ちとはどのようなことであるのか。そして，あなたがかかわる子どもにとっての“健康な育ち”とは，どのようなことであろうか。

〈参考文献〉日本WHO協会ウェブサイト「世界保健機関（WHO）憲章とは」

重要になる。学校教育においても，保健室における養護教諭の役割，スクールカウンセンラーやソーシャルワーカーとの連携，地域とのつながりが大切になるといえる。

さらに，学校教育は，人類の文化遺産としての運動を伝え，体に関する新しい発見の喜びや運動することの楽しさを子どもたちが体験する場となる。そのような体験は，学校教育を終えた後も，生涯を通して自分の体や運動習慣に目を向け，自分自身のライフスタイルを問い直していく態度を育てることにつながる。

体と運動の発達とは，体がどのように育ち，運動がどのようにできるようになるかという問題であるとともに，毎日の生活のなかで，体づくりや運動にいかに取り組んでいくのかが問われるテーマであるともいえる。

## 読書案内

**○髙石昌弘（監）樋口　満・佐竹　隆（編）2012『からだの発達と加齢の科学』大修館書店**

身体発達に関する基礎理論が体系的に解説され，少子高齢社会における健康課題を踏まえた実践的な内容も紹介されている。本章では扱えなかった筋肉や骨，神経系の発達，遺伝と環境の問題，運動やスポーツ指導の課題なども含まれており，豊富なデータから多くを学ぶことができる。

**○マリーナ，R.M.・ブシャール，C.（著）髙石昌弘・小林寛道（監訳）1995『事典　発育・成熟・運動』大修館書店**

事典という性質上，文体が多少難解な面もあるが，体の発達と運動について，豊富なデータで広範囲な内容を解説している。

**○健康教育大事典編集委員会（編）2001『子どものからだと心　健康教育大事典』旬報社**

体と健康に関する用語の説明も有用であるが，各テーマにおける説明が授業案形式で示されており，読みやすく，わかりやすい内容となっている。

そのほか，文部科学省による「体力・運動能力調査報告書」や「学校保健統計調査」などの結果は，これまでの調査結果について，インターネットでも閲覧することできる。文部科学省による『子どもの体力向上のための取組ハンドブック』もインターネット上で公開されている。これらは，体と運動の発達を理解するうえでたいへん参考になる。

## 演習問題

A群の問いに対する解答を，B群から1つ選びなさい。

［A群］

1　体の発達を，リンパ系型・神経型・一般型・生殖型の4パターンに分類したのは誰か。

2　体の発達が，中心部分である体幹から，末端である四肢へと進行することを何というか。

3　身長と体重増加が，女子で9歳ごろ，男子で11～12歳ごろに大きくなることを何と呼ぶか。

4　「(体重／身長$^2$) ×$10^4$」で求められ，カウプ指数と呼ばれることもある，体形を評価するための指標は何か。

5　世代が新しくなるにつれて，身体的発達が促進される現象を何と呼ぶか。

6　生体の内外からの刺激に対し，生体を防衛する生理的反応として捉えられる体力を何と呼ぶか。

7　新生児が，急な落下や音に対して，手や肘を軽く外側に曲げ，両上肢を大きく広げ，抱きつくように両手を交叉する現象を何というか。

8　一般に，子どもが1人で歩くことができるようになるのは何歳ごろか。

9　心身の安全を脅かす環境や刺激のことを何と呼ぶか。

10　1996（平成8）年に，厚生省はそれまでの「成人病」という呼称を，どのような名称に変更したか。

［B群］

モロー反射，交叉伸展反射，１～２歳ごろ，２～３歳ごろ，生活習慣病，頭尾法則，中枢末端法則，スキャモン，ストレス・マネジメント，ストレッサー，BMI，行動体力，防衛体力，思春期のスパート，発達加速現象

# 第3章

# 知的能力の発達

この章では，知的能力について学習します。みなさんがいま行っていること，例えば，ものを読んだり，書いたり，考えたり，行動に移したりすることは，ある日突然できるようになったのではありません。生まれたときからの小さな知的活動の積み重ねが，いまの大きな知的能力をつくりあげているのです。このような知的能力は，思考・学力・創造性・適性といった，さまざまな側面から捉えることができます。本章の第１節では，知的能力とは何か，ということについて，知能や知能指数にふれながら検討します。第２節では，知的能力がどのように発達していくのかについてみていきます。さらに，第３節では，学力と知的能力との関連についてみていきます。第４節では，知的能力の重要な側面である創造性についてみていきます。

# I 知能——知的能力の捉え方

## 1 知能と知能指数——頭のよさについてのものさし

知的能力のことを，わたしたちは一般的に「頭のよさ」として捉えているだろう。心理学では，頭のよさの指標としては，「知能（intelligence）」という言葉を用いている。多くの人たちにとっては，「知能指数」や「IQ」といった言葉のほうがより身近であるかもしれない。知能指数は，その人の知能の水準を数値化したものであり，それを英語で略記したものがIQ（intelligence quotient）である。

知能に関してはさまざまな定義があるものの，基本的には「目的にそって考え，行動する全体的な能力」と捉えておくとよいだろう。知能指数を導き出すには，その人の実際の年齢（生活年齢；chronological age, CA）と，知的発達を示す年齢（精神年齢；mental age, MA）というものを用いる。基本的な知能指数の算出方法は，

$$\frac{\text{精神年齢}}{\text{生活年齢}} \times 100$$

と表すことができる。例えば，生活年齢が5歳0ヶ月で精神年齢が5歳3ヶ月の子どもの場合，知能指数は105となる。計算式からもわかるように，知能指数は，生活年齢と精神年齢とが一致した場合に100となる。したがって，生活年齢以上の知的発達をしている場合，知能指数は100より大きい値に，平均以下の場合は100より小さい値となる。ただし，この算出方法では年齢が高くなると知能指数が低くなるという問題がある。この問題を避けるために実際には知能偏差値（intelligence standard score；10(X-M)/SD+50）や偏差知能指数（deviation intelligence quotient；15(X-M)/SD+100）という値を算出し，その人の知能指数

としている場合がほとんどである（なお，式のXは個人の得点，Mは同一年齢集団の平均，SDは同一年齢集団の標準偏差を示している）。

## 2　知能の測定

知能指数を算出する際に必要な精神年齢は，一般的に知能検査というものを実施することにより知ることができる。

知能検査は小学校入学前などにほとんどの人が経験するものであり，わが国でもよく利用されている。知能検査は，もともとフランスのビネー（Binet, A.）らによって考案され，通常の教育では十分な学びが得られない子どもを発見し，適切な教育を受けられるようにすることにその目的があった。

実際の知能検査をみると，子どもが興味をもちながら実施できるよう多くの工夫が凝らされている。知能検査の特徴的な点としてはさまざまな下位検査が用意されているということである。例えば，なぞなぞのような言葉で回答する問題のほかにパズルを完成させるような問題もある。これは，その人の知能を多方面から総合的に判断しようとしているためである。

現在，日本ではビネー式知能検査（田中ビネー知能検査Ⅴなど），ウェクスラー式知能検査（WPPSI-Ⅲ,WISC-Ⅴ,WAIS-Ⅳ），カウフマン・アセスメント・バッテリー（KABC-Ⅱ）などが，子どもや青年を対象とした知能検査として多く用いられている。

## 3　さまざまな知能

ところで，「頭のよさ」についてじっくりと考えてみると，さまざまな頭のよさが思い浮かぶだろう。ビネーがもともと測定しようとしたのは「全体的な知的能力」であったが，知能のより細かい側面に注目した研究者たちもいた。

例えば，サーストン（Thurstone, 1938）は，基礎的な知的能力として「言語」「数」「空間」「記憶」「推論」「語の流暢さ」「知覚」などがあるとし，ガードナー（Gardner, 1983）は，言語的知能，論理―数学的知能，空間的知能などのほかに，音楽的知能，身体―筋運動的知能などの知能も想定している。知能研究で有名なギルフォード（Guilford, 1967）にいたっては，知能の３次元モデルを提唱し，120もの知的能力の因子を想定している（**図３－１**）。

ホーンとキャッテル（Horn & Cattell, 1966）は知的能力を結晶性知能と流動性知能とに分類し，その発達的変化について論じている。結晶性知能は生涯を通しての経験の積み重ねにより獲得される能力であり，語彙力や社会的知識・スキルなどがこれに当たる。いっぽう，流動性知能は情報処理に関係する能力であり，この能力が高い場合，ものごとを速く，正確に処理することができる。これらの能力は，**図３－２**に示すような発達を示し，結晶性知能は生涯を通じて上昇し続けるが，流動性知能は30代でピークを迎え，その後，徐々に低下していくといわれている。

## 4　素朴な知能観

ここまでは，心理学の専門的立場からの知能の捉え方についてみてきたが，一般的に人々は，知能についてどのように考えているのだろうか。一般の人々の「頭のよさ」の捉え方についての研究を，「素朴な知能観」に関する研究という。スタンバーグら（Sternberg et al., 1981）によると，素朴な知能観には，①実際的な問題解決能力，②言語的能力，③社会的有能さの３つがあることが明らかにされている。日本人を対象とした研究（Azuma & Kashiwagi, 1987）においては，①社会的積極性（リーダーシップがあり，話が面白いなど），②受け身の社会性（自分の分を知っているなど），③優等生的な頭のよさ（計画性がある），④ひらめき型の頭のよさ，⑤もの知り型の頭のよさ，があることが明らかにされている。日本では，社会的な有能さが最も重視されていることを示す結果で

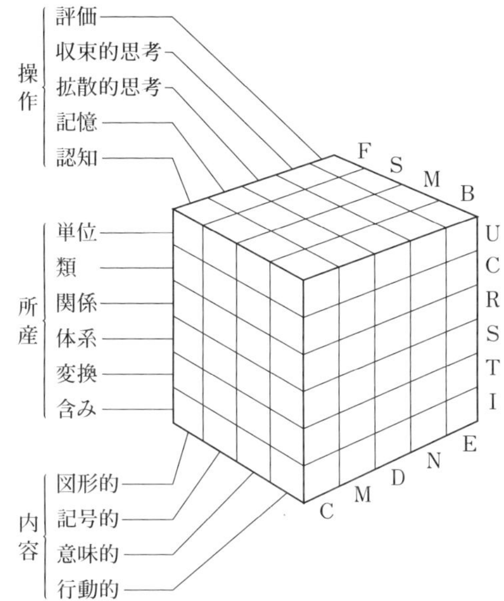


図3－1　ギルフォードの知能モデル（Guilford, 1967）

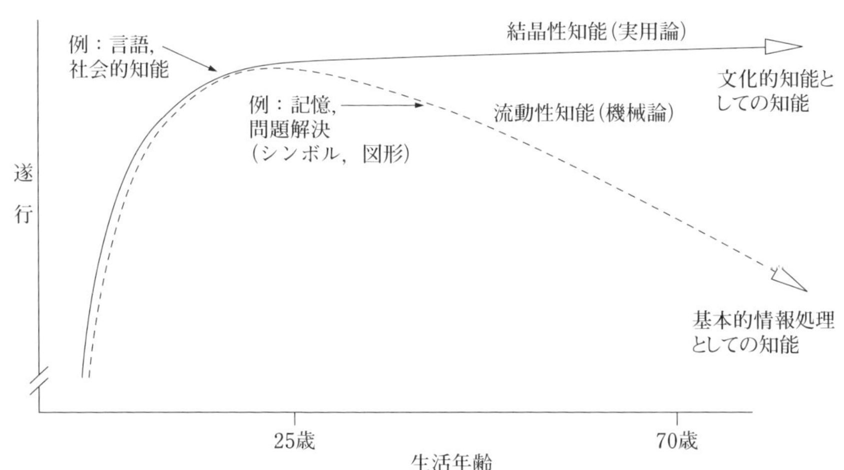


図3－2　流動性知能と結晶性知能の発達的変化（Baltes, 1987）

ある。

このようにみていくと，知能検査では，さまざまな知的活動に共通する基礎的な要素を測定していると考えることができる。いっぽう，それが日常の生活や社会的な場面でどのように現れるのかは，知能ばかりではない要素も関連すると考えていく必要があるだろう。

# Ⅱ 知的能力の発達

## 1 ピアジェによる知的発達の理論

人の知的能力がどのように発達していくのかを理論化した代表的な心理学者がフランスのピアジェ（Piaget, J.）である。ピアジェの理論は「発生的認識論（genetic epistemology）」と呼ばれる。この理論は人の知的活動をシェマ（schema），同化（assimilation），調節（accomodation）という3つのキーワードから捉え，4つの質的に異なった知的発達の段階を想定している点に特徴がある。

ピアジェはわたしたちの知的発達のあり方を「既存のシェマが調節され，新しいシェマへと変化していくこと」と考えている。シェマとはわたしたちが「ものごとに対してもっている知識や考え方の枠組み」である。シェマに含まれるそれらの知識や考え方を，ある事象に対して当てはめて処理することを同化という。しかし，そのシェマが当てはまらないような新しい事象に直面したとき，わたしたちはシェマを修正していく必要に迫られる。この修正過程を，調節という。例えば，「手紙の書き終わりには，『敬具』という言葉をつける」というシェマをもっていた場合，最後に「敬具」と書かれた手紙を何の違和感もなく読むだろう。これは同化の働きといえる。しかし，あるとき「かしこ」という言葉で終わる手紙を目にすると，その人のもっているシェマは，「手紙の書き終わりには『敬具』，または『かしこ』という言葉をつける」というように調節されるのである。すなわち，調節が行われることによって，その人のシェマは拡大され，より高い水準の認識へと進んでいくのである。

知的な発達は，このようなシェマの拡大によってもたらされるものの，その変化は必ずしもなだらかではないとピアジェは指摘している。なだらかに知的発達が進んでいく時期があるいっぽう，ある発達段階に達すると顕著な思考様式の変化が生じる。それは大きく4つに分けることができ，それぞれは感覚運動的段階（sensori-motor phase），前操作的段階（preoperational phase），具体的操作段階（concrete operational phase），形式的操作段階（formal operational phase）と呼ばれる。以下でそれぞれの段階における思考の特徴をみていく。

## 2　感覚運動的段階――乳児期の思考

感覚運動的段階は0歳～2歳ごろまでを指す。赤ちゃん，あるいは乳児の時期であり，この時期に知的な発達が進んでいるのだろうかと疑問に思う人も少なくないだろう。しかしこの時期は，後の高度な思考の基礎が形成されるための非常に重要な時期なのである。

赤ちゃんは，見る，聞くなどの「感覚」を通して外の世界を認識している。さらには，自らの身体を使って外の世界へ働きかけながらよりいっそう認識を広げていくのである。ピアジェによるとこの段階は，**表3－1**に示す6つの段階に分けることができる。これらの変化は感覚運動的段階の子どもの認識の対象が自分の身体から外界へと変化すること，行動が偶発的なものから目的的なものへと変化すること，を意味している。このように乳児期といえども，知的発達においては大きな飛躍をする時期であることがわかるだろう。

この時期における重要な発達として「対象永続性（objcct permanency）」の獲得があげられる。対象永続性とは，対象が見えなくなったり触れなくなったりしても同一の実体として存在し続けることを認識することである。ピアジェは第3段階（第2次循環反応段階）の赤ちゃんに次のような実験を行った。はじめに赤ちゃんにおもちゃを見せる。次に赤ちゃんがおもちゃに手を伸ばしたら，おもちゃに布をかける。すると，赤ちゃんは出した手を引っ込めてしまい，そこにおもちゃがないような様子を示したのである。それが第4段階（2次的シェマの協応段階）になると，布を取っておもちゃを探そうとする。この結果から，第3段階の子どもには対象永続性が獲得されていないが，第4段階の子どもには対象永続性が獲得されていることが示された。ただしその後の研究では，ピアジェが示したよりもやや早い時期に対象永続性は達成されることが明らかにされている。

## 3　前操作的段階——幼児期の思考

2歳ごろになると子どもは言葉を話し始める。言葉の出現は思考の発達にもきわめて重要であり，子どもの知的世界に急激な広がりと深まりをもたらす。ピアジェは，幼児期（2歳～7歳ごろ）の思考を前操作的段階と呼んでいる。この時期に象徴機能が発達し，心のなかのイメージを言葉やもので表すことができるようになる。車のイメージを「ブーブー」という言葉で表したり，どろんこでできたかたまりを「おまんじゅう」に見立てたりすることができるのは，そのような知的発達があるからといってよい。

前操作的段階は，さらに前概念的思考（preconceptual thinking）期と直観的思考（intuitive thinking）期とに区別することができる。前概念的思考は2～4歳ごろにみられるものであり，この時期には先の象徴機能が発達し言葉やイメージが飛躍的に発達していく。しかしながら，それらの言葉は大人と同じような概念にまではいたっていない。例えば，「ワンワン」という言葉も，犬一般を指しているのではなく，自分の家で飼っている犬であったり，近所で見かける犬であったり，特定の犬のみを指している場合が多い。思考に用いる概念が十

表３－１　感覚運動段階・前操作段階における発達（郷式，2003を桜井，2006が改変）

| 段階 | 下位段階（期） | およその年齢 | 特徴 |
|---|---|---|---|
| 感覚運動的段階 | 第１段階（生得的なシェマの同化と調節） | ０～１カ月 | たとえば，赤ちゃんは胎内にいるときから，唇にふれるものをくわえ，吸おうとする行動様式（シェマ）をもっている。生まれ出ると，このシェマを用いて外界にあるもの（乳）を取り入れる（同化）が，乳房またはほ乳びんの形状に合わせて自分のシェマを変化させること（調節）も必要である。認知発達は，まずこの同化と調節が可能になることから始まる。 |
| | 第２段階（第１次循環反応） | １～４カ月 | 手や足をバタバタさせるといった自分の身体に関して経験した反応を繰り返す段階であり，すでにもっているシェマ同士を組み合わせようとしはじめる。 |
| | 第３段階（第２次循環反応） | ４～８カ月 | ベッドの柵を蹴って柵につけてあるモビールを揺らそうとするなど自分の外部に興味ある事柄を見つけ，それを再現しようとする。 |
| | 第４段階（２次的シェマの協応） | ８～12カ月 | １つの結果を得るために，２つの別個のシェマを組み合わせることができる。 |
| | 第５段階（第３次循環反応） | 12～18カ月 | 外界に対し，いろいろ働きかけて，その結果を見ようとする行為が見られる。 |
| | 第６段階（洞察のはじまり） | 18カ月～２歳 | 活動に移る前に状況を考える。 |
| 前操作的段階 | 前概念的思考期（象徴的思考期） | ２～４歳 | この段階ではバナナを電話の受話器に見立てるといったふり遊びや目の前にいない人のまね（延滞模倣）などが活発に見られる。また，言葉の使用が始まるが，この時期の思考には（大人の概念に見られるような）抽象性や一般性がない。 |
| | 直観的思考期 | ４～７歳 | 前概念的思考段階に比べると，この段階の思考では大人のものに近い概念を用いることができるようになる。しかし，その思考はものの外観によって影響を受けやすく，一貫性を欠くため「直観的」であると見なされる。 |

分に発達したものでないため前概念的思考期と呼ばれるのである。

続く4～7歳ごろまでの時期は直観的思考期と呼ばれる。この時期になると後の概念的思考（具体的操作段階以降）の萌芽と捉えることのできる思考がみられるようになる。例えば，数や量について，「多い―少ない」といった観点から思考することができるようになる。しかし，この段階では，ものの見ために思考が大きく左右されるという限界をもっており，必ずしも正しい判断がなされない。そのために，ピアジェはこの時期を直観的思考期と名づけたのである。ピアジェは直観的思考の特徴を保存や自己中心性の実験によって明らかにしている。

### (1) 保存実験

わたしたちは，あるコップに入っている水が別のコップへと移し替えられたとしても，その量は変わらないということが理解できている。このように，ある対象が見かけ上は変化しても，数や量などの特性は変化しないという認識を保存（conservation）という。ピアジェは保存について「数」「量」「重さ」などの概念に関連する課題を用いて実験を行っている（**表3－2**）。例えば，数の保存に関する実験では，子どもの前に1列4個のおはじきを2列提示する。どちらの列もおはじきの間の距離は同じである。このとき，前操作的段階（直観的思考期）の子どもにどちらのおはじきがたくさんあるかを尋ねると，子どもは「どちらも同じ」と適切に答えることができる。しかし，一方の列のおはじきの間の距離を広げていく（このとき，その様子を子どもは見ている）と，子どもは間隔を広くした列のおはじきのほうがたくさんあると答えてしまうのである。このような結果になるのは，子どもが列の長さ（見ため）に影響されて誤った認識をしてしまうからである。見ために影響された直観的な思考をしているのである。

### (2) 自己中心性の実験

前操作的段階（直観的思考期）の子どもは他者の視点からものごとを捉えることについても困難を示す。ピアジェは**図3－3**に示す三ツ山課題を用いてこのことについての実験を行った。図からは子どもの側（Aの側）から3つの山

表３－２　直観的思考期と具体的操作段階における子どもの思考の特徴（内田，1991を一部改変）

| ピアジェの課題 | | 直観的思考期 | 具体的操作段階 |
|---|---|---|---|
| 数の保存 | | 子どもは２つの列の長さや密度の違いに惑わされて，並べ方しだいで数が多くも少なくもなると判断する。 | 子どもは，２つの列は長さと密度が異なるが，ともに同じ数であることを理解する。 |
| 液量の保存 | A　B　C | 子どもはA，Bの容器に等量の液体が入っていることを認める。それからBをCに移し替えると液面の高さに惑わされCの方を「たくさん」と答えたり，容器の太さに惑わされCの方が「少しになった」と答える。 | 子どもはA，Bの容器に等量の液体が入っていることを認める。それからBをCに移し替えると，液面の高さは変わるが，CにはAと等しい液体が入っていることを理解する。 |
| 物理量と重さの保存 | A　B　C | 子どもはA，Bの粘土のボールが等しい量で，同じ重さであることをまず認める。それからBをつぶしてCのソーセージ型にすると，大きさの違いや長さの違いに着目して，量は変化し，重さも変わると答える。 | 子どもはA，Bの粘土のボールが等しい量で，同じ重さであることをまず認める。それからBをつぶしてCのようにしても，それはBのときと等しい量でしかも同じ重さであることを理解する。 |
| 長さの保存 | A　B | 子どもは個数の異なった積み木を使って，Aと同じ高さの塔をつくることができない。 | 子どもは個数の異なった積み木を使って，Aと同じ高さの塔をつくることができる。 |

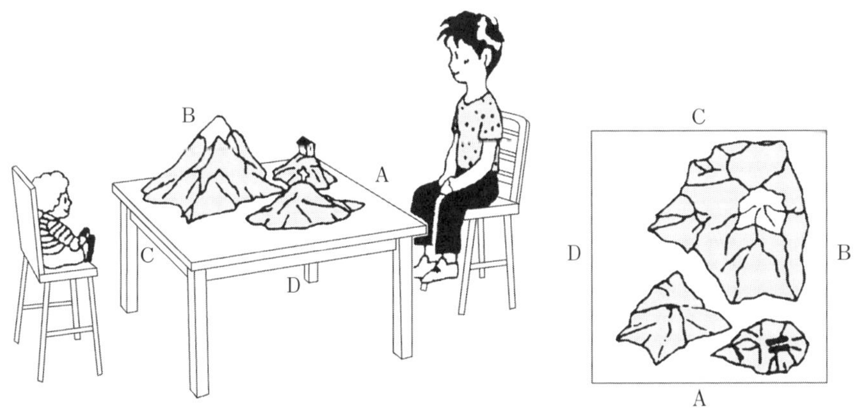


図３－３　三ツ山課題（向田，1999を一部改変）

が見えることがわかる。さらに人形の位置からは山がいくつ見えるかと子どもに尋ねると，正解は２つであるにもかかわらず３つと答えてしまう。子どもは自分の見え方と人形の側からの見方を区別して考えることができないのである。この問題に正答することができるようになるのは具体的操作段階に入ってからであり，自分の目に映る見かけだけにとらわれない論理的な思考能力が必要となることがわかる。ちなみに，自分の視点だけにとらわれなくなることを「脱中心化（decentering）」という。

## 4　具体的操作段階──児童期の思考

児童期に入ると子どもの思考様式は飛躍的な変化を示す。見かけにとらわれずに論理的に思考することができるようになるのである。ピアジェはこの時期を具体的操作段階としており，７歳〜11歳ごろまでとしている。

論理的思考を獲得することによって，前操作的段階では成功することができなかった保存課題もこの時期には適切にできるようになる。例えば，おはじきに関する課題の場合，一方の列のおはじきの間の幅が広がり全体が長くなった場合でも「どちらも同じ数」と答えることができる。その理由も述べることができるようになり，「元に戻したら同じ長さになる」「こっちは長くなったけど，(間が）スカスカになった」など，論理的な考え方をしていることがわかるのである。ピアジェによれば，保存課題の達成のためには可逆性（元に戻せば同じであることを理解する），相補性（例えば，同じ面積の四角形は，一方の辺が長くなれば，もう一方の辺は短くなることを理解する），同一性（取り去っても加えてもいないので，同じものであると理解する）の概念が必要であり，これらの概念が獲得されるのが具体的操作段階といえる。

ただし，この時期が「具体的」操作段階といわれるゆえんは，適切に思考できる対象が子どもが自分自身の目で見ながら実際に操作できるものに限られているためである。より抽象的なものごとについて十分に思考できるようになるには，次の形式的操作段階の到来を待たねばならない。

## 5　形式的操作段階――青年期以降の思考

青年期は2次性徴の現れとともに始まるが，同時に思考様式にも大きな変化がもたらされる。ピアジェは11歳ごろから形式的操作の段階へと移行するとしており，具体的操作だけでは十分に思考することのできなかった抽象的なものごと（例えば,「平和」や「幸せ」など）についても思考することができるようになるなど,成人とほぼ同じ思考ができるようになる（**表3－3**）。形式的操作段階では思考の内容と形式とを明確に区別することができるようになる。そのため，有名人などの「考え方」を自分で取り入れてまねしたり，ある考え方を別の状況に当てはめて思考したりすることができるようにもなる。

当初ピアジェは形式的操作による思考は14～15歳で完成されるとしていたが，その後，青年期以降も発達しつづけるものと考えを修正した。このような考え方の変化は生涯発達心理学の影響も大きく受けていると考えられ，一生の間思考が発達し続けるものであることを示唆している。

表3－3　形式的操作段階における思考の特徴（市川，1990）

①仮説から理論的に推論して，結論を導き出せる
②どのような仮説が可能かを組織的に探索できる
③理論的に推論して，どの仮説が正しいか判断できる
④変数間の関数関係がわかる
⑤いくつかの変数の値を統制して，ある変数の効果を調べることができる
⑥事象の可能な組み合わせを組織的に列挙することができる
⑦ある傾向に合致する事例と合致しない事例を知って，相関関係を把握することができる
⑧現象の確率的性質を認識できる

# Ⅲ 学力と学業不適応の問題

## 1 学力と学業不適応

学力とは，狭義には学校という場における教授－学習活動によって形成される能力，広義には認知能力，表現能力，社会的能力など，多面的な人間的能力といえる。心理学的には，標準学力検査などの学力検査で測定された結果ともいえる。一般的には，学校の学業成績に反映する能力と捉えられることが多い。個々人がその発達に応じた十分な学力を身につけていくことは，知的発達の観点から求められることである。学校での学びがうまくいかないことは，いわゆる学業不適応へともつながる。

以前であれば，学業不適応は，学校での学習の内容を理解するのがむずかしく，学習活動が遅れてしまう，というものであった。しかし，近年では知能が平均と比べて高いため，学習活動が簡単でつまらない，当人の高い学力水準に合った学習ができていない，という学業への不適応も認識されるようになった。前者はいわゆる学業不振と呼ばれる子どもたちであり，後者は，近年「ギフテッド」や「特定分野に特異な才能のある児童生徒」として知られるようになりつつある。

### (1) 学業不振

学業不振は，それぞれの発達段階で求められる学力水準に達することができない者，ということができるだろう。しかし，学業不振といっても実際には，学習遅進児（slow learner）・低学力児（low achiever）・アンダーアチーバー（under achiever）といった，いくつかの質的に異なる子どもたちが含まれる。

学習遅進児は，理解するのに時間がかかる子どもである。十分な時間をかけて学習する機会を与えれば，おおむね通常水準の学力にまで達することができる。低学力児は学習遅滞児とも呼ばれ，その学年に期待される水準の学力を有していない子どもたちを指す。したがって，当該学年で実施される授業への適応は困難であり，その子どもの学力水準に見合った内容での学習が必要となる。アンダーアチーバーは，知的水準と比べると学力水準が低い子どものことを指す。すなわち，知能検査によって得られたIQから期待されるほどの点数を，学校のテストで取ることができない子どもたちである。ほかにも，全体的な知能は一定程度あるものの特定の側面の知能が低い場合があり，学業上の困難を抱える子どももいる。このような子どもは学習障害(限局性学習症とも呼ばれる)などの発達障害と診断されることもあり，やはり学校での適応に課題を抱えることがある。

### (2) 「ギフテッド」や「特定分野に特異な才能のある児童生徒」

能力の高い子どももまた，学校での学習ではさまざまな課題に直面する。学習内容がむずかしくてついていくことができない，ということは少ないものの，「授業が面白くなく我慢の限界」「みんなと違う部分が強調され，いじめの対象になる」（文部科学省のアンケートから）など,高い知能ゆえに既存の授業や周囲の仲間に違和感を覚え，学校の生活に生きづらさを抱えている場合があるという。このように，知的な能力の低さばかりでなく高さもが，生きづらさをつくり出す可能性があることを忘れないでいたい。文部科学省の有識者会議では，能力の高い子どもたちへの取り組みとして「全ての子供たちの可能性を引き出す，個別最適な学びと協働的な学びの一体的な充実」や「困難に着目し解消を図るとともに個性や才能を伸ばす」ことを提言しており，今後さらにこれらの子どもたちに対するサポート体制の充実が求められている。

## 2　学業不適応への対応

学業不適応には多様な要因が影響を及ぼすと考えられる。古くは北尾(1975)が1次的要因（学業不振に直接関連する要因），2次的要因（性格・知能など），

## 全国学力・学習状況調査

文部科学省では2007（平成19）年から小学６年生と中学３年生を対象に全国学力・学習状況調査を実施している。子どもの学力ばかりでなく学習環境や生活環境等についても調査しており，両者の関連について分析をしていることにも特徴がある。

調査結果を通して，子どもの学びについてのさまざまな課題がみえてくる。例えば，2022（令和４）年の学力調査では，小学６年生の国語で公園の美化について話し合う会話文を読み，また**表**の〈メモ〉も踏まえながら「ごみ拾い」か「花植え」のどちらかを選び，問題点の解決方法について記述させる問題が出題された。「ごみ拾い」を選んだ場合の解答例は「ごみ拾いがよいと思います。続けることがむずかしい点については，当番を決めてごみを拾ったり，地いきの方にも呼びかけて協力してもらったりするとよいと思います。」である。

表　会話文の問題に付された話し合いの〈メモ〉

| アイデア | ○よい点　△問題点 |
|---|---|
| ごみ拾い | ○ごみがなくなる<br>△続けることがむずかしい |
| 花植え | ○はなやかになる<br>△世話を続けることがむずかしい |

出典：2022年度全国学力・学習状況調査小6国語問題より一部抜粋

この問題の平均正答率は47.8%であり，半数以上の子どもは正答できなかった。また，問題の求める解決方法まで記述されていない解答が約４割あった。この結果を受けて，専門家からは「学校の授業でも，何のため，いつまで，など，見通しをもって計画的に話し合い，結論まで意識づけることが大切だ」（水戸部修治，京都女子大学教授）という指摘がされている。このように，子どもの思考や学びにどのような課題があるのかを知るうえでの重要な資料となっている。

問題の正答率と学習環境や生活環境との関連の分析からは興味深い結果が示されている。例えば，「家にある本の冊数」が多い家庭の方が正答率が高い傾向があることや，授業で考えがうまく伝わるよう工夫している児童生徒ほど平均正答率の高いことなどが明らかにされている。これらの分析結果は，子どもの学力に与える環境等の影響を知る貴重な資料となる。これらの知見を学習方法や教授法の改善や発展へとつなげていくことが期待される。

３次的要因（環境・人間関係など）を指摘している。近年では，自己の認知活動や学習活動や，学習への動機づけについての調整方略，学習への意欲的な取り組みや関与のあり方であるエンゲージメントなども学習活動に影響を与えることが示唆されている。

個々人の学業不適応に対応するうえで重要なことは，十分なアセスメントを行うことであろう。子どもの日々の様子をていねいに観察し，複数の支援者や心理専門家などを交えて検討を行うことが有効である。そこから，支援の計画を策定したうえで対応していくことが望ましい。ある子どもには，既有知識に関連づける，メタ認知を育てる，などの学習方略の獲得を目指す支援が行われる場合があるだろうし，別な子どもへは教授方法に視覚的な支援を取り入れたり，集中しやすい学習環境を調整したりするなどの支援が行われる場合もあるだろう。ギフテッドのような高い知能のために広い意味での学業不適応や学校不適応に至っている場合にも，本人にあった学習課題や環境を提供していくことが求められる。文部科学省（2022年９月26日）は有識者会議のまとめを受けて，授業にとどまらない多様な学習の場の充実や，教員らが子どもの特性を把握することの重要性を指摘し，そのための支援を充実させようとしている。個に応じた学習支援が求められているといえるだろう。

# Ⅳ　創造性

## 1　創造性とは

新しいものを発見する，あるいは，つくり出していくということは，人間にとって価値のある活動である。それらは，広い観点に立てば，社会や芸術の発展へとつながっていく。そこまでいかずとも，わたしたちの周りには自分では思いもつかないアイディアを出したり，ユニークなやり方でわたしたちを驚かせる人たちも少なくない。このように，ものごとについての新たな解決に関連した発想・思考・解決手続きなどを総称して創造性という。

実際に創造性が発揮されるためには，創造的思考と創造的人格の 2 つが必要であると指摘されている。すなわち，独創的なアイディア（創造的思考）をもつと同時に，それを実際に実現していくための「持続力」や「行動力」など（創造的人格）が必要なのである。

知能の研究でも有名なギルフォードら（Guilford & Hoepfener, 1971）は，創造性について数学的手法を用いて分析した結果，①問題に対する感受性（問題を発見する能力），②思考の流暢性（特定の問題に多くのアイディアを円滑に出せる能力），③思考の柔軟性（さまざまな角度からのアイディアを考えうる能力），④思考の独創性（他人の考えとは異なった非凡な発想を生む能力），⑤再定義の能力（例えば，魚の骨は釣り針としても使える，というような新たな利用法を考えつく能力），⑥思考の精緻性（アイディアをていねいに考えることができる能力），の 6 つの因子から構成されることを明らかにしている。

創造性と知能との間にはある程度の関連があるものの，創造性には知能とは質的に異なった思考が関係していると考えられている。なぜなら，知能では目的に応じた特定の，またはある少数の答えにたどり着くための思考が重視されているが，創造性は必ずしもひとつの結論へとは結びつかず，むしろさまざまな新しい発想へとつながっていく思考だと考えられるからである。前者のような知能に関連する思考は収束的思考（convergence thinking）と呼ばれ，後者の創造性に関連する思考は拡散的思考（divergent thinking）と呼ばれている。

## 2　創造性の発達と育成

創造性の発達は知能の発達と密接な関連がある。創造性の発達を研究した者たちによると，幼児期では 3 ～ 4 歳半にかけて創造性は上昇するが，5 歳ごろに下降するとしている。児童期では小学１～３年生では創造性が上昇するものの，４年生以降は創造性はさほど高くないという。このように，小学校の中期で創造性の下降・停滞がみられるのは，知的発達上，子どもはこのころから科学的で精密な理解を求めるようになり，創造的でとっぴな発想や，風変わりな考えが抑えられるためとの指摘がある（弓野，2002）。

創造性の育成のためには，ほかの人と異なることや新しいことを意識させ，それを方向づけていく必要がある。弓野（2002）は創造性を伸ばす「ほめ方」として次のようなものをあげている。「さすがは〇〇君。ほんとうに君らしい考え方だ。人が考えつかない方法をよく考えたね。最後まで辛抱強く考えたね。いろいろな観点からよく吟味されているよ。その，『もしかしたら』というふうに仮定して考えた点がとてもいいね」。このように「その子らしさ」を認める工夫が創造性を育成していくうえでは重要なのである。ブレイン・ストーミング（集団によって，たくさんのアイディアを生み出す方法。「他人のアイディアについて評価･批判しない」「自由奔放なアイディアを尊重する」などの原則に基づいて討論を行う）や，概念地図法（概念間の関連を図示し，視覚化させる方法。概念間の関係は矢印で表現され，「ＡはＢを促進する」「ＡとＢは同意」など，関連の意味についても記される）などの方法も有効である。

## 読書案内

**◯ダニエル・アムリン，ジャック・ヴォネッシュ（編）　芳賀　純・原田耕平・岡野雅雄（訳）2021『ピアジェ入門 活動と構成：子どもと学者の認識の起源について』三和書籍**

ピアジェの認知発達における重要なポイントのほか，ピアジェの人柄や人生についても解説されており，ピアジェ理論を全体的・俯瞰的にみる助けとなる。

**◯安藤寿康 2018『なぜヒトは学ぶのか』講談社現代新書**

学業成績の個人差は遺伝的影響が大きいことを指摘しながら，能力や教育について生物学的視点を含めて論じている。

**○櫻井茂男 2020『学びの「エンゲージメント」：主体的に学習に取り組む態度の評価と育て方』図書文化**

学習課題に没頭して取り組んでいる心理状態を意味する「エンゲージメント」について解説し，そこから現代に求められる主体的な学習のあり方について論じている。

## 演習問題

A群の問いに対する解答を，B群から1つ選びなさい。

［A群］

1　知能指数を，次の式ではどのように表すことができるか。a，bに当てはまるものを答えなさい。

$$\frac{a}{b} \times 100$$

2　ピアジェの思考の発達段階は，大きく4つに分けることができる。それを順番に並べなさい。

c → d → e → f

3　4～5歳程度の子どもは，ものの見かけが変化しても，数や量は変化しないという概念をもっていない。この概念のことを，ピアジェは何とよんだか。

4　子どもは他者の視点をとることができないという認識上の限界を，ピアジェは何とよんだか。

5　知能検査で測定された知能指数から期待されるほど学業成績がよくない者を，何とよぶか。

6　創造性と関連の深い思考様式を何とよぶか。

［B群］

生活年齢，精神年齢，知能偏差値，感覚運動期，前操作期，直観的思考期，形式的操作期，具体的操作期，対象永続性，保存，自己中心性，低学力児，アンダーアチーバー，収束的思考，拡散的思考

# 第4章

# 認知の発達

わたしたちは日々外界とかかわり，さまざまなことを感じ，考えて行動しています。その際に心のはたらきを「認知」と呼びます。認知の内容は子どもと大人で異なりますし，プラスの方向だけでなく，マイナスの方向になることもあり，多様な変容が見られます。本章では，第1節で認知とは何かについて述べます。第2節では乳児期の認知能力の代表的な測定法を紹介しながら，知覚の発達について取り上げます。第3節では記憶のメカニズムと発達について概観します。第4節では概念と思考の発達について，素朴理論，因果性，メタ認知，問題解決を取り上げて説明していきます。それぞれの認知の側面が関連しつつ発達することに注目しながら，学びを深めて下さい。

# Ⅰ　認知とは

認知（cognition）とは，知覚・記憶・思考・推論・学習など，私たちが外界を捉えるための心の働き全般を指す。認知心理学では，人間もコンピュータと同様に情報処理をするシステムであるという捉え方をする。目，耳，鼻といった感覚器官から情報を得る装置が人体であるならば，人の心は情報処理をするソフトウェアのようなものである。このソフトウェアのプログラムを理解するために，さまざまな研究によって心の働きをモデル化する作業がなされてきた。子どもの認知発達とは，子どもが自らをとりまく世界をどのように知り，学んでいくのか，そして，発達とともに世界を知るための方法（いわゆる情報処理プログラム）が変化する過程といえる。

第3章で紹介したピアジェ（Piaget, J.）の理論では，認知（おもに思考）が4つの段階を経て発達することを説明していた。この理論でピアジェは，認知発達が領域や内容すなわち知識，問題解決，推論の種類に関係なく，ほぼ同じように認知発達が進むという考え方をしていた。このような考え方を，「領域一般性」と呼ぶ。その後，この考え方では，子どもの認知能力はそれぞれの発達段階に拘束され，能力が過小評価される恐れがあることが指摘されるようになった。例えば，チー（Chi, 1978）の実験では，チェスに熟達した6～10歳の子どもとチェスの素人である大学院生の記憶の違いを調べ，熟達した子どもの方が素人の大学院生に比べてチェス盤の駒の位置をより多く覚えられることが示された。一方，彼らに対し，10桁の数列を読み上げ覚えることを求めた場合は，子どもよりも大学院生の方がより多くの数を覚えることができた。このように，認知発達の進み方やメカニズムが領域によって異なるという考え方を「領域固有性」と呼び，現代の認知心理学全般においてもこの立場を取るものが多くなっている。

ピアジェの理論に代表されるように，かつては，とくに乳幼児の認知能力について低く評価されていた。その１つ理由として，乳幼児期は言語能力や運動能力が未発達であるため，かつての主流であった行動観察法による研究では測定がむずかしかったことがあげられる。認知心理学においてさまざまな実験的手法が開発されたことにより，認知発達に関する知見は現在もなおアップデートされている。

# Ⅱ　知覚の発達

知覚（perception）とは，感覚器官への刺激を通して周囲の環境や自分の身体の状態を捉える働きのことである。感覚には，視覚・聴覚・嗅覚・味覚・触覚があり，目・耳・鼻・舌・皮膚という感覚器官を通じて，光・音・匂い・味・接触という外部の刺激を受け取っている。知覚という言葉を用いる際には，感覚として得た情報を脳が読み取り何らかの判断をすることを指すことから，認知の１つとして位置付けられる。例えば，目から入ってきた視覚情報を「丸くて赤いもの」と捉えるのが感覚であるならば，それについて「赤信号」なのか「赤い風船」なのかを判断するのが知覚である。

言語獲得以前の乳児は，言葉でのコミュニケーションができないため，その認知能力を調べるためにさまざまな方法が開発されてきた。ここでは，その方法を取り上げながら，主に乳児期における知覚の特徴を紹介する。

## 1　選好法

子どもが自身の興味・関心にそって能動的に外界とかかわろうとする傾向を利用し，刺激に対する子どもの選択･反応を測定する方法を選好法（preferential method）という。例えば，乳児は，自分のより興味のある対象を長く注視する傾向がある。ファンツ（Fantz, 1961）は，乳児に複数の画像を提示し，各画像への注視時間の差異を測定した。もし乳児が特定の画像をほかの画像よりも長く選好注視したならば，乳児が画像を識別したと解釈できる。その結果，**図４－１**のとおり，乳児は，無地よりも複雑な画像や人の顔らしい画像を好むことが明らかになった。

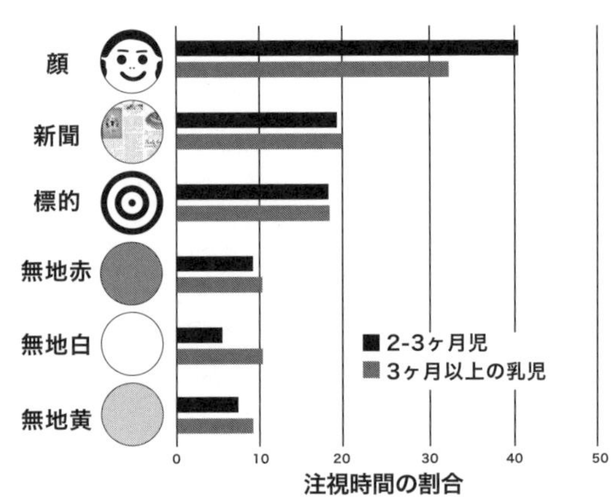


図４－１　乳児の画像への選好注視（Fantz, 1961）

乳児の視力を測定する際にも，選好注視法を用いる。大人の場合，ランドルト環「C」の切れ目の方向を判断することで測定するが，乳児はそれができない。そこで，白黒の縞模様と無地の灰色画像を同時に見せ（変化に富んだ縞模様の方を選好注視する），縞が細かくなって灰色画像と区別ができなくなるところをその乳児の視力として判断するというものである（Fantz, 1961）。これによって測定された値を一般的な視力に変換すると，３ヶ月で0.1，6ヶ月で0.2程度の視力があるとされる。このように，乳児の視力は弱く，４歳になるころまでゆっくり向上し，5～6歳で1.0程度になるのが一般的な発達である。ここでは，視覚に関する実験のみを紹介したが，その他の知覚実験においても選好法は用いられる。

## 2　馴化法

選好法は，乳児の好みに差がある刺激でないと測定ができないが，好みに関係なく測定できるのが馴化（じゅんか）法（habituation paradigm）である。ヒトに限らず多くの動物は，意味のない刺激や同じ刺激の繰り返しに対しては反応が減り，新奇刺激に対しては反応が生じるという傾向がある。よって，ある刺激が提示されるとそちらに注意を向けるなどの反応が生じるが，同じ刺激が繰り返し提示されると，反応はしだいに減っていく（馴化）。その後，それまでとは異なる新しい刺激を提示すると，再び刺激への注意が回復する（脱馴化）。この傾向を利用して，脱馴化が起こったということは，乳児がそれまでの刺激と新しい刺激を区別することができたと判断するのが馴化法である。

視覚であれば，選好注視法と同様に，注視時間の変化で測定可能であるが，聴覚の場合，実験用の人工乳首を乳児の口に含ませ，乳首につながっている圧力センサーによって吸啜（きゅうてつ）の頻度や強さを測定する方法がある。通常，吸啜の頻度は，刺激に馴れるにつれて減り，刺激への興味が増すと増加する。この方法を用いて，生後６～８ヶ月までの乳児は，１歳以降には区別できないような外国語の音の違いを弁別できることが確認されている（例えば，Werker & Tees, 1984）。

なお，乳児期において馴化の早い子どもや選好法で目新しいものを好む傾向が強い子どもは，幼児期，児童期，青年期における知能検査等の認知検査の得点が高い傾向にあることが多くの研究で報告されている（Goswami, 1998）。これについては，脳内の情報処理速度の速さが関係していると考えられる。

## 3　味覚・嗅覚・触覚の特徴

味覚について，新生児であっても，甘味の溶液を口に含ませると，吸いついたりリラックスした表情を示したりする一方で，苦味や酸味の溶液には，顔をしかめて口をあけたり，口をすぼめたりするような表情をすることが確認されている（Rosenstein & Oster, 1988）。また，新生児にさまざまな濃度の少量のショ糖溶液を与え，それによって引き起こされる吸啜反応の持続時間を比較した実験では，より甘いショ糖溶液をより長く吸うことが確認されている（Crook,

1978)。こうした研究から，新生児期から甘い味を好み，わずかな味の違いを弁別できるといえる。

なお，ヒトの味蕾（舌にある味を感じる器官）は，胎児期14〜15週には形成されて成人と同様のかたちとなり，乳児では約１万個，成長に伴って減少し，成人期には7500個くらいになる。乳児期には味覚が敏感で甘い味を好む傾向があるが，８〜９歳頃には味覚の感度は低下して，成人とほぼ同程度の閾値を示すようになる（James, Laing, & Oram, 1997）。その後の味の好みや味覚感度は，発達による味蕾減少などの影響よりも個人の食経験の影響を大きく受け，とくに幼少期の食生活が影響するようである（綾部・小川，2021）。

嗅覚についても新生児期から弁別能力の高さが報告されており，出生後２日目の新生児は，自分の母親の羊水のにおいと別の母親の羊水のにおいを弁別し，自分の母親の羊水のにおいを選好し，そちらに顔を向けてにおいを嗅ごうとする（Schaal, Marlier, & Soussingnan, 1995）。なお，成人では羊水はほぼ無臭と感じられるのが一般的のようである。母親の乳房のにおいに対しては，生後２日ではほとんど反応がみられないが，２週目には母親の乳房のにおいに対して反応が高まり，６週目には他の母親の乳房のにおいと弁別できるようになる（Russell, 1976）。これらのことから，新生児は自分の身近なもののにおいを記憶し，親和性を高めると考えられる。親をはじめとする重要な他者のにおいを学習し，関係を形成するうえで役立てているともいえよう。

触覚について，胎児は受精後７週〜14週までの間に触覚刺激を感じるようになる。妊娠23週ごろには痛みへの感受性も発達する（Anand & Hickey, 1987）。新生児では，手で握りしめた物の形状が円柱なのか三角柱なのかを識別するとの報告がある（Streri, Lhote, & Dutilleul, 2000）。また，新生児は，口の中で得た触覚情報を視

図４－２　触覚と視覚の実験で用いられた２種類のおしゃぶり（Meltzoff &Borton, 1979）

覚情報と対応づけることもできる。メルツォフとボートン（Meltzoff & Borton, 1979）は，目隠しをした新生児に表面が滑らかなおしゃぶりと小さなイボイボのついたおしゃぶりのどちらか一方を90秒間口の中で触らせ，その後，両方のおしゃぶりを明るい部屋で目の前に同時に提示した（図4－2）。その結果，多くの新生児が，自分の口に入れたおしゃぶりの方を長い時間見つめたことから，触覚から得た情報を記憶し，視覚情報に移すことができたと考えられる。

このように，知覚において高い弁別能力をもち，異なる感覚器官からの情報を統合することが可能であることは，乳児の有能性を示す重要な根拠となっている。

# Ⅲ　記憶の発達

## 1　乳幼児の記憶

乳児の記憶力は早期から発達しており，乳児が母親の胎内での声を記憶しているとの報告もある。デキャスパーとスペンス（DeCasper & Spence, 1986）は，妊娠中の母親に3つの物語を録音してもらい，そのうちの1つの物語を妊娠期の最後の6週間，胎児に毎日聞かせた。乳児が誕生後，人口乳首を吸う速度が標準よりも速い（あるいは遅い）タイミングで，子宮にいるときに聴いていた物語の録音を流し，吸う速度が標準に近づくと，聴いたことのない物語の録音を流した。すると，乳児は子宮の中で聴いていた物語を聴き続けられるように，適切な吸啜速度を維持することが明らかになった。このことから，胎内にいるときに記憶をしていることが主張されたのである。

ロヴィー-コリアーら（Rovee-Collier, Sullivan, Enrigh, Lucas, & Fagen, 1980）は，乳児の記憶力を調べるために，次のような実験を行っている。乳児の足首とモビールをリボンで結び，乳児がキックをするとモビールが動くようにした（**図4－3**）。乳児がキックする動作は自然に起こるので，乳児はキックするたびにモビールが動くのを観察することとなる。それを９分間行った後，リボンをモビールから外してキックをしてもモビールが動かない状態を３分間経験する。この３分間のキックの頻度が，実験前よりも増えていれば，乳児は自らがキックするとモビールが動くということを「記憶して」キックしていると考えたのである。実験の結果，生後３ヶ月の乳児の場合，２～８日経っても記憶していること，14日後までにはほぼ忘れてしまうこと，ただし，記憶を確認する24時間前に乳児が自分でキックができないイスに座らせてモビールが動く様子を観察させると（これを「想起手がかり」と呼ぶ），14～28日後であっても記憶を保持できていることが確認された。この実験から，乳児であっても一定期間記憶を保持できること，想起手がかりがあれば，１ヶ月は思い出せることがわかる。

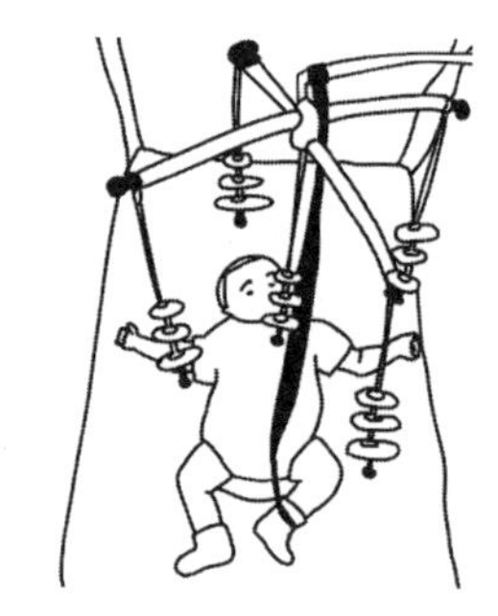

図４－３　乳児の記憶力を調べる実験装置

乳児期は言葉を話すことができないため，行動における記憶の有無は確認できるものの，記憶の内容を明らかにすることはむずかしい。３歳以降になると，言語応答が可能になるため，それが可能になる。

ブラウンとスコット（Brown & Scott, 1971）は，３～５歳児に対して，さまざまな物や場面の絵を100枚見せた。そのうち12枚は１回だけ，44枚は２回見せるというルールで，２回見せる方の絵は，０，５，10，25，50枚のいずれかの間隔を開けて見せ，すでに見た絵かどうかについて「はい」「いいえ」で答えさせた。その結果，見せる間隔にかかわらず，98％で幼児は正確な再認記憶を示した。さらに，28日後であっても，２回見た絵の場合で78％，１回のみ見た絵の場合で56％の再認成績であった。このような再認記憶の成績は，成人と比べてもそれほど大きな違いがあるわけではない（川畑，2010）。

# 2　児童期以降の記憶

## (1)　二重貯蔵モデル

児童期以降の記憶の発達を理解するために，記憶のメカニズムについて概観する。

かつて記憶のメカニズムについては，アトキンソンとシフリン（Atkinson & Shiffrin, 1971）の二重貯蔵モデルがよく知られてきた（**図４－４**）。このモデルでは，外部からの情報はまず「感覚記憶（sensory memory）」に取り込まれる。感覚記憶は，意識的に覚えようとしなくても０～２秒ほど保持されるが，その多くは注意を向けられることなく消失する。この感覚記憶のうち，意識的に注意を向けられた情報が「短期記憶（short-term memory）」として一時的に保持される。短期記憶は，そのままでは15～30秒で消失するが，リハーサル（情報を頭の中で繰り返すこと）等の記憶方略を用いることで,「長期記憶（long-term memory）」として半永久的に保持されるようになると考えられる。長期記憶は，知識，エピソード（経験），技能や手続きなどに関する記憶を指す。なお，短期記憶の容量は，提示された数字を正確に順唱する課題では，４歳児が４桁，就学前後の年齢が５桁，児童期に６桁，10代後半から成人にかけて７桁程度である

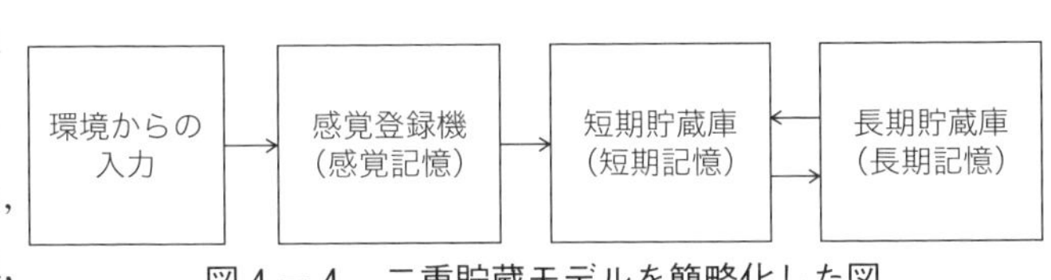


図４－４　二重貯蔵モデルを簡略化した図
（Atkinson & Shiffrin, 1971をもとに作成）

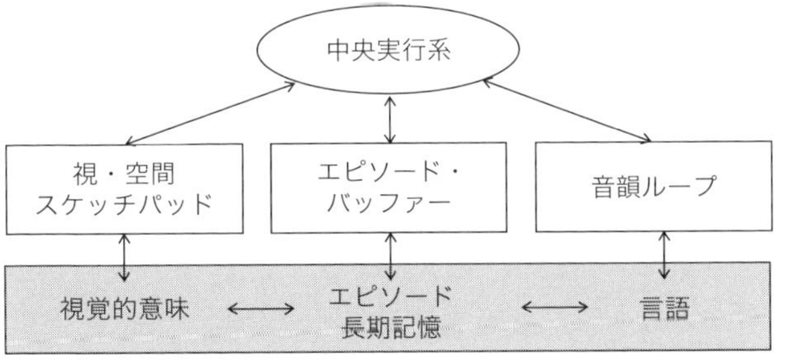


図４－５　ワーキングメモリ・モデル（Baddeley, 2000）

との報告がある（大川・中村・野原・芹澤・戸田，2008）。

### (2) ワーキングメモリ・モデル

しかし，その後，二重貯蔵モデルにおける短期記憶は，実際には必要な情報を一時的に保持しながら，何らかの認知的活動を行うシステムとしての機能をもつという考え方が強調されるようになり，「ワーキングメモリ（作動記憶；working memory）」という言葉で表現されるようになった。バッデリー（Baddeley, 2000）の提案したワーキングメモリ・モデル（**図4－5**）によれば，ワーキングメモリは「中央実行系（central exective）」と，中央実行系の働きによって活動が制御される「音韻ループ（phonological loop）」，「視・空間スケッチパッド（visuospatial sketchpad）」，「エピソード・バッファー（episodic buffer）」から構成される。

中央実行系は，近年，実行機能（exective function）という概念としても研究が進んでおり，無関係な情報や反応を抑えて必要な情報に注意を向けたり（抑制），課題がいくつかある時に，ある課題から異なる課題へと柔軟に注意を切り替えたり（シフティング），ワーキングメモリ内にある情報を監視し，つねに新しい情報へ更新したりする役割を担っている。

音韻ループは，聴覚や発話の基礎となる音声情報を保持するシステムであり，視・空間スケッチパッドは，視覚イメージのような情報の保持を扱うシステムである。エピソード・バッファーは，中央実行系に集まったさまざまな情報や長期記憶の情報の意識的な保持を担うとされている。これらの能動的な働きにより，われわれは耳で聞いた計算問題を暗算したり，目で見たレシピを頭の中に思い浮かべながら料理をしたりといった日常における活動や，文章理解・問題解決などの高度な認知的活動を行っていると考えられている。

### (3) ワーキングメモリの個人差

ワーキングメモリの容量には限界があり，個人差もある。短期記憶の容量として先述したとおり，成人の場合，6～7チャンクが最大と言われている。このチャンクとは，まとまりのことを指す。例えば，「S・H・I・N・R・I・G・A・K・U」とアルファベットを順に1文字ずつ読み上げて憶えようとすると

10チャンク（文字）となり記憶可能な容量を超えてしまうが，「SHINRIGAKU（心理学）」と意味のある単語の綴りとして提示すれば1チャンクなので容易に記憶できる。

**図4－6**は，4～15歳までの子どものワーキングメモリの個人差を示したものである（Gathercole & Alloway, 2008）。縦軸の100は，4～15歳までの子どもの全成績の平均を意味する。折れ線グラフの四角印は各年齢の平均値，そこから上下に垂直に伸びた線の上端は，各年齢における上位10％の子どもの容量，下端は，下位10％の子どもの容量である。例えば，7歳児の上位10％の子どもは10歳児の平均とほぼ同じであり，下位10％の子どもは4歳児の平均を下回っていることがみてとれる。このことから，7歳児全体では，少なくとも6歳分の個人差があると考えることができる。

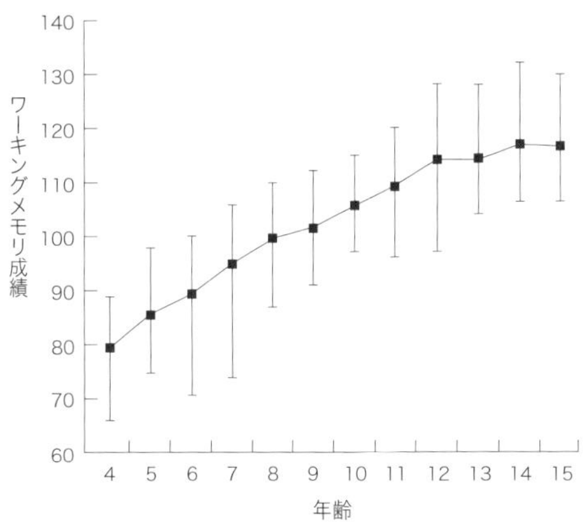


図4－6　ワーキングメモリの個人差
（Gathercole & Alloway, 2008）

## Ⅳ　概念と思考の発達

われわれは，さまざまな事物について概念を形成し，そのものの本質的な特徴を理解しようとしている。そのための方法としてカテゴリー化を行う。外界をいくつものまとまりに分類して整理し，新しい事物についてもすでにあるカテゴリーを利用しながら理解することができる。それらの理解に基づき，思考する力を発達させていく。第3章で紹介したピアジェの知的発達の理論は，まさに概念と思考の発達について体系的に示したものである。しかし，その後の

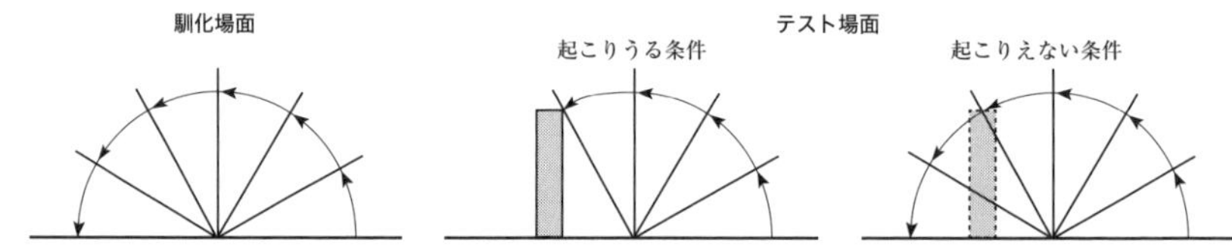


図4－7　ベイヤールジョンら(1985)の実験における馴化場面と2種類のテスト場面

研究においては，ピアジェが示した発達段階以上の有能さを子どもがもっていることが確認されてきた。

## 1　素朴理論

乳幼児でも，ヒトが生きていくために重要と考えられるような領域については，領域固有の知識をもっていると考えられている。例えば，ベイヤールジョンら（Baillargeon, Spelke, & Wasserman, 1985）の実験では，5ヶ月児に対し，ついたてが手前から起き上がって向こう側に倒れる装置をくり返し見せて馴化させたあと，装置の奥に箱を置き，ついたてが箱に当たって途中で停止する様子（起こりうる条件）か，箱があるにもかかわらず，ついたてが最初と同様に向こう側まで完全に倒れる様子（起こりえない条件）のどちらかを見せた（**図4－7**）。その結果，本来であれば脱馴化が生じる「起こりうる条件」よりも，馴化した場面ではあるが「起こりえない条件」の方で長く凝視した。すなわち，5ヶ月児であっても，ついたてが箱を通り抜けるようなことは起こりえない出来事であるということを理解しており，その起こりえないことが起こったので驚いて凝視したのである。同じく5ヶ月児では，ヒトの主要な関節につけた小さな電球の光が暗闇で動くのを見ただけで，生物的な動き（歩いているときの電球の光の動き）と非生物的な動き（でたらめな光の動き）を弁別することもできる（Bertenthal, Proffitt, Spentner, & Thomas, 1985）。

幼児期になると，生物と非生物で中身が異なることについて理解できる。例えば,「オレンジ, レモン, オレンジの風船」の3組の絵を見せると,「オレンジとレモン」は同じ中身をもち,「オレンジとオレンジの風船」は見かけが似ていると答え,「ブタ, ブタの貯金箱, 牛」の3組では「ブタと牛」は同じ中身をもち,「ブタとブタの貯金箱」は見かけが似ていると答えることができる(Gelman & Wellman, 1991)。このように, 日常の経験を通して個々の知識が関連づけられ獲得された体系的な知識を,「素朴理論 (native theory)」と呼ぶ。

ただし, 幼児の素朴理論は成人がもつ科学的な理論とは異なる点もある。稲垣と波多野は, 6歳児, 8歳児, 成人を対象に,「私たちが毎日食べ物を食べるのは, どうしてだと思うか？」といったように, ある身体反応が生じる理由について尋ねた。すると, 8歳児と成人は「胃や腸で食べ物の形を変えて, 体に取り入れるため」等, 生理学的メカニズムに関する理由を答えた。一方で, 6歳児は,「食べ物から元気が出る力をとるため」等と答え, 児童や成人とは異なる考え方をしていた (稲垣・波多野, 2005)。

## 2　概念の変化

乳児期から幼児期にかけては, 素朴理論に基づいて, 概念の表象は徐々に精緻化され, より広範囲の事実を説明できるようになる。幼児期から児童期にかけて言語が発達すると, 定義的特徴によって表象することが可能になる。例えば, ある記述が「島」を表しているかどうかを判断する際に, 9歳児は5歳児に比べて, 島に関連しそうな情報 (常夏でヤシが自生している) よりも, 島の定義的特徴 (周囲を海に囲まれている) に依拠して判断する傾向がみられる (Keil & Batterman, 1984)。

素朴理論 (ないしは素朴概念) は必ずしも科学的概念と一致しないこともある。例えば, ある人が走っている途中で持っていたボールを手から離すと, ボールはどのように落下するか, という問題がある。中学や高校で習う慣性の法則に従えば,「前方に落ちる」が正解であるが, 子どもに限らず大学生であっても，「真下に落ちる」もしくは「後方に落ちる」と答える者が大部分である（川畑，2010）。このように，素朴概念の多くは，学校での科学的な概念の教授に関わらず，変化が生じにくい。なぜなら，子どもは素朴概念と矛盾する新しい科学的概念に直面したとき，新しい情報を無視したり，拒否したり，歪めたりして，素朴概念に同化したり，素朴概念とは無関連のものとして新しい情報を理解したりするからである（湯澤，2010）。素朴概念に変化を引き起こし，科学的概念へ修正できるようにするためには，教育者が子どもたちに科学概念と素朴概念とのくい違いに気づかせ，そのくい違いを解消するために，説明を構成させることなどが必要である（Chan, Burtis, & Bereiter, 1997）。

## 3　因果性

外界に関する知識を獲得するうえで，因果性を理解することは非常に重要である。４，５歳児はしばしば大人に対し「どうして空は青いの？」「なぜ海には波があるの？」などの質問を投げかける。このように，幼い頃から因果性に注目する傾向が身についていることは，日常生活における出来事を理解し，説明するうえで役立ち，論理的思考ができるための基礎となる。

本章Ⅲの１で紹介した記憶の実験で，乳児がキックの回数を増やしたのは，乳児自身がキックをすればモビールが動く，という因果関係を理解したためである。Ⅳの１で紹介したベイヤールジョンらの実験で，ついたてが箱を通り抜けるような動きを見て乳児が驚いたのは，物体が壁に当たると動きが止まる（通り抜けられない）という因果関係を乳児が理解しているためである。

幼児期になると，因果に気づいているだけでなく，因果原則にある程度従いながら因果関係を推論できる。ビュロックとゲルマン（Bullock & Gelman, 1979）は，３～５歳の幼児に対して，左右にあるトンネルの入り口からビー玉を入れると，真ん中の穴からおもちゃが飛び出す装置を示し，「左の穴にビー玉を入れる」→「真ん中からおもちゃが飛び出す」→「右の穴にビー玉を入れる」という一連の出来事を見せた。その後，おもちゃが飛び出した原因を尋ねたところ，時間的に先行する事象，すなわち「左の穴にビー玉を入れた」ことに原因があると確実に推測できたのは，4，5歳であった（3歳児も「おもちゃが飛び出すようにビー玉を入れて」と言われれば，75%が左のトンネルから入れることはできた）。

児童期になると，いくつかの要因が拮抗していても，事象の共変性に基づいて因果関係を推論できるようになる。緑色の箱の穴にビー玉を落とすと5秒後に隣接した別の箱のベルが鳴り，オレンジ色の箱の穴にビー玉を落としてもベルが鳴らない様子を観察させたうえで，緑色の箱にビー玉を落とした5秒後にオレンジ色の箱にビー玉を落とすと直後にベルが鳴るという場面を示す。なぜベルが鳴ったのかを尋ねると，7歳児は時間的に近接しているオレンジの箱にビー玉を入れたことを指摘したが，8歳児や大人は，共変関係に注目して5秒前に緑色の箱にビー玉を入れたことが原因であると指摘することができた(Mendelson & Shultz, 1976)。

## 4　メタ認知

メタ認知（metacognition）とは，自分の認知活動に対する認知のことである。自分の認知過程に意識的に気づく能力ともいえる（岡本, 2001）。メタ認知には，「メタ認知的知識」と「メタ認知的活動」の2つの側面がある。メタ認知的知識は，自分の認知や記憶についての知識（例：私は中学校で習った数学の内容で理解できていないところがある）や，直面している問題の性質や効果的に実行するための方略（例：先生の話はノートにメモをしたほうがよい）についての知識のことである。メタ認知的活動は，認知活動の現在の状態を評価するモニタリング（例：授業の内容を正しく理解できているか確認する）と，自分の認知活動を調整・統制するコントロール（例：わからないところは教師に質問しに行くのがよいと判断する）がある。Ⅲの2で取り上げたワーキングメモリ・

モデルのうち，中央実行系の役割は，メタ認知と大きく関係していると考えられている。

メタ認知の発達においては，最初に認知的知識が現れ，6歳くらいで正確さもみられるようになる。その後，認知的制御能力が現れ，10〜14歳くらいでモニタリングとコントロールに劇的な改善がみられるようになり，成人期まで発達が続くとみられている（室橋，2018）。例えば，シンら（Shin, Bjorklund, & Beck, 2007）は，幼稚園年長児，小学1年生，小学3年生に複数枚の絵を提示し，自分が何枚覚えられるかを予想させた後，実際に覚えさせた。その結果，いずれの年齢の子どもたちも，予想枚数は実際に覚えられた枚数を上回っており，自分の記憶能力を高く見積もっていた。また，より低年齢であるほど，その枚数の差は大きかった（平均枚数は，順に，4.19，3.83，1.04）。その後，同じ課題をくり返すと，小学3年生は予想と実際の差がほとんど無くなるが，幼稚園児と小学1年生は差に変化がみられず，自分の記憶能力を高く予想し続けた。また，覚えるために効果的な方略を使うことも少なかった。このことから，児童期前半頃まではメタ認知が未発達であることがわかる。一方で，この研究では，初期段階で自分の記憶能力を過大評価していた子どもの方が，回数を重ねる中で記憶課題の成績が向上したことも示されており，過大評価することが課題への動機づけを高めた可能性も指摘されている。さまざまな物事に積極的に挑戦し，能力を高めていく幼児期・児童期前期においては，メタ認知的知識が正確さを欠き，自分を過大評価していることのメリットもあろう。しかし，小学校以降，学校での学びを確実に身につけていかなければならないとき，メタ認知の獲得はより重要な課題となる。

## 5　問題解決

何らかの欲求や要求が満たされていない状況（初期状態）から，満たされた状況（目標状態）へと移行させる心的な活動を問題解決（problem solving）という。問題解決に至るまでのさまざまな手続きを方略（strategy）という。問題解決のための方略には，アルゴリズム（algorithm）とヒューリスティックス（heuristics）の大きく2種類がある。アルゴリズムは，数学の問題を解く際の方程式のように，実行すれば必ず正しい解答に到達できる手続きのことである。これに対し，ヒューリスティックスは，必ず正解が得られるわけではないが，うまくいけば，解答に至るまでの時間を短縮できるような手続きを指し，発見的方法とも呼ばれる。日常の判断や意思決定においては，アルゴリズムが存在せず，自らの経験や知識に基づいてヒューリスティックスを用いることが多い。

ニューエルとサイモン（Newell & Simon, 1972）は，手段－目標分析（means-ends analysis）と呼ばれるヒューリスティックスを提案した。これは，初期状態と目標状態の差が最も小さい状態になるように手段を選ぶという方略である。

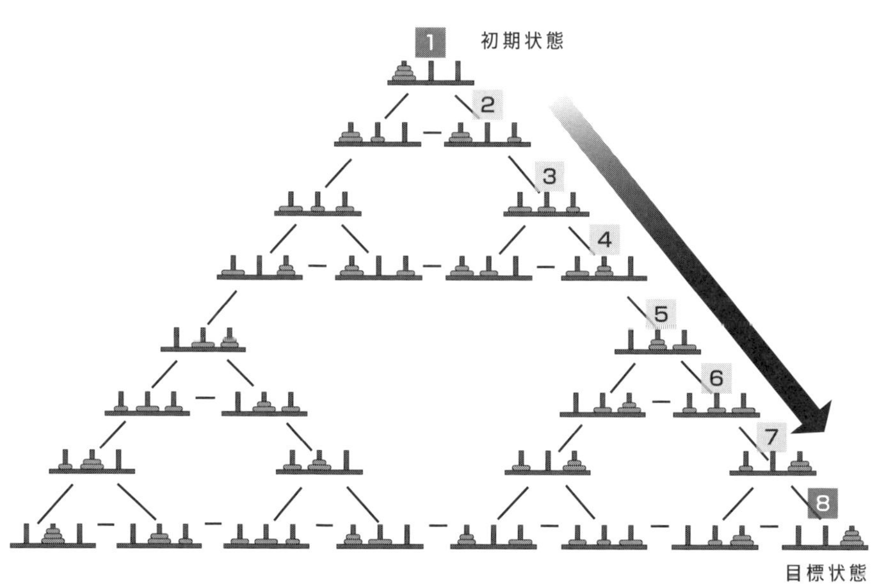


図4－8　「ハノイの塔」の問題空間（都築，2010）

**図４－８**に示した「ハノイの塔」問題を例に，この方略について考えてみよう。初期状態では，左端の棒に大，中，小の円盤がある。目標状態はこれらの３つの円盤を右端の棒に移すことである。その際，①円盤は一度に１枚ずつしか移動できない，②各棒の一番上の円盤しか移動できない，③円盤をより小さな円盤の上に置いてはならない，という制約規則に従う必要がある。図の矢印が最短の解法であるが，それがわからない状態では，下位目標を考える。例えば，小さい円盤の上に大きい円盤は載せられない（制約規則③）ので，**４**の状態を作ることが１つの下位目標になる。そのためには，上の２つの円盤をどのように移動していけばよいのかを逆算して考える。このように，下位目標を設定しながらそこに近づける方法を見つけていくやり方が，手段－目標分析である。

なお，ハノイの塔を８～11歳の児童に試行した場合，円盤が２枚の場合はほとんど正解したが，３枚の円盤になると解決が困難になることが示されている(Byrnes & Spitz, 1977)。このような問題は具体物に拠らない仮説演繹的な論理的思考を必要とするため，ピアジェのいう形式的操作段階になってから可能になると考えられる。

## 読書案内

**○森口佑介　2014『おさなごころを科学する　進化する乳幼児観』新曜社**

乳幼児の認知発達について，過去から現代に至るまでにどのような研究がなされ，有能さが明らかにされてきたのかについて，読みやすく書かれている。

**○池谷裕二　2007『進化しすぎた脳　中高生と語る〔大脳生理学〕の最前線』講談社**

脳科学の視点から人間の認知を学ぶことができる入門書としておすすめする。

**○森敏昭（編）21世紀の認知心理学を創る会（著）2001『認知心理学を語る　第２巻　おもしろ言語のラボラトリー』**

本章ではほとんど扱えなかった言語発達について，興味深いトピックが取り上げられている。

## 演習問題

A群の問いに対する解答を，B群から１つ選びなさい。

［A群］

1　認知の発達やメカニズムは同じように進むのではなく，領域によって異なるという考え方を何というか。

2　乳児が特定の対象を好んで選択・反応する行動を利用して知覚能力を測定する方法を何というか。

3　同じ刺激が繰り返し提示されると反応が減少し，新しい刺激に対して反応が増加する反応傾向を利用して乳児の弁別能力を測定する方法を何というか。

4　ヒトの記憶能力はいつからあることが確認されているか。

5　アトキンソンとシフリンの二重貯蔵モデルにおいて，外部からの情報は最初にどこに取り込まれるか。

6　ワーキングメモリ・モデルにおいて，情報に注意を向けたり切り替えたり更新したりする役割を担っているところを何というか。

7　日常の経験を通して個々の知識が関連づけられ獲得された体系的な知識を何というか。

8　乳幼児がある出来事の原因に気づいたり，推論できるのは，何を理解しているからか。

9　自分の認知活動に対する知識やそれをモニタリング，コントロールする能力のことを何というか。

10　未知の問題に直面した際，それを解決するために自らの経験や知識に基づいて用いられる方略を何というか。

［B群］

ヒューリスティックス，馴化法，領域一般性，短期記憶，領域固有性，エピソード·バッファー，選好法，感覚記憶，アルゴリズム，乳児期，胎児期，幼児期，素朴理論，因果性，長期記憶，メタ認知，中央実行系，心の理論

# 第5章

# 非認知能力の発達

人間は，認知能力によって，情報を理解し，意思決定を行い，問題を解決することができる。しかし，長期目標の追求，他者との協働，感情のコントロールといった非認知能力もまた，人生のあらゆる段階で重要な役割を果たす。非認知能力は認知能力と同様に，人生の成功を収めるうえで重要であるが，非認知能力はとくに，社会的成果の向上に関わっていることが示されている。また，非認知能力は認知能力と相互に作用しあって，子どもがプラスの成果を達成する力をもたらす。本章では，まず非認知能力の心理特性を整理したうえで（第1節），文部科学省やOECDによる定義を概観する（第2・3節）。そして最後に，非認知能力と認知能力のかかわりを発達の視点から検討する。

# I　非認知能力とは

「非認知能力」とは,「非・認知能力」のことであり，この用語が示しているとおり，認知能力ではないもの全般のことを指す。では，認知能力とはなんだろうか。心理学の研究によれば，認知能力は，第 3 章で説明した「知能」や「学力」のことを指す。

いまや,「非認知能力」という用語は，広く普及しているが，その火付け役となったのは，ノーベル経済学賞を受賞した米国のジェームス・ヘックマン（Heckman, J.）である。ヘックマンは米国の公教育について，子どもたちを到達度テストの点数で評価し，学力優位の教育に偏っている現状を批判した。そして，子どもの人生の成功には，到達度テストに代表される認知能力だけでなく，意欲や長期計画を実行する能力，人と上手に付き合う能力である「社会情動的スキル（social and emotional skills)」といった，いわば「非認知スキル（noncognitive skills)」とも呼ぶべきスキルが重要で，それらを伸ばす教育を目指すべきであると主張した（Heckman, 2013)。このように，もともとヘックマンは，非認知スキルという用語を用いているが，日本では非認知能力という用語が用いられることが多いので，本書でもそれらにならって「非認知能力」とする。

先に説明したとおり，非認知能力というのは，知能や学力などの認知能力ではないもの全般を指す。ただし，どのようなものでもよいというわけではない。OECD（2012）では，認知能力も非認知能力も含まれるスキル全般を,「個人のウェル・ビーイングや社会経済的進歩の少なくとも 1 つの側面において影響を与え（生産性)，意義のある測定が可能であり（測定可能性)，環境の変化や教育により変化させることができる（可鍛性),個人の特性」と定義している。つまり，非認知能力は，以下の 3 つの条件を満たした，認知能力（知能，学力）ではないものということになる。

<非認知能力とは>
①「よい結果」につながる心理特性であること
②　測定可能な心理特性であること
③　教育や訓練によって伸ばすことができる心理特性であること

では，具体的に，非認知能力にはどのような心理特性があるのだろうか。先に紹介したヘックマンは，意欲，長期計画を実行する能力，他人との協働に必要な社会情動的スキルを非認知能力としてあげている。また，非認知能力についてまとめた文献では，非認知能力として考えられる数々の要素を，粘り強さやグリット，セルフコントロール，ソーシャルスキルという観点でまとめることが多い。ビッグファイブ（94ページのコラム参照）も，非認知能力として取り上げられることがある。小塩（2021）では，非認知能力として，誠実性，グリット，自己制御・自己コントロール，好奇心，批判的思考，楽観性，時間的展望，情動知能，感情調整，共感性，自尊感情，セルフ・コンパッション，マインドフルネス，レジリエンス，エゴ・レジリエンスの15の心理特性が取り上げられている。このように，非認知能力には，非常に多くの心理特性が含まれてくるのである。

## Ⅱ　文部科学省が求める非認知能力とは

平成29・30年に改訂された学習指導要領では，育成すべき資質・能力として，「知識・技能」，「思考力・判断力・表現力等」そして「学びに向かう力・人間性等」の３つの柱が掲げられた。「知識・技能」と「思考力・判断力・表現力等」が認知能力であるのに対して，「学びに向かう力・人間性等」が非認知能力にあたるものと考えられる。

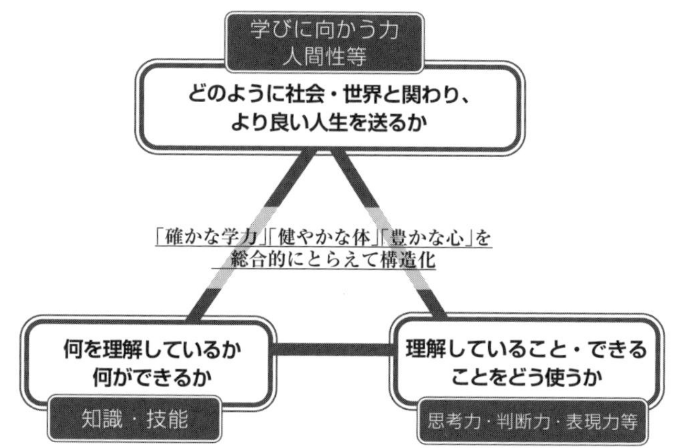


図５－１　育成を目指す資質・能力の３つの柱
出典：中央教育審議会（2016）補足資料より

「学びに向かう力・人間性等」は，「知識・技能」と「思考力・判断力・表現力等」の資質・能力を，どのような方向で働かせていくかを決定づける重要な要素であり，以下のような情意や態度等に関わるものが含まれている（中央教育審議会，2016）。

- 主体的に学習に取り組む態度も含めた学びに向かう力
- 自己の感情や行動を統制する能力
- 自らの思考のプロセス等を客観的に捉える力などいわゆる「メタ認知」に関するもの
- 多様性を尊重する態度と互いのよさを生かして協働する力
- 持続可能な社会づくりに向けた態度
- リーダーシップやチームワーク
- 感性，優しさや思いやりなど，人間性等に関するもの

こうした資質・能力については，学習指導要領等を踏まえつつ，各学校が編成する教育課程の中で，各学校の教育目標とともに，育成する資質・能力のより具体的な姿を明らかにしていくことが重要である。その際，子ども一人ひと

りの個性に応じた資質・能力をどのように高めていくかという視点も重要になる。

## Ⅲ　OECDによる非認知能力

経済協力開発機構（OECD; Organisation for Economic Co-operation and Development）は，2015年に発表した『社会的進展のためのスキル』と題するレポートの中で，非認知能力に相当する力を「社会情動的スキル（social and emotional skills）」と呼んでいる。このスキル（非認知能力）は，①一貫した思考・感情・行動のパターンに発現し，②フォーマルまたはインフォーマルな学習体験によって発達を促すことができ，③個人の一生を通じて社会経済的成果に重要な影響を与える，個人の能力と定義されている。

そして，**図5－2**に示したように，非認知能力（社会情動的スキル）を，1）目標達成，2）他者との協働，3）感情のコトンロールの3つに分類している。続

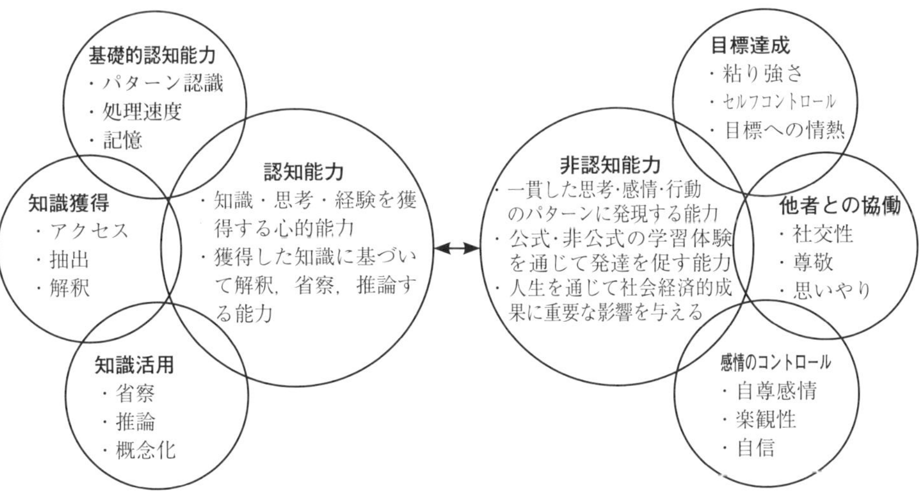


図5－2　認知能力と非認知能力の関係（OECD, 2015, p.34を筆者が翻訳）

いて，この3つに分類された各非認知能力について，心理学ではどのように捉えられているのかみていくことにする。

## 1 目標を達成する力

目標を達成する力として，「粘り強さ」，「セルフコントロール」，そして「目標への情熱」の3つがあげられている。近年，長期目標に対する「情熱」と「粘り強さ」からなるグリット（grit）という非認知能力が注目を浴びている(Duckworth, 2018)。日本では「やり抜く力」と称されることもある。長期目標を達成するためには，数時間に及ぶ粘り強い取り組みと数々の失敗の克服が必要であり，障害や失敗に直面したときにすぐに努力を放棄したり，頻繁に目標を変えたりするようでは，目標を達成することはできない。グリットが人生における成功やさまざまな側面のパフォーマンスに重要であることが示されているように，「粘り強さ」や「目標への情熱」は，目標を達成することにおいて，重要な心理特性である。

セルフコントロールとは，複数の目標が互いの達成を阻害するような葛藤状態にあるとき，長期的な価値において望ましい目標を追求し，望ましくない目標追求を抑制することである。例をあげると,「志望校に合格するために勉強を頑張る」という長期的な目標に対して，「テレビを見たい」という短期的な目標を我慢することである。幼少期に高いセルフコントロールを示した子どもは，大人になってから，身体的健康や個人的経済状況が優れていることや，セルフコントロールの高さが学校・職場・対人関係・食生活など幅広い場面における適応的な行動と関連していることが，心理学の研究で明らかになっている。セルフコントロールの個人差は，私たちの人生において長期的かつ広範囲な影響を及ぼしている。

## 2　人とうまく関わる力

2つ目の他者との協働では，「社交性」，「尊敬」，「思いやり」の3つが取り上げられている。社交性は，心理学では「ソーシャルスキル」として扱うことが多い。ソーシャルスキルとは，社会の中で他者と関係を築いたり，一緒に生活を営んだりするために必要な技能のことである。ソーシャルスキルが不足することで，学校生活におけるいじめや不登校，さらには学業成績などにも大きな影響を与えることが指摘されている。人は1人では生きていけず，周りのたくさんの他者とともに生きているため，周りの他者とどううまくやっていくのかが重要になってくる。そのため，人間関係に関する基本的な知識，他者の思考と感情の理解の仕方，自分の思考と感情の伝え方，人間関係の問題を解決する方法などを学ぶことを通して，ソーシャルスキルを身につけることが必要である。

思いやりは，心理学では「共感性」として研究が進められている。共感性は，他者の状況や気持ちに目をむけ，気持ちを共有したり，理解したりする特性のことである。共感の概念は，①他者の感情と一致する感情を感じること（感情の共有），②他者の感情や心的状態がわかること（感情の理解），③他者への気遣い（向社会的関心）の3つを含むことが多い。共感性の高い人は，家族，友人，教師との関係が良好など，対人的適応と関連していることが示されている。

最後の尊敬についてであるが，他者へ敬意を払うことは，ソーシャルスキルの一種であると考えられる。また，最近の心理学の研究において，優れた他者を心から尊敬することによって，その他者が役割モデルとして機能し，自分自身も尊敬した他者のように成長することができることが示されている（Li & Fischer, 2007；菅原・武藤, 2019）。

Column コラム

## ビッグファイブ

パーソナリティをおおまかに理解する枠組みとして，ビッグファイブ（5因子モデル）という理論がある（第7章も参照）。その名のとおり，1）外向性（extraversion），2）協調性（agreeableness），3）誠実性（conscientiousness），4）神経症的傾向（neuroticism），5）経験への開放性（openness to experience）の5つの観点（特性）から，パーソナリティを理解しようとするものである。本文でも述べたとおり，このビッグファイブも，非認知能力として捉えられることがある。外向性と協調性は，OECDでいうところの「他者と協働する力」と，誠実性は「目標を達成する力」と，神経症的傾向は，広い意味での「感情をコントロールする力」と関連しているものと考えられる。

| 名　称 | 内　容 |
|---|---|
| 外向性 | 社交性，積極性，活発さ，冒険性，温かさ，熱意 |
| 協調性 | 信頼，率直さ，利他主義，親切，気前の良さ，協調的 |
| 誠実性 | 責任感，まじめさ，勤勉さ，目標達成への努力，自己鍛錬 |
| 神経症的傾向（情緒不安定性） | 気分の不安定さ，不安，抑うつ，いらだち，脆弱性 |
| 経験への開放性 | 好奇心，独創性，幅広い関心，想像力，分析的 |

本文でも説明したように，非認知能力とみなされる条件の1つに，「測定可能な心理特性であること」があった。非認知能力の多くは自己評定による質問紙法を用いて測定されることが多い。ビッグファイブを測定する質問紙も国内外で数多く作成されている。その中でも，Ten Item personality Inventory（TIPI）日本語版は項目数が10と少なく，簡便に実施できる。

「活発で，外向的だと思う」（外向性），「他人に不満をもち，もめごとを起こしやすいと思う」（協調性，逆転項目）といった項目について，自分自身がどれくらい当てはまるかを，「1：全く違うと思う」から「7：強くそう思う」までの7件法で回答する。逆転項目では得点を逆転化して計算し，2項目ずつの合計点を算出する。大学生902名を対象にした小塩ら（2012）の調査では，それぞれの平均値（標準偏差）は，外向性が7.83（2.96），協調性が9.48（2.16），誠実性が6.14（2.41），神経症的傾向が9.21（2.48），経験への開放性が8.03（2.48）であった。

## 3　感情をコントロールする力

自分の感情（ポジティブ感情，ネガティブ感情）をモニターし，それらを自身でコントロールし，適切に表現することはさまざまな場面において重要である。これは，文部科学省が求める非認知能力（「学びに向かう力・人間性等」）においても言及されている能力である。

しかし，ここで取り上げられている「自尊感情」，「楽観性」，「自信」は，それぞれ特殊な意味で用いられている。まず，自尊感情は，自分自身をどのように評価するかというもので，自尊感情の高い人は，自分を価値ある存在と捉えていることを意味している。逆に自尊感情の低い人は，自分を価値がない，ダメな存在と捉えていることを意味している。心理学の研究によると，自尊感情の高さは社会経済的地位の良好さや，人生への満足，幸福と関連がみられることが示されている（Baumeister et al., 2003；Twenge & Campbell, 2002）。

楽観性は，ポジティブな結果（成功）を期待する傾向のことである。簡単にいうと，自分の将来がうまくいくだろうと考える傾向のことである。物事の否定的な側面よりも肯定的な側面に注目することは，適応的なことであるが，それが自身の将来に関することであれば，なお，そうであろう。事実，楽観性は，パフォーマンスや精神的・身体的健康にポジティブな影響を及ぼすことが，これまで数多くの研究で示されている（Carver et al., 2010）。

また，自らが努力して環境に働きかければ，自分は有効に環境を変えることができるという自信も非認知能力の1つであり，成功や精神的健康を規定する重要な要因として考えられている。

# Ⅳ　非認知能力の発達

**図5－3**に示したように，認知能力と非認知能力は，生涯にわたって発達し強化される。第1章で発達には敏感期があることを説明したが，スキルの発達においても敏感期があり，とくに幼少期がスキルの発達にとって重要であると考えられている。そのため，なるべく早い時期に，認知能力や非認知能力を育成することが推奨されている。

しかし，幼少期以降の育成ももちろん重要であり，とくに，非認知能力は認知能力と比べると，年をとってからでも十分に発達させることが可能であると考えられている。非認知能力の条件として，「教育や訓練によって伸ばすことができる心理特性であること」が掲げられているように，環境を整えたり質のよい教育プログラムを実施したりすることによって，非認知能力は高めることができるのである。

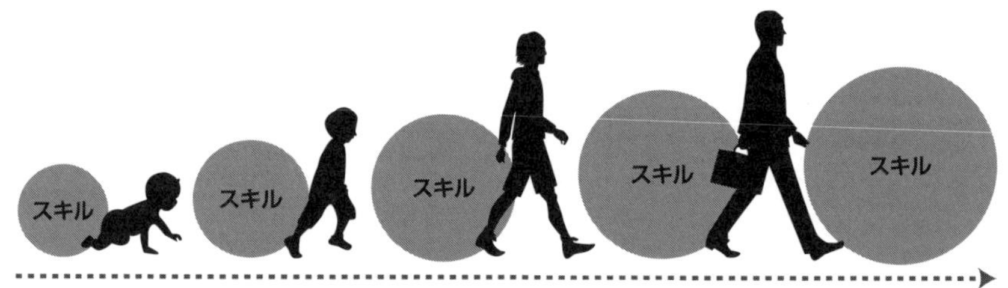


図5－3　生涯にわたる非認知能力（スキル）の発達（OECD, 2015, p.38を一部改変）

## 1　スキルがスキルを生み出す

スキル（能力）の形成・発達に関する文献では，「スキルがスキルを生む」という表現をよく目にする。これは，個人のもつスキル（能力）の水準が高いほど，さらなるスキル（能力）の獲得が大きいことを示す。

OECD（2015）のレポートでは，９か国（ベルギー，カナダ，韓国，ニュージーランド，ノルウェー，スウェーデン，スイス，英国，米国）を対象に，スキル（認知能力，非認知能力）とスキル形成の因果過程について縦断的に分析した結果が報告されている。**図５－４**と**図５－５**は，韓国のデータを示している。これらの図は，14歳の時点におけるスキル（認知能力，非認知能力）を10段階の水準に分け（横軸に示されている），10段階の水準別に，15歳の時点のスキル（認知能力，非認知能力）の変化（つまり，１年間における変化）をプロットしたものである。非認知能力は，子どもの責任感，統制の所在（locus of control），自尊感情の尺度を使用して得点化され，認知能力は，到達度テストと成績によって得点化された。

ここで，**図５－４**右図を見ていただきたい。14歳の時点の非認知能力が15歳の時点の非認知能力の変化に及ぼす影響は，14歳の時点の非認知能力の水準に従って増加している。つまり，14歳の時点で非認知能力が高い子どもは，15歳の時点でさらなる非認知能力の向上が見込めるということである。過去のスキルは現在のスキルの重要な決定要因であり，また，現在のスキルは未来のスキルの重要な決定要因となる。このことはまた，スキル（非認知能力）の格差は，年齢が上がるにつれて徐々に拡大することを意味しており，非認知能力が低い子どもに対して，なるべく早い時期に対応することの重要性を物語っている。

## 2　非認知能力が認知能力を支える

認知能力と非認知能力は，密接に関連しながら発達する（認知能力と非認知能力の関係は，**図５－２**参照）。例えば，数学の成績の水準が同じであっても，計画的に粘り強く取り組み，セルフコントロールが高い子どもは，それらが低い子どもよりも，数学の成績を伸ばすことができる可能性が高い。セルフコントロールや粘り強さによって，子どもが勤勉に宿題やテスト勉強に取り組むことで，将来成績を伸ばすことができるのである。

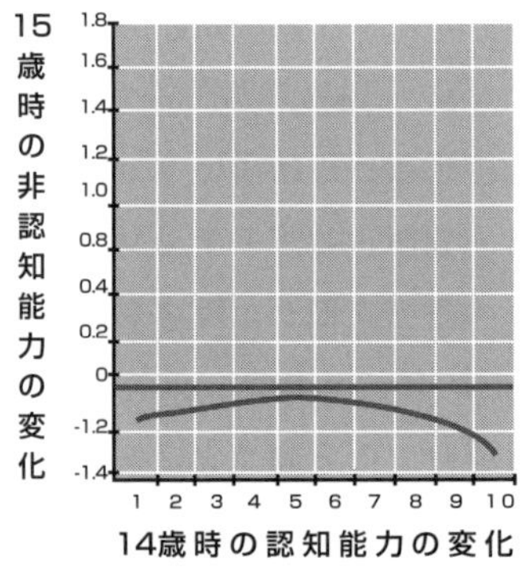


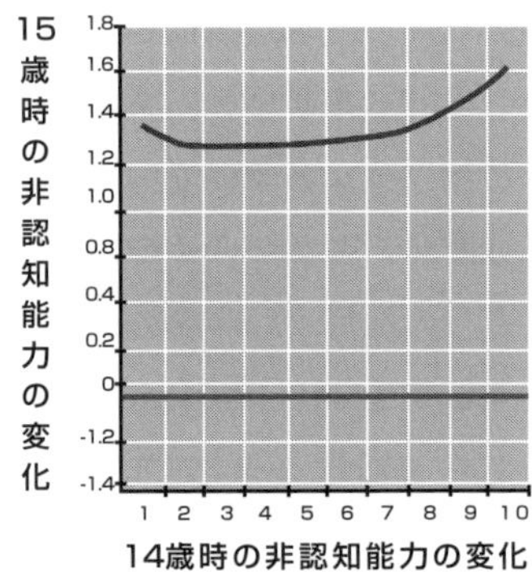


図５－４　14歳時の認知能力，非認知の能力が15歳時の非認知能力の変化に及ぼす影響（OECD, 2015, p.75）

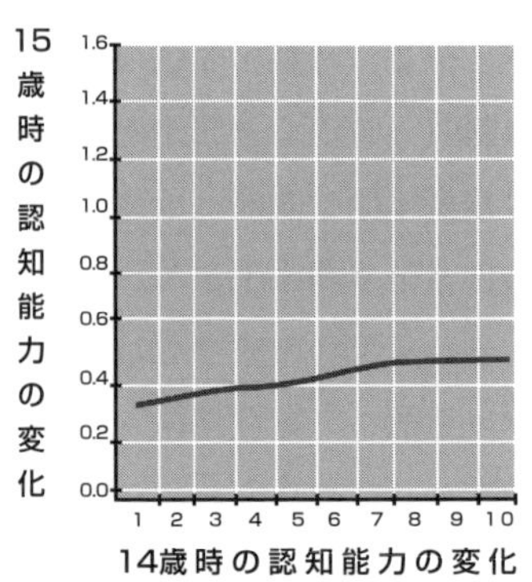


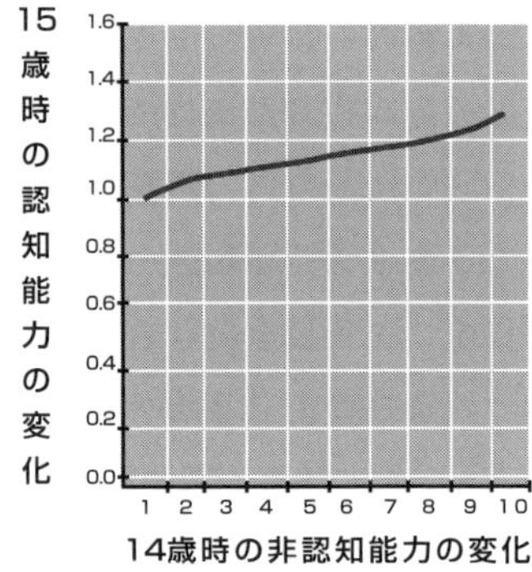


図５－５　14歳時の認知能力，非認知の能力が15歳時の認知能力の変化に及ぼす影響（OECD, 2015, p.75）

ここで，**図５－５**の右図を見ていただきたい。14歳の時点での非認知能力が15歳の時点の認知能力の変化に及ぼす影響は，14歳の時点の非認知能力の水準に従って増加している。続いて，**図５－５**の左図を見ていただきたい。14歳の時点の認知能力が15歳の時点の認知能力の変化に及ぼす影響は，14歳の時点の認知能力の水準に伴って増加はしているが，その割合は緩やかであった。このことから，将来の認知能力の発達において，現在の認知能力の水準よりも，非認知能力の水準のほうが重要であるということになるだろう。

また，非認知能力が認知能力の向上に影響を及ぼす効果は認められても（**図**

５－５の右図），認知能力が非認知能力の向上に影響を及ぼす効果は認められない（図５－４の左図）ことが示された。同様の結果は，心理学の研究やPISAの調査でも明らかになっている。非認知能力がきわめて重要な役割を果たすのは，非認知能力が将来の成功を予測するだけでなく，認知能力の発達も促すためである。前節の「文部科学省が求める非認知能力とは」において，非認知能力と考えられる「学びに向かう力・人間性等」は，認知能力と考えられる「知識・技能」と「思考力・判断力・表現力等」を発現させるための重要な決定因であることを説明したが，非認知能力が認知能力を支えているといえるのである。

## 読書案内

**○小塩真司（編）2021『非認知能力－概念・測定と教育の可能性－』北大路書房**

非認知能力を心理特性の集合概念として明快に解説している。また，教育現場での効果的な介入方法が展望されている。

**○河村茂雄 2022『子どもの非認知能力を育成する教師のためのソーシャル・スキル』誠信書房**

子どもたちが抱える問題の把握，その原因を理解したうえで，教師ができる非認知能力の育成方法を，子どものタイプに応じた具体例や心理学的な理論を交えながら紹介している。

**○経済協力開発機構（OECD）（著）・無藤隆・秋田喜代美（監修）2018『社会情動的スキル－学びに向かう力－』明石書店**

OECDの研究成果に基づき，人生の成功に結びつく社会情動的スキル（あるいは非認知的スキル）を特定し，そうしたスキルを育成するための方策を整理したものである。

## 演習問題

A群の問いに対する回答を，B群から1つ選びなさい。

［A群］

1　ノーベル経済学賞を受賞した米国の（　①　）の研究が火付け役となり，非認知能力の役割が注目されるようになった。

2　OECD（2015）によると，非認知能力は，思考・感情・（　②　）の一貫したパターンに発現する能力である。

3　学習指導要領で掲げられている育成すべき資質･能力の三つの柱のうち，非認知能力と考えられるのは（　③　）である。

4　OECD（2015）では，非認知能力に相当する力を（　④　）と呼んでおり，その中身を目標達成，他者との協働，（　⑤　）の3つに分類している。

5　非認知能力のうち，他者の状況や気持ちに目をむけ，気持ちを共有したり理解したりする特性のことを（　⑥　）という。

6　非認知能力のうち，ポジティブな将来を期待する傾向のことを（　⑦　）という。

7　複数の目標が互いの達成を阻害するような葛藤状態にあるとき，長期的な価値において望ましい目標を追求し，望ましくない目標追求を抑制することを（　⑧　）という。

8　非認知能力は，生涯にわたって発達させることが（　⑨　）。

9　パーソナリティを5つの観点から理解する枠組みとして，（　⑩　）という理論がある。

［B群］

ビッグファイブ，行動，感情のコントロール，セルフコントロール，知識・技能，思考力・判断力・表現力等，学びに向かう力・人間性等，共感性，自尊感情，エゴグラム，できる，できない，認知，メタ認知，楽観性，ヘックマン，フリードマン，社会情動的スキル，統制の所在

# 第6章

# 感情と動機づけの発達

本章では，感情と動機づけの発達について概観していきます。

第１節では，乳児期から児童期までの感情の発達についてみていきます。まず，感情の定義と役割を説明します。次に，乳児期と幼児期においてどのような感情がみられるかを，さまざまな能力の発達と関連づけながら説明していきます。第１節の最後では，児童期における感情のスキルの発達について考えます。

第２節では，動機づけの発達について説明します。まず，動機づけと，その類似概念である欲求について説明し，次に，乳児期から児童期までの動機づけや欲求の発達についてみていきます。児童期のところでは，学習意欲を取り上げて詳しく説明します。

# I　感情の発達

## 1　感情とは

「テストでよい点を取ってうれしかった」「夜道で人影を見て怖くなった」……。わたしたちは日々の生活のなかで，さまざまな感情（affect, feeling）を経験する。感情とは「快－不快を主軸とする主観的な感じの経験」を意味する用語である。もう少し詳しくいうと，感情の定義には，「体の変化」や「表情や行動としての表出」も含まれる。例えば，「夜道で人影を見て怖くなった」ときには，末梢の血管が収縮して心臓がドキドキするという生理的な変化が起こっており，「テストでよい点を取ってうれしかった」ときには，喜びが表情や行動として表れている。

感情は，その持続期間，生理的な変化の程度，表情や行動への表れやすさによって，「情動」（あるいは情緒；emotion）と「気分」（mood）に分かれる（上淵，2008）。情動は，喜怒哀楽のように，比較的一過性の，強い生理的変化を伴う感情状態を意味する。これに対して，気分とは，おだやかな気持ちや沈んだ気分のように，比較的長い期間持続する，生理的な変化をあまり伴わない感情状態を意味する。この章で説明する感情は，おもに情動の面である。

「感情的になってはいけない」という言葉があるように，感情は好ましくないものとして語られることがある。しかし同時に，それはわたしたちの生活において，重要な役割を果たすものでもある。その１つに，わたしたちの適応的な行動を動機づけるという役割がある。例えば，森の中で熊に遭遇したとき，わたしたちはとっさに逃げようとするが，このときの逃走は，恐怖という感情によって動機づけられる。また，感情は，わたしたちのコミュニケーションにおいても重要な役割を果たしている。相手が表出する感情は，その相手が自分にどうしてほしいと思っているかを伝える情報となり，逆に，自分が表出する感情は，相手に自分がどうしてほしいかを伝える情報となる。

このような働きをもつ感情とは，誕生から児童期にいたるまでに，どのように発達していくのであろうか。この疑問について考えていくことにしよう。

## 2　新生児期と乳児期における感情の発達 ――感情の芽生え

以前の研究では, 生後間もない時期においては, 興奮しているかいないか, いずれかの感情状態しかないと考えられてきた。しかし，表情分析の研究の進歩により，新生児にも複数の感情がみられ，遅くとも１歳までには基本的な感情が出そろうことが示されている。以下，**図６－１**にそって，誕生から１歳ごろまでの感情の発達をみていこう。

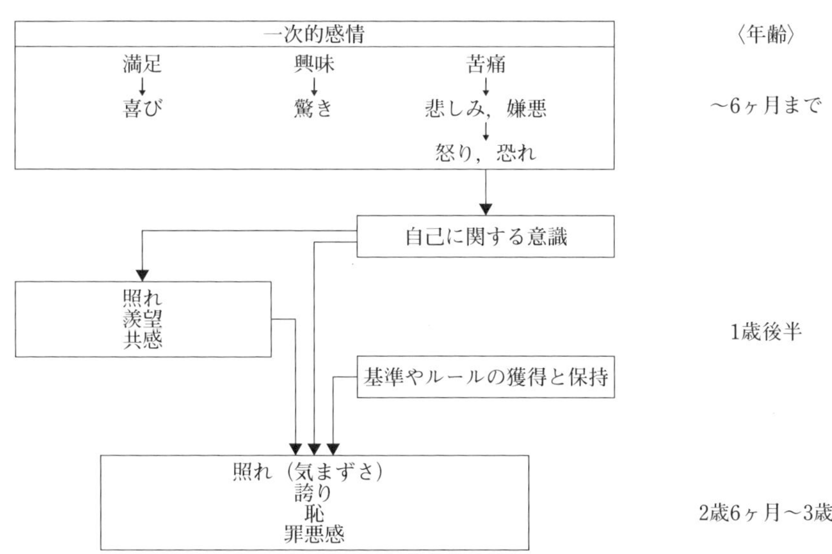


図６－１　誕生から３歳までの感情の発達
（Lewis, 2000の図を一部改変）

誕生して間もない新生児の表情から，満足（快），苦痛（不快），興味（関心）の３つの感情の萌芽がみてとれる。例えば，新生児は眠ったりまどろんだりしているときに，満足げに微笑んでいるかのような表情をみせる。この微笑みは，何かの刺激を見て微笑むというより，外側の刺激とは無関係に起こる生理的な現象であることから「生理的微笑」（または自発的微笑）と呼ばれる。また，新生児はしばしば泣いたりぐずったりするが，これらの表情は，空腹になったり，眠くなったりして不快な状態になったときにみられるものである。さらに，機嫌のよさそうなときには，周囲を見渡したり注視したりして，身の回りのことに関心や興味を示しているかのような様子が観察される。

３つの感情は，年齢とともにさまざまな感情へと分化していく。生後３ヶ月ごろになると，「喜び」や「悲しみ」の表情が観察される。この時期の喜びの表出としては，人の顔を見たときに微笑む「社会的微笑」がみられる。また，母親があやすのをやめたときに，悲しそうな表情をみせる。そして，６ヶ月ごろまでには，「怒り」や「驚き」が現れる。怒りは，自分のしたいことが妨害されたときに生じる感情であるが，自分の体を押さえつけられるなど，自発的な活動を妨げられたときに，乳児は怒りに似た表情をみせる。また，驚きは，予想外のことが起こったときに生まれる感情であるが，大きな音がしたときなどに驚きの表情がみられる。さらに，少し遅れて７～８ヶ月ごろになると，「恐れ」の表情がみられる。この時期には，なじみのある顔（例えば，家族の顔）と，なじみのない顔（家族以外の人の顔）とを区別できるようになり，見知らぬ人の顔を見たときには，恐れの表情が観察される。いわゆる「人見知り」と呼ばれるものである。

このように，１歳ごろまでにみられる基本的な感情を，「一次的感情」という。一次的感情は，発達の早い時期にみられるものであるため，生得的なものであると考えられている。

乳児は言葉の使用や理解ができないため，母子相互の感情とその表出は，お互いのコミュニケーションにとって重要な手段となる。母親は，子どもの泣き顔や微笑などの表情を見て，内面の状態を知り，とるべき行動を考える。逆に，経験や知識の乏しい乳児からすると，母親の表情は，自分のとるべき行動の指針となる。例えば，見知らぬ状況におかれたときのように，どうすればよいかわからないとき，乳児は，母親をはじめとする身近な他者の表情を手がかりにして，自分の行動の仕方を決める。これは，「社会的参照」と呼ばれる。また，母子間で感情のやりとりがスムーズに行われることは，愛着関係を形成するうえで欠かせないことである。乳児が微笑んだら母親も微笑みかえす，悲しげな表情をみせたらなだめてあげるといった「感情のやりとりの応答性」は，乳児と母親との間の情緒的な絆を深めることにつながっていくのである。

## 3　幼児期における感情の発達
### ――多彩で高度な感情の発達

幼児期には，自己と他者に関する意識や，社会的な規範に関する認識が発達することで，より多彩で高度な感情が発達する（図６－１）。

１歳後半になると，「照れ」「羨望」「共感」の感情が現れる。いずれの感情も，自己に関する意識（「自己意識」）がなければ生まれない感情である。例えば，「困っちゃうな」という照れの感情は，自分のことで思ってもみなかったことを言われたときに起こるものであり，「うらやましいな」という羨望の感情は，自分にはないものを人がもっているときに生じるものである。また，「かわいそうだな」という共感は，自分ではなく他者に関心を向け，その人がおかれた状態を理解して，はじめて生まれる感情である。このように，自己意識の形成を前提として生まれる感情は，「自己意識的感情」と呼ばれる。

さらに，２歳から３歳にかけて，すべきことやしたいこと（基準），よいことと悪いこと（ルール）を認識し，基準やルールと照らし合わせて，自分の行いのよしあしを評価できるようになる。その結果，自分が悪いことをしてしまったときに生じる「罪悪感」，すべきではないことをしてしまったときに生じる「恥」，したいことを達成できたときに生じる「誇り」がみられるようになる。

このように，幼児期になると，大人が経験する多くの感情が現れるが，同時に，感情の表出を制御する力も発達していく。例えば，コール（Cole, 1986）は，幼児が自分のうれしくないプレゼントをもらったときに，どのような感情を表すかを調べた。その結果，「自分１人でいるとき」はがっかりした表情を示すが，「相手がいるとき」には笑顔で対応することが示された。わたしたちは，感情をそのまま表すほうがよい場合と，抑えたほうがよい場合があることを知っているが，この研究の結果から，幼児でも状況に応じて，適切に感情の表出を変えられることがわかる。

また，幼児期には，他者の感情状態を推測する力も発達していく。例えば，他者のおかれている状況からその人の感情状態を理解したり，他者の経験した感情の理由を推測できたりするようになっていく。ある研究で，「欲しいおもちゃが手に入った」「嫌いなものを食べなくてもよかった」という望ましい出来事と，「欲しいおもちゃが手に入らなかった」「嫌いなものを食べなくてはならなかった」という望ましくない出来事が書かれた物語を幼児に見せ，物語の登場人物がどのような感情をもつかを尋ねた。その結果，多くの３歳児が，「望ましいことが起こったから，登場人物は喜びを感じる」「望ましくないことが起こったから，怒りや悲しみを感じる」と，正しく報告することが示された（Stein & Levine, 1989）。このように，幼児期には，相手のおかれている状況を手がかりにして，その人の感情状態を推測できるようになっていくのである。

## 4　児童期における感情——感情を扱うスキルについて

幼児期には感情を理解・表出する力そのものは育つが，日常生活のなかでその力を効果的に実行できているかというと，必ずしもそうとはかぎらない。他方，児童期に入ると，自己と他者を理解する力や言語能力が大きく発達することで，感情にかかわる力を「スキル」として実行できるようになっていく。

サーニ（Saarni, 1999）は，感情をうまく扱うための知識やスキルを，「感情コンピテンス」と呼び，その要素として８つの力をあげている（**表６－１**）。これらは，①自分の感情を理解し，他者にうまく表現するスキル，②他者の感情を理解し，そのうえで他者と上手にコミュニケーションするスキル，③自分の不快な感情状態を解消できるスキル，としてまとめることができる。

感情コンピテンスをもっているかどうかは，良好な人間関係を構築・維持できるかどうかに影響する。このことは，怒りの感情をうまくコントロールできずに「キレてしまう」子どものことを考えてみるとよくわかる（108ページのコラムも参照のこと）。同時に，感情コンピテンスは，さまざまな人とのかかわりを通して，経験的に獲得されていくものである。周りの大人は，子どもたちが日々の人間関係を通して感情コンピテンスを獲得できるように，支援していくことが大切であろう。

表６－１　感情を扱う力（感情コンピテンス）の要素（Saarni, 1999）

1．**自分の感情に気づくことができる**
自分の感情状態を理解できること。また，１つの出来事から，異なる感情を同時に経験することがあることや，自分の感情に気づかないこともあるということを知っていること

2．**他者の感情に気づくことができる**
相手の表情や行動，状況を手がかりにして，相手がどのような感情状態にいるかを理解できること

3．**言葉を使って上手に感情表現ができる**
自分が所属する文化で使われている感情およびその表出に関する言葉を使って，自分の気持ちを表現できること

4．**他者の感情経験に共感的にかかわることができる**
他者が経験している感情状態を共有したり，同情の気持ちをもったりできること

5．**心の中で感じている感情と，その表出とが一致しないことがあることを理解できる**
いつでも感情がそのまま表情や行動として表れるわけではないことを知っており，自分でも状況に応じて感情の表出・抑制ができること

6．**ネガティブな感情や苦痛な状況に適応的に対処できる**
不快な感情が起こった時にそれを上手く解消したり，その感情をもたらした状況をうまく解決できること

7．**人間関係の中での感情のコミュニケーションに気づくことができる**
相手によって，感情の表出ややりとりの仕方が違ってくることを理解できること。また，感情の表出ややりとりの仕方が，お互いの関係に影響することに気づけること

8．**感情自己効力感をもてる**
自分の感情をある程度コントロールできると感じられること

Column コラム

## 怒りのコントロール

怒りのコントロール方法を学べるプログラムとして,「アンガーマネジメント」がある。アンガーマネジメントでどのようなことを学ぶか，みてみよう。

**1．怒りという感情について学ぶ**

怒りは人間であれば誰もがもつ自然な感情であり,「怒り＝悪い感情」ではないことを学ぶ。怒りの感情はシンプルなようで実は複雑であり，その背景には，いらだち，悔しさ，悲しみ，不安，寂しさといったさまざまな感情が隠れていることを知る。怒りと怒りの背景にある感情を理解し，それらを上手にコントロールすることが重要であることを学ぶ。

**2．怒りが生じる仕組みについて学ぶ**

怒りは,「状況（怒りのきっかけとなる出来事）→思考（怒りの引き金となる考え）→感情（怒り）」という仕組みで生じることを理解する。例えば,「○○さんが自分にぶつかってきた（状況）→わざとぶつかってきたと考える（思考）→怒る（感情）」という流れである。そして,「人は〜すべきである（すべきではない）」「絶対〜でなければならない（であってはならない）」といった極端な信念をもっていると，さまざまな状況で怒りが生じやすくなることを学ぶ。例えば,「人は自分に優しくすべきである」「人は誰かに迷惑をかけてはならない」といった信念をもっていると，些細なきっかけで怒りが生じやすくなる。

**3．怒りの対処法について学ぶ**

「怒り＝悪」と考えて怒りそのものをなくそうとするのではなく，怒りをコントロールする術を学ぶ。具体的な方法として，怒りや衝動を静める方法,怒りの表現や行動を変える方法，怒りの引き金となる思考やその根底にある信念を見直す方法などがある（篠・長縄, 2015)。「人を傷つけない」「自分を傷つけない」「物を壊さない」という3つのルールを守りながら,上手に自己表現する方法を学んでいく（アサーションや「私メッセージ」の使用など)。

# Ⅱ　動機づけの発達

## 1　動機づけとは

「動機づけ」（モチベーション；motivation）とは，「意欲」を表す言葉である。より詳しく定義すると，「目標を設定し，目標達成のために必要な活動を引き起こし，持続させるプロセス」のことをいう。定義のとおり，動機づけには，人の活動が向かう「目標」の側面と，目標の達成に向けて活動を開始させ，持続させる「エネルギー」の側面が含まれている。動機づけの定義は，**図6－2**のように，ベクトル量にたとえて説明するとわかりやすい（桜井，1997）。

教育においては,「子どもの動機づけをいかに持続させるか」を考えることが重要である。動機づけを持続させるためには，目標が子どもにとって重要で魅力的であること，目標を達成できるという自信をもてること，目標を達成するための活動を修正できること，そして，周りの人からサポートを得られることが必要になる。次の例をみてみよう。

「中学生のA君はサッカーが得意だったので，将来サッカー選手になりたいと思った（A君が達成できると考えた魅力的で重要な目標）。A君はサッカー

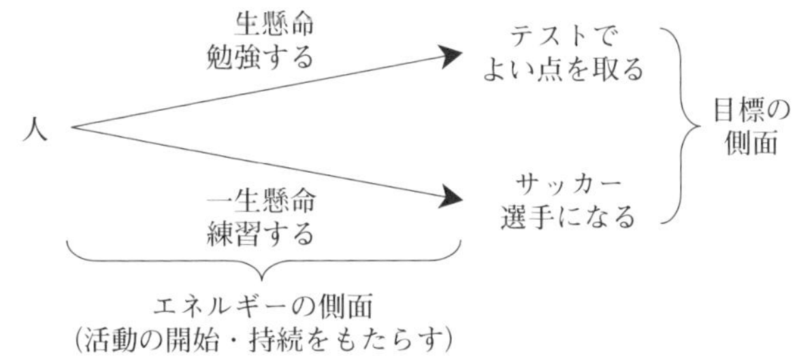


図6－2　ベクトル量にたとえた動機づけの定義の説明

の選手になるために，練習の仕方を工夫して（目標達成のための活動の修正），一生懸命練習に励んだ(エネルギー)。くじけそうなときもあったが，親や教師が応援してくれたので（周りからのサポート），がんばることができた（エネルギーの持続)」。

また，日常生活では，目標を達成することができないこともある。そのようなときは，必要に応じて，目標それ自体を修正することで動機づけを維持する場合がある。例えば，A君の中学卒業後の様子をみてみよう。

「A君は中学校の推薦を受け，サッカーの強豪校に入学した。しかし，そこではレギュラーになることができず，サッカー選手になることを断念した（目標の未達成)。将来のことを顧問の先生に相談したところ，好きなサッカーにかかわる仕事をしてはどうかと助言を受けた（サポート)。そこで，高校の教師としてサッカーを指導したいと思い直した（目標の修正)。いまでは，大学に受かるために一生懸命受験勉強に励んでいる（エネルギーの再持続)」。

このように，動機づけを維持するには，わたしたち自身の心の働きと，外からの支えが大切であることがわかる。動機づけが維持される仕組みについては，児童期のところで「学習意欲」を取り上げ，詳しく説明する。

## 2　欲求について

欲求とは，私たちの行動を突き動かす内的な力のことをいう。欲求は，「～したい」という漠然とした気持ちを表すもので，明確な目標を伴うものではない。例えば，空腹になると，「何かを食べたい」という欲求（食欲）が生じるが，それは漠然としたものであり，この段階では具体的に何を食べるかは決まっていない。その人の趣向（例：食べ物の好き嫌い）や置かれた状況（例：昨日何を食べたか）に応じて，明確な目標（例：ラーメンを食べる）が定まり，その結果として，特定の行動（ラーメン屋に行く）が引き起こされるのである。このように，欲求は，動機づけプロセスの源にあるものと捉えることができる。

欲求は，大きく２つに分類できる（桜井，2003)。１つは，生まれつきもっている「基本的欲求」で，もう１つは，生まれてから後天的に獲得される「社会的欲求」である。桜井（2003）によれば，基本的欲求には，飢えや渇きを満たすなど，個体の生命維持に不可欠な「生理的欲求」，性や母性など，種の維持に不可欠な「種保存欲求」，刺激を求めたり，ものごとをよく知ろうとしたりする「内発的欲求」がある。他方，社会的欲求には，価値のあることをなしとげたいという「達成欲求」，人から認められたいという「承認欲求」，人や社会のために役立ちたいという「向社会的欲求」，自分らしく生きたいという「自己実現の欲求」などがある。

欲求の発達に関して，マズロー（Maslow, 1954）は欲求の階層説を提唱した（**図６－３**）。欲求の階層説では，人にとっての究極の欲求は自己実現の欲求であり，そこに至るまでには低次の欲求を順番に１つずつ満たしていかなければならないと考える。また，櫻井（2020）は，知的好奇心，有能さへの欲求，向社会的欲求が時間の経過とともに統合されることで，自己実現の欲求が形成されるという考え方を提唱した（**図６－４**）。具体的には，興味関心のあることをつきつめ（知的好奇心)，自分の得意なことを追求し（有能さへの欲求)，それを人や社会のために役立たせたいという気持ちが高まることで（向社会的欲

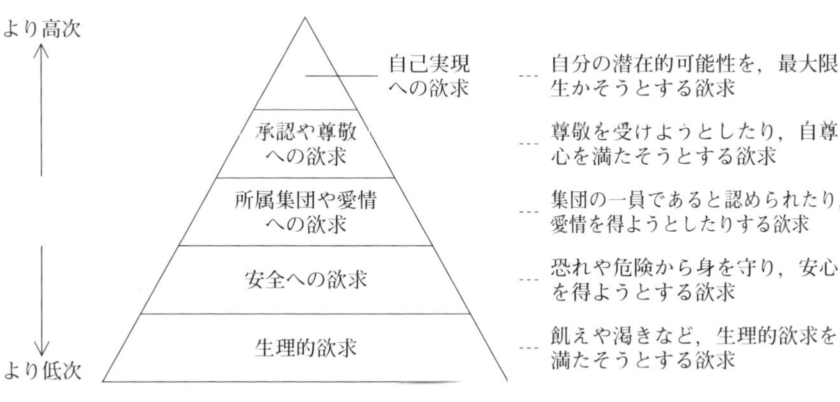


図６－３　マズローによる欲求の階層構造（Maslow, 1954をもとに作成）

求），自己実現の欲求が形成されていくとされる。

以下では，各発達段階においてみられる動機づけや欲求の特徴について詳しくみていく。また，動機づけの定義における「目標の設定」や「目標達成までの活動の持続性」にも注目し，それらが年齢とともにどのように発達していくかをみていこう。

## 3 乳児期における動機づけの発達——欲求や動機づけの芽生え

乳児期にはどのような欲求がみられるだろうか。また，乳児は自らの欲求や目的を満たすために，自分の活動を持続させることができるだろうか。

空腹や飢え，排泄などの生理的欲求は，生きていくために必要不可欠なものであるため，乳児にもみられる。しかし，運動能力が十分に発達していない乳児は，多くの生理的欲求を自分で満たすことができない。例えば，空腹を満たしたいという欲求が起こったときは，泣いたりぐずったりすることで，養育者に欲求を満たしてもらっている。

そのいっぽうで，乳児自ら周りの刺激に興味を示し，探索する様子も観察される。ハイハイができるようになる８ヶ月ごろになると，見慣れない物が目に

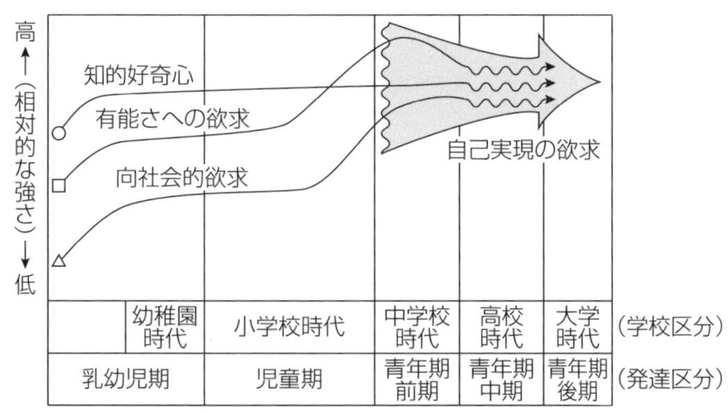


図６－４　自己実現の欲求の形成過程（櫻井, 2020）

入るとそれに興味を示し，ハイハイしてそこまで行き，触ったり，たたいたりする様子がみられる。まるで，自分の見た物が何であるかを確かめようとしているようであるが，このような様子から，乳児に「好奇心」や「探索欲求」の芽生えをみてとることができる。

さらに，乳児が積極的に環境とかかわり，環境の変化を楽しむような様子もみられる。例えば，おもちゃを触ったときに音がすると（環境の変化），もう一度音を鳴らそうと試みる様子がみられる。ホワイト（White, 1959）は，環境に変化を起こすことができるという感覚や，その感覚を得ようとする動機づけを「コンピテンス（有能感）」と呼んだ。コンピテンスは，乳児期以降の動機づけにおいても重要になる心の働きで，やればできるという「自信」や，「挑戦する気持ち」の基盤になるものである。

このように，乳児期には自発的な動機づけの芽生えがみられるが，そのいっぽうで，明確な目標を意識して行動することや，その行動を持続させることは十分にできない。例えば，音の出るおもちゃに興味を示しても，うまく音を鳴らせないと，すぐにあきらめたり，ほかのおもちゃに目移りしてしまう。目標達成のための活動を持続的に行えるようになるのは，幼児期以降である。

## 4　幼児期における動機づけの発達

### (1)　目標志向的な活動と持続性の発達

「自我の芽生えの時期」といわれる幼児期には，親や身近な大人に対して，自己主張する場面がしばしばみられる。例えば，子どもが，ブロックで車をつくっているのにうまくいかないとき，周りが手伝おうとすると，「自分でやる！」と言ったりする。このことは，自我の芽生えと同時に，「自分で～をしたい」という欲求や目標意識（上の例でいえば，「自分の思い描いた理想の車」を完成させること）を，はっきりもてるようになってきたことを意味する。目標を適切に思い描くことはまだむずかしいが（例えば，完成したブロックの車は，実物のイメージとかけ離れている)，子どもなりの目標をもって行動する傾向は着実に発達していく。また，この時期には，自分の好きな活動であれば，ある程度持続して行えるようになる。例えば，幼児が好きな砂遊びで，山やトンネルをつくって長いこと遊んでいる様子を観察できるだろう。

幼児は，自分の好きなことを続けられるのと同時に，好きなことができないときには我慢できるようにもなっていく。自分のしたいことが阻止されたときにはしばしばストレス状態に陥るが，このような状態を「欲求不満」(または，フラストレーション）という。そして，欲求不満な状態を上手に解消できる力を「欲求不満耐性」(またはフラストレーション耐性）という。例えば，遊びたいと思っていたおもちゃを友達にさきに取られてしまい，欲求不満な状態になったとき，友達が遊んでいる間だけは我慢したり，「一緒に遊ぼう」と言えたりする力のことである。幼児期は，自分の思いどおりにならないことがあるということを学び，自分の欲求を抑えたり，解消したりする力を身につけていく大切な時期である。

### (2) 大人からの承認と，幼児の動機づけの持続性との関係

周りからの評価をもとに自己を形成していく幼児期において，大人の承認の与え方は，子どもの動機づけの持続性に大きく影響する。例えば，次のような実験がある。

カミンズとドゥエック（Kamins & Dweck, 1999）の実験では，子どもが一生懸命作業をしている最中に失敗したという場面で，２種類のフィードバックを与えた。１つは，「あなたには本当にがっかりだわ」というように，子どもの人格や能力に注目したフィードバックで，もう１つは，「違うやり方を考える必要があったね」というように，そこまでのプロセスに注目したフィードバックであった。どちらも否定的な内容のフィードバックであったが，子どものどこに注目してフィードバックを与えるかという点で異なっていた。また，子どもが同じような課題で成功した場面で，２種類のフィードバックを与えた。１つは，「本当にいい子ね」というフィードバックで，もう１つは，「本当によくがんばったね」というフィードバックであった。どちらも肯定的なフィードバックで

あるが，失敗場面と同様，人格や能力を評価するか，プロセスを評価するかという点で異なっていた。そして，これらのフィードバックを与えられた幼児が，後で失敗したときに，どれくらい粘り強くがんばれるかを調べた。すると，フィードバックの内容が否定的か肯定的かにかかわらず，人格や能力を強調されたフィードバックを受けた子どもは，プロセスを強調されたフィードバックを受けた子どもより，失敗したときに「自分はダメな子だ」と考え，落胆し，すぐあきらめてしまうことが示された。

この実験の結果は，子どもに評価的なフィードバックを与えるとき，その内容（肯定的か否定的か）以上に，「子どものどこに注目し」「フィードバックをどのように与えるか」を考えることが大切であることを示している。「成功すればいい子で，失敗すればダメな子」というように，「結果の成否と子どもの人格とを結びつける」フィードバックを重ねていくと，子どもは「自分のよしあしは，結果のよしあしによって決まってしまう」という，条件つきの自己価値を形成し，いざ失敗したときに，「もうダメだ」と無気力に陥りやすくなってしまう（Kamins & Dweck, 1999）。他方，「成功しても失敗しても，そこまでのプロセスが大切だ」と教えられ，結果の出来栄えに依存しない自己概念を形成した子どもは，失敗してもあきらめずにがんばっていけるのである。子どもが無気力にならないようにするには，結果にいたる過程（やり方やがんばり）に注目して，それを促せるようなフィードバックを与えていく必要があろう。

## 5　児童期における動機づけの発達
――学習意欲について

児童期には，自分で目標を設定し，その目標の達成に向けて自分で行動していく力が発達していく（田上・桜井，1984）。また，自分の好きなゲームを夜通し続ける，授業が嫌いであっても，我慢して1日学校にいることができる，というように，活動の持続性という点でも大きな変化がみられる。

児童期には，小学校への入学を契機に，勉強をうまく進めることが大きなテ

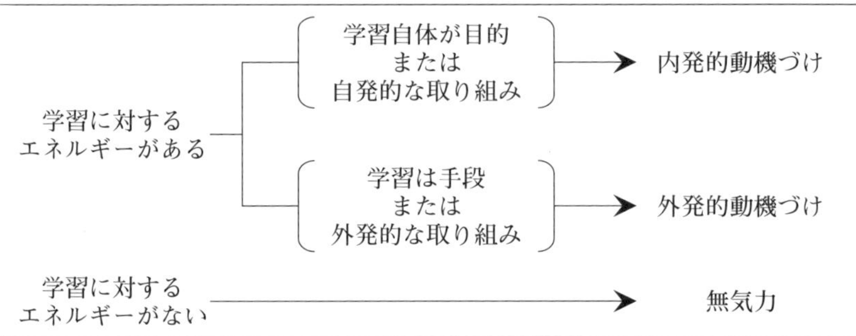


図６－５　学習意欲の分類（桜井，1997を一部改変）

ーマとなるため，学習への動機づけ（学習意欲）を維持することが重要な課題となる。そこで，以下で児童期の学習意欲について考えていくことにしよう。

### ⑴　学習意欲の種類

学習意欲の状態は，動機づけの定義にある「エネルギー」と「目標」の観点から，大きく３つに分類することができる（桜井，1997）。**図６－５**をみてみよう。まず，「エネルギー」の観点は，勉強しようとするエネルギーがあるかどうかを表す。このエネルギーがなければ，「無気力な状態」とみることができ，あれば，「学習意欲がある状態」とみることができる。そして，学習意欲があるときでも，学習の目的が学習それ自体にあるか，それともそれ以外のものにあるのかによって，「内発的動機づけ」と「外発的動機づけ」に分類できる。内発的動機づけは，「面白いから勉強する」という場合のように，学習それ自体を目的として勉強しようとする意欲である。他方，外発的動機づけは，「みんなに認められたいから勉強する」場合のように，学習以外の何かのために勉強しようとする意欲のことをいう。

なお，学習意欲は，目標の観点だけでなく，自発性の観点からも分類できる（桜井，1997；**図６－５**）。この観点に従うと，自ら進んで学習活動に取り組んでいる場合は内発的動機づけに，「やらされて（仕方なく）」外発的に学習している場合は外発的動機づけに分類される。自発性の観点を考えることで，目標

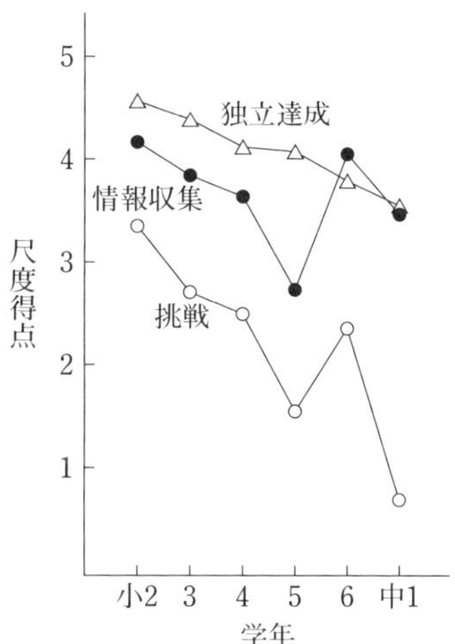


図6－6　内発的動機づけ（自ら学ぶ行動）の発達的変化（桜井・髙野，1985）

の観点からは捉えることのできない，より望ましい学習意欲を見いだすことができる（桜井，1997）。例えば，子どもが「将来の目標（自分の夢など）を達成するために勉強している」という場合，学習の目的は，学習それ以外のこと（「夢の実現」）にあるため，目標の観点からは外発的動機づけに分類されてしまうが，このような子どもは，夢を実現するために自発的に学習に取り組んでおり，より望ましい学習意欲をもっているといえる。櫻井（2017）は，こうした学習意欲のことを「自己実現のための学習意欲」と呼び，これと内発的な学習意欲（内発的動機づけ）とを合わせた学習意欲を，「自ら学ぶ意欲（自律的な学習意欲）」と呼んだ。

内発的動機づけがどのように発達していくかについて，桜井・髙野（1985）は調査を行っている。**図6－6**は，その結果を示したものである。図のとおり，人に頼らず自分で問題を解決しようとする「独力達成」や，むずかしい問題を進んで解こうとする「挑戦」，そして，いろいろなことに興味をもち，さまざまな情報を集めようとする「知的好奇心」が，年齢とともに減少していることがわかる。

一般に，内発的動機づけによって勉強したほうが，学習内容の理解が深まり，長期にわたって内容の記憶が持続する。したがって，内発的動機づけが年齢とともに低くなっていくのは，見逃すことのできない問題といえる。また，上記の結果は学年ごとの比較であるが，同じ学年の子どものなかにも，意欲の高い子と低い子がいる。内発的動機づけを含め，なぜ学習意欲を維持できる子どもとそうでない子どもが出てくるのであろうか。この疑問について，以下に考えてみよう。

### ⑵　学習意欲の源泉

学習意欲を持続できない理由は一律ではなく，さまざまな視点から考えていく必要がある。そのために，最初に説明したA君の例が参考になる。この例を参考にすると，学習意欲を持続するには，「学習の目標のもち方」，「学習に対す

表6－2　学習意欲に関する4つの理論

| 理論の種類 ／ 学習意欲の源 | 学習への期待や価値を重視する理論<br>(期待×価値理論，学習性無力感理論) | 子どもの主体性や好奇心を重視する理論<br>(内発的動機づけ理論) | 学習の目標を重視する理論<br>(達成目標理論) | 学習活動の制御・調整を重視する理論<br>(自己調整理論) |
| --- | --- | --- | --- | --- |
| 個人要因 | ・期待：自分の行動に結果がついてくる（がんばれば報われる）という期待<br>・価値：達成感や誇りの感情，学習の重要性の認識 | ・自己決定：自らの意志と選択で自分の行動を決めること<br>・有能感：自分はできるという自信<br>・知的好奇心：学習への興味・関心 | ・熟達目標：目標は，以前よりできるようになること（進歩が目標） | ・学習方略：有効な学習方法についての知識をもち実行できること。特に，自分の思考活動を監視し軌道修正するメタ認知の力を使って学習を進めること |
| 環境要因 | 〈学習課題の提示〉<br>・解決できる（または，能力より少し上のレベルの）課題<br>・生活や将来にかかわる内容 | 〈人間関係〉<br>・学習活動を温かく支える<br>〈学習課題の提示〉<br>・知的な興味を抱かせる課題 | 〈学習の評価方法〉<br>・プロセスや進歩をしっかり評価する | 〈学習方法の指導〉<br>・勉強のやり方や学習時の思考<br>・メタ認知を促す |

る自信」，そして，「学習活動の工夫」といった「子どもたちのなかにある」心の働きと,「周りのサポート」をはじめとする「子どもたちの外からの」働きかけが重要であるとわかる。そこで，これらの点に注目した心理学の理論をみていき，子どもたちの学習意欲の持続性について考えていこう。

**表６－２**をみてみよう。この表は，小学生のみならず，中学生や高校生にも適用できるものである。表にある個人要因とは，子どもたちのなかにある，学習意欲の源を意味する。他方，環境要因とは，周りからのサポートを表すものであり，子どものなかの意欲の源を育てるものである。個人要因をみてみると,「勉強する」という目標をもてるようにするには，自分にとって勉強が必要であるという「価値」を認識できること，勉強する内容に「知的好奇心」をもち，自分の意志と選択で自分は勉強を行っているという「自己決定の感覚」をもてること，そして，進歩や成長を重視する「熟達目標」をもてることが重要であるとわかる。また，学習に対する自信としては，努力すれば結果がついてくるはずであるという「期待」や，自分はやればできるという「有能感」をもてることが大切になる。そして，学習活動の工夫という点では，学習内容の理解と知識の定着につながる有効な「学習方略」を用いること（とりわけ，メタ認知を上手に使って学習を進めること）が，意欲を持続させるために必要となる。

他方，環境要因をみてみると，子どもの日常生活や将来とかかわりのある学習内容や,「どうしてそうなるのだろう？」と知的興味を抱かせる課題を設けること，子どもの学習活動を温かく支え，進歩やプロセスを評価すること，そして，学習を進めるときに，何をどう進めればよいかを教えることが重要であるとわかる。

このように，学習意欲の低い子どもの原因にはさまざまあり，意欲を持続できない理由は，子どもによって異なるといえるだろう。そこで，個々の子どもの状態をよくみて，どこが問題となっているかを把握したうえで対応することが必要となる。**表６－２**は，その１つの視点を示すものである。

## 読書案内

○櫻井茂男 2020『自ら学ぶ子ども―4つの心理的欲求を生かして学習意欲をはぐくむ―』図書文化

子どもの「自ら学ぶ意欲」がどのように発達するか，また，それをどのように育てていけばよいかが記された図書。平易な言葉とやさしい語り口で説明されており，専門的な内容でも容易に理解することができる。

○上淵　寿（編著）2008『感情と動機づけの発達心理学』ナカニシヤ出版

感情と動機づけの両方について，誕生から老年期までの発達の道筋が詳説されている。わが国の研究も含め，最新の成果が詳しく紹介されている。

○日本感情心理学会 2019『感情心理学ハンドブック』北大路書房

専門書であるため初心者には少しむずかしいかもしれないが，感情の性質・機能・発達などさまざまなトピックについて深く知ることができる。

## 演習問題

Ａ群の問いに対する解答を，Ｂ群から１つ選びなさい。

［Ａ群］

1　生後３ヶ月ごろの乳児が，人の顔を見たときに微笑むことを（　①　）という。

2　１歳後半にみられる「照れ」「羨望」「共感」は,（　②　）の発達に伴って現れることから，（　②　）的感情という。

3　２歳ごろには，社会的ルールの認識と自己評価の発達を基盤として,（　③　），（　④　），（　⑤　）の感情がみられるようになる。

4　「動機づけ」とは，（　⑥　）を達成できるように活動を方向づけたり，持続させたりする心の働きのことをいう。

5　ホワイト（White）の提唱した用語で，環境に変化を起こすことができるという感覚や，その感覚を得ようとする動機づけのことを（　⑦　）という。

6　自分のしたいことが阻止されたときには欲求不満な状態に陥るが，この状態をうまく解消できる力を，（　⑧　）という。

7　学習への動機づけ（学習意欲）のうち，学習それ自体を目的として，学習に自発的に取組もうとする意欲を（　⑨　）といい，学習以外の何かを目的として，外発的に取組む意欲を（　⑩　）という。

［Ｂ群］

コンピテンス（有能感），目標，外発的動機づけ，生理的微笑，自己意識，満足，無気力，学習方略，社会的微笑，罪悪感，感情コンピテンス，欲求不満耐性，恥，内発的動機づけ，誇り

# 第7章

# 自己とパーソナリティの発達

本章では，「自己」と「パーソナリティ」について学びます。前半の「自己」についてでは，子どもがどのようにして自分という存在を知り，理解を深めていくのかということを学びます。そして，成長とともに「自己」がどのように変わっていくのかについても学んでいきます。後半の「パーソナリティ」についてでは，「パーソナリティ」に関する諸理論を概観し，その測定方法を紹介します。最後に，パーソナリティにおける遺伝と環境の影響に関する理論を学びます。

# I 自己・自己概念

## 1 自己概念とは

わが国では，児童，生徒，そして大人でさえも，新学期や新年度になると，必ずといっていいほど自己紹介をすることになっている。このとき，よほどのことがないかぎり，名前を述べるだけで自己紹介を終えるということはない。「自分は野球が好きで，数学が苦手で，明るい性格である」といったように，好きなもの・嫌いなもの・得意なこと・苦手なこと・性格上の特徴などを述べ，「自分とはこのような人間である」ことを，他人に紹介するのである。

自分を他人に知ってもらうためには，自分で自分自身のことを知っていなければならない。心理学では，自分に対する考えや認識を，自己概念（あるいは自己認知，自己認識）と呼んでいる。本節では，自己概念はどのように発達していくのかということを中心にみていく。

## 2 自他の区別・自己の成立

上記のような自己紹介ができるようになるためには，どのような能力が必要なのだろうか。まず，コミュニケーション（言語）能力が必要であることは，いうまでもないだろう。自分がどのような人間であるかを自分自身が知っていても，それを伝えられなければ，相手は自分のことをわかってはくれない。さらに，他者および自分以外の事物と自分は異なるものであるという，自他弁別能力も必要であろう。発達心理学においては，自他弁別能力に関する研究が，比較的多く蓄積されている。以下に，乳幼児期における自己の成立過程をみていくことにする。

生後半年ほどの乳児は，食べ物であろうとなかろうと，何でも口に含もうと試みる。精神分析学の創始者であるフロイト（Freud, S.）によれば，こうした乳児の行為は，性欲が口唇部に集中したためであり，十分な満足が得られなければ，後年他者からの愛情にどん欲になり，自尊感情が低くなってしまうおそれがあると解釈された。

しかしながら，発達心理学においては，乳児のこのような行為は，自他の区別がつけられるようになるための試行錯誤であると考えられている。自分の手足を口に含めば，「痛い」「冷たい」という感覚が得られ，他方で，他者や自分以外の事物を口に含んでも，そういった感覚は得られない。裏を返せば，口に含んで「痛い」「冷たい」といった感覚が得られれば，それは自分の身体の一部であり，そのような感覚が得られなければ，口に含んだものは自分の身体の一部ではないということになる。乳児はこうして，自分の身体とそれ以外のものとを区別できるようになるのである。

また，およそ3歳になると，鏡に映る自己像を見て，自分だと認識するようにもなる。子どもに気づかれないように鼻に口紅をつけて，鏡で見せてやると，3歳より年少の子どもが鏡のなかの自己像を指差すのに対して，3歳以上の子どもは自分の鼻をさするようになる。このようにして，子どもは3歳ごろまでに，身体上の自己の独立性を認識するようになるのである。

## 3　第1反抗期と情緒的独立

おおよそ2歳から4歳ごろにかけて，子どもは一時的に大人の指示に従うことを拒否するようになる。これを第1反抗期と呼ぶが，これは養育者との情緒的一体感からの独立が始まったのだと考えられる。いわゆる「自我」の芽生えである。

物をつかむ，かみくだく，歩くなどの運動能力の獲得とともに，それまで養育者の手助けがなければ不可能であった，食事・入浴など多くのことが幼児期の子どもにもできるようになる。それとともに,「自分はこんなことができるんだ」という有能感や,「あんなことがしたい」という欲求や好奇心が芽生えてくる。しかしながら，そうした欲求は必ずしも養育者の要請と一致するわけではなく，情緒的な衝突が生じることもある。第1反抗期の発生メカニズムはおおよそこのようなところであるが，こうした衝突のなかで，子どもは「養育者と異なる欲求や情緒のもち主としての自分」というものを認識するようになっていく。

また,「心の理論」（第8章参照）の研究によれば,自分と異なる他者の考えを理解できるようになるのは,おおよそ4歳ごろであるといわれている（Wimmer & Perner, 1983）。この時期に，子どもは，他者と異なる独自の感情や考え方をもつ自己の存在に気づくようになるのであろう。

## 4　自己概念の発達――構造的側面

幼児期から児童期にかけて内省能力が発達してくると，子どもは自分の長所や短所に気づくようになってくる。こうして自己概念が形成されていくことになるのだが，自己概念は，いったん形成されれば不変のものというわけではなく，生涯を通じて形成・変容を繰り返すダイナミックなプロセスである。以下では，幼児期から青年期にかけて，自己概念がどのように形成され変容していくのかをみていく。

かつては，自己概念というと，「自分は有能である」とか，「自分に自信がある」とかいったように，全人的な有能さについての自己評価を指していた。このような全人的な有能さに関する自己概念を，自尊感情といったりもする。しかしながら，さまざまなパフォーマンス指標（例えば，学業成績）との相関関係が弱いことから，自己概念の構成概念的妥当性（構成概念とは，直接観察はできないが，理論上想定される概念のこと）については疑問が投げかけられていた。日常的な状況に置き換えれば，テストで悪い点を取り続けていても，根拠のない自信をもっている人が数多くいたり，自信をもって臨んだテストでも，必ずしもよい成績をとれるとは限らないということになる。

シャベルソンら（Shavelson, Hubner & Stanton, 1976）は，自己概念の構成概念的妥当性の問題を克服するために，多面的で階層構造をもつ自己概念モデルを提案した（**図７－１**）。彼らのモデルでは，頂点に全人的な自己概念があり，階層を一段下がると学業領域・社会生活領域・情緒的領域・身体領域の自己概念がある。さらに階層を下がると，より具体性の高い，科目レベルの自己概念や，特定の他者（仲間，重要な他者など）との関係性に関する自己概念，自分自身の身体能力，外見に関する自己概念などが存在する。

こうした多面的で，階層構造をもつ自己概念を想定することで，構成概念的妥当性の問題を克服することができるようになった。つまり，数学のテスト成績と数学の自己概念との相関関係は強いが，国語のテスト成績と数学の自己概念の相関は弱いという結果が実証研究で得られるようになり，自己概念とパフォーマンス指標との関係の弱さという弱点を克服したのである。

さて，こうした自己概念の多面性や階層構造の確からしさについては，マーシュら（Marsh, Barnes, Cairns & Tidman, 1984 ; Marsh, 1990）を中心に確認されてきているが，どの年代の子どもについてもまったく同様のものであるわけ

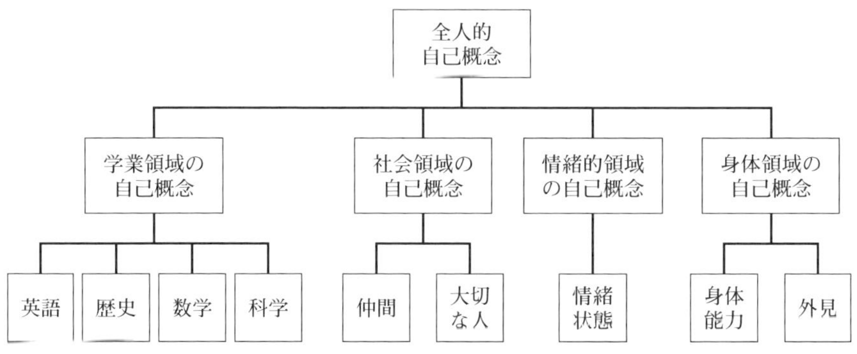


図７－１　自己概念の階層モデル（Shavelson et al., 1976にもとづき作成）

ではない。つまり，子どもが属する発達段階によって，構造自体に違いがみられるというのである。シャベルソンら（1976）は,「幼児の自己概念は未分化で状況に左右されやすい」と指摘し，それが年を経るごとに分化していくと述べている。つまり，小さな子どもは，ちょっとした出来事によって，“自分はすごいことができる”という肯定的な全人的自己概念と“自分はだめな人間だ”という否定的な全人的自己概念の間で，激しく浮き沈みすることになる。他方，成長して中学生くらいになると，子どもの全人的自己概念は，ちょっとした出来事くらいでは左右されず，頑健なものとなっていく。言い方を変えれば，中学生は，数学のテストの成績で数学の自己概念は浮き沈みするが，全人的な自己概念はあまり変わらない，ということになる。

## 5 自己概念の発達――水準の変化

数年前，学力の国際比較調査の結果から，わが国の子どもは算数，理科に対する自信がないと答える割合が高いことが明らかとなった。これは日本の子どもの学業領域の自己概念が，否定的なものであることを示唆しているといえよう。しかし，だからといって，発達段階や性別にかかわらず，このように十把一絡げに結論づけてしまってよいのだろうか。自己概念に関する発達調査（市原・新井，2004；桜井，1983）によれば，一般的に加齢に伴う自己概念の下降現象が報告されており，裏を返せば，年少児の自己概念は必ずしも否定的なものではない,というようにも考えられる（**図 7 − 2**）。こうした下降現象について，新井（1995）は学習意欲の観点から考察しており，学習を行うための理由が加齢に伴い,「好きだから」「得意だから」といったものに加え,「受験のため」「将来のため」などと多様化し,有能感を基盤に学習をする理由が薄れていくためではないかと指摘している。

また，市原・新井（2004）の調査では，国語の自己概念（国語が得意であるかどうかについての自己評価）については，男子よりも女子のほうが肯定的で

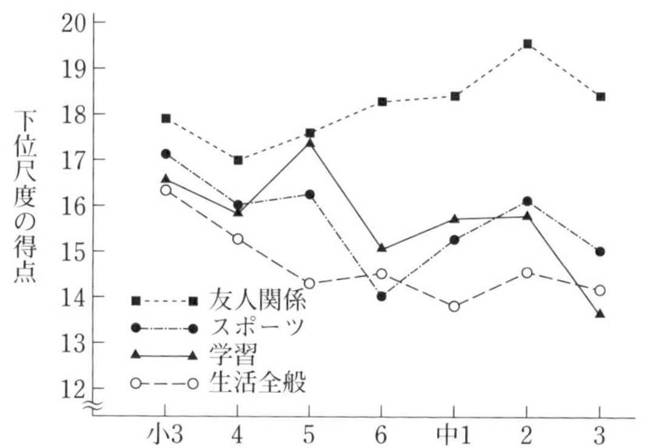


図7－2　加齢に伴う自己概念の下降傾向（桜井，1983を一部改変）

あり，数学や理科の自己概念については女子よりも男子のほうが肯定的であるという結果が得られている。マーシュ（Marsh, 1989）は，こうした自己概念における性差は，実際の学業成績の影響を取り除いてもなお存在しており，性的なステレオタイプが影響しているのではないかと指摘している。つまり，男子は理性的・論理的で理系教科に強く，女子は情緒的で文系教科に強いという固定観念が，子どもの自己概念を歪曲させているのではないかと考えられる。

ところで，近年のわが国の教育において，肯定的な自己概念を育むための取組みが多くなされている。これは，否定的な自己概念は抑うつや不安症状といった感情障害の引き金となり，ひいては不登校や学業不振の原因となるためだと考えられる。事実，ベック（Beck, 1976）の認知療法（思いこみや考え方を変えることで感情の問題を解決する方法）では，周囲の他者や，自分の将来に対する低い期待とともに，否定的な自己概念はうつ病や不安障害の直近要因と考えられており，これを改善することで，症状が緩和することが知られている。

しかしながら，しつけや教育のなかで肯定的な自己概念の育成を強調しすぎることには，少しばかり慎重になったほうがいいようにも思える。肯定的な自己概念を維持高揚することが目的化すると，学習はそれを達成するための手段と化し，困難を避けるようになり，失敗から学ぼうとする姿勢を奪い去ってしまう（Crocker & Park, 2004）。つまり，肯定的なフィードバックを受け，肯定的な自己概念を維持高揚したいがために，子どもは向上心や好奇心を萎縮させて，簡単な課題ばかりに取り組むようになりかねないのである。そもそも，人には誰でも得手不得手というものがあり，何が何でも肯定的な自己概念を育もうとする目標にも無理がある。保護者や教師は，子どもの自己概念を維持高揚することばかりではなく，子どもが失敗経験と向き合い，挫折感を克服するためにはどのように手を差し伸べていけばよいのかということについても考えていくべきではないだろうか。

## 6 自我同一性（アイデンティティ）

さて，前にも述べたように，人は内省することで，「自分とはどのような人間なのか」，「自分はどのような特徴をもっているのか」という自問自答のなかで自己概念を形成していく。そして，青年期（おおよそ2次性徴が始まる時期）になると，抽象的な思考能力の発達とともに，「自分らしさとは何か」「どのような人間でありたいか」といったことまで考えるようになる。これらの問いに対する答えが自我同一性（アイデンティティ）であるのだが，エリクソン（Erikson, E.H.）によると，自我同一性は青年期に唐突に現れるものではなく，その萌芽は乳幼児期にみられるという。そして，生涯を通じて何らかの困難（心理社会的危機）に直面し，それを克服していくことで，健全に発達すると考えられる（表7－1）。

表7－1　エリクソンの自我同一性理論（青年期まで）

| 発達段階 | 心理社会的危機 |
|---|---|
| 乳児期 | 信頼　対　不信 |
| 幼児期 | 自立　対　恥 |
| 児童期 | 勤勉　対　劣等感 |
| 青年期 | 自我同一性の確立　対　混乱 |

例えば，**表７−１**のなかで，青年期の課題として自我同一性の確立があげられているが，これは同年代の仲間との相互作用のなかで「他者とは異なる自分の特徴」を自覚することがめざされているのである。万が一，相互作用のなかで自分の特徴をみつけられなかった場合には，自我同一性が混乱し，その後の健全な発達が妨げられてしまうのである。

ところで，青年はみな，自我同一性の危機を同じように乗り越えていくわけではない。「自分とはこういうもの」と淡白に危機を乗り越えてしまう者もいれば，そもそも危機をまったく感じない者もいる。このような点を踏まえ，マーシャ（Marcia, 1980）は，青年期の自我同一性について４つのタイプがあると提案した（**表７−２**）。マーシャによるとこれら４つのタイプは，“危機への直面状況”と“コミットメント”（いわゆる心のよりどころ）という２つの基準から分類される。従来のエリクソンの理論では，「同一性達成」と「同一性拡散」しか考慮されていなかったが，マーシャ（1980）の理論では，それらに加えて，「モラトリアム」「早期完了」といったタイプがみられる。社会構造が複雑で，変化が激しい現代においては，大学進学率が急上昇したり，「この仕事は自分に向いていない」などと早期離職したりするなど，青年の自分探しの旅，つまりモラトリアム期間は延長され続けている。そのいっぽうで「あれこれ試行錯誤して，自分探しなんてするのはムダ」などと妙に達観し，早々と自分探しを終えてしまう者もいるなど，「早期完了」者も相当数存在するように思える。マーシャの理論は，こうした現代の若者気質を鋭く指摘しており，その先見の明には驚かされる。

表７−２　マーシャの自我同一性地位理論（Marcia, 1966）

| 同一性地位 | 危機への直面状況 | コミットメント |
|---|---|---|
| 達成 | 直面した | している |
| 拡散 | 不明 | 不明 |
| モラトリアム | 現在直面している | しようとしている |
| 早期完了 | 直面しない | している |

# Ⅱ　パーソナリティ

## 1　パーソナリティの理論

われわれは，人徳がある立派な人物に接したとき，「あの人は人格者だ」という印象をもつ。しかしながら，心理学において“人格”とは，性格とほぼ同じ意味をもっており，英訳では“パーソナリティ”（personality）である。そこには，善や徳といった価値観は付与されていない。誤解を避けるため，これ以降とくに断りのないかぎり，パーソナリティという呼称を用いる。

オルポート（Allport, 1937）は，パーソナリティについて，“その人の特徴的な行動と考え方を決定する精神身体的システムとしての力動的体制”と定義している。つまり，他人が人助けをする場面をみかけて“優しい人だな”と思ったり，ちょっとした不慮の出来事に腹を立てている人をみて“怒りっぽい人”と思うときの，“優しい”“怒りっぽい”をパーソナリティという。これらは，おもに情意にかかわるものだが，パーソナリティには，“冷静だ”“理知的だ”といった理性にかかわるものも含められる。情意面を強調し，なおかつ生得的要素をもつ場合，“気質”（temparament）といったりもする。

### (1)　類型論

パーソナリティについては，古くからいくつかのカテゴリーに分けて捉える考え方があった。こうしたパーソナリティ理論を，類型論と呼ぶ。“A型性格”“B型性格”などの，いわゆる血液型性格診断も類型論に含めることができよう（ただし，その真偽のほどは定かではない）。

類型論的なパーソナリティの捉え方は，古代ギリシャ時代やローマ時代にもみられる。ヒポクラテスは，人間には血液・粘液・黄胆汁・黒胆汁といった体液が流れており，これら4つの体液のバランスによって心身の健康状態が保たれていると主張した。これを受けて，ガレノスは，4つの体液のうち，血液が優勢な人は楽天的，粘液が優勢な人は鈍重，黒胆汁が優勢な人は抑うつ傾向が強く，黄胆汁が優勢な人は気むずかしい人間であると考えた。

クレッチマー（Kretschmer, 1955）はドイツの精神医学者であり，体型との関係から独自の性格類型論を唱えた（**図7－3**）。彼の類型論では3つのタイプがあり，まず，やせ気味の“細長型”は，内気で生真面目・臆病といった特徴を，太り気味の“肥満型”は，社交的でユーモアがあるといった特徴を，筋肉質の“闘士型”は，がんこで粘り強く，正義感が強いといった特徴を，それぞれもつものととらえた。

| 体格型 | 気質型 | 気質の特徴 |
|---|---|---|
| 細長型 | 分裂気質 | ①　非社交的，静かで内気，きまじめでユーモアがない，変わりもの。<br>②　臆病，はにかみや，敏感で神経質，傷つきやすく興奮しやすい，自然や書物を友とする。<br>③　従順，お人よし，温和，無関心，鈍感，愚鈍。 |
| 肥満型 | 躁うつ型 | ①　社交的，善良，親切，温かみがある。<br>②　明朗，活発，ユーモアがある。激しやすい。<br>③　寡黙，平静，柔和，気が重い。 |
| 闘士型 | てんかん気質 | ①　融通のきかないかたい感じで，非常にがんこである。<br>②　物事に熱中し，一度はじめたことを粘り強くやりぬく。徹底的である。<br>③　興奮すると夢中になり，自分が抑えられなくなり，怒りやすい。<br>④　正義感が強く，不正直なことや曲がったことに対してはきびしい。義理がたい。<br>⑤　几帳面で秩序を尊重し，対人関係では，丁寧すぎるぐらい丁寧。とかく物事を堅苦しく考え，手際がわるい。 |

図7－3　クレッチマーの3つの類型と体型（宮城，1960）

さらには,フロイトやユングといった精神分析学者の唱えた類型論もある。しかしながら，人間のパーソナリティを少数のカテゴリーに分けて理解する方法はわかりやすいが，個人差や個性の問題を説明するには不十分で，単純化しすぎているという点は否めない。例えば，“肥満型”の人でも，典型的に社交的な人もいれば，どちらかというと部屋で一人もの静かに過ごすことを好む人もいるだろう。

### ⑵　特性論

特性論は,そうした個性を記述するのに適したパーソナリティ理論である。特性論では，パーソナリティをいくつかの構成要素（特性）に分けて，それぞれの特性の度合いの組合わせによって，個性の問題を考える。例えば，ある女性が恋人（彼氏）について，“私の彼は優しくて，面白くて，それでいて几帳面なの”とのろける場合，この女性はパーソナリティを，“優しさ”“ユーモア”“几帳面”などの特性の組合わせで捉えていることになる。裏を返せば，この女性にとっては“冷たくて，冗談が通じなく，だらしない”男性は嫌いであるだろうし,また,この特性のどれか１つでも欠けるような男性（“優しくて几帳面だけれども，面白みがない”男性,“面白くて几帳面だけれども，冷たい”男性など）も好きではないのかもしれない。このように，特性論では，ある個人が複数の特性についてそれぞれどの程度保持しているかによって，パーソナリティを記述するのである。

特性論は，人の個性の問題を記述するのに適している。しかしながら，キャッテルの16特性論，ギルフォードの12特性論のように，研究者の間で取り上げる特性の数が異なり，パーソナリティ理解において核となる特性とは何なのかが曖昧になっていた。近年，心理学者の間では，パーソナリティを５つの特性（開放性，誠実性，外向性，協調性，神経症傾向）から理解しようと合意が得られつつあり，この５特性に基づくパーソナリティ理論を，５因子論と呼ぶ。

また，特性論では，複数の特性からパーソナリティを理解しようとするため,「結局，ひとことでいうと，あの人はどんな人なの？」というように，全体像がつかみにくいという欠点もある。つまり，類型論の長所は特性論の短所となり,反対に，類型論の短所が特性論の長所となるのである。このことから，類型論と特性論は，どちらかが優れているというものではなく，パーソナリティを理解するうえでどちらも重要であるといえよう。

## 2　パーソナリティ検査

日常，われわれは初対面の人と話をするとき，外見，しぐさ，話し方，過去の経験，それから直感などから相手のパーソナリティを推測し，対応を臨機応変に変えている。しかしながら，心理学，とりわけ臨床心理学的な治療場面では，このような方法でパーソナリティを理解するわけにはいかない。こうした方法は，往々にして誤解を生み，それが間違った治療につながり，かえって症状を悪化させてしまう危険性をはらんでいるからである。したがって，心理学では，実施手続きや，結果の処理方法，解釈の仕方が厳密に定められた“パーソナリティ検査”を用いることになる。以下では，質問紙法，投影法，作業検査法を紹介する。

### (1)　質問紙法

質問紙法によるパーソナリティ検査の代表的なものとしては，矢田部―ギルフォード検査（Y-G性格検査と呼ぶ），ミネソタ多面人格目録（MMPIと呼ぶ），それから先述の５因子論にもとづくNeo-PI-Rなどがあり，これらは特性論に基づいて作成されている。質問紙法では，１つの特性について複数の質問項目が用意されており，受検者は，それぞれの質問項目に対して「はい」「いいえ」「どちらでもない」などの選択肢のなかから１つを選ぶよう指示される。

質問紙法の長所として，実施の手続きや，結果の処理，解釈が簡便であるという点があげられる。そのいっぽうで,「あなたは家族にうそをついたことがありますか」という質問に対しては「はい」とは答えにくく，つい「いいえ」と回答してしまうなど，受検者の虚偽回答の影響を受けてしまい，パーソナリティを的確に捉えるのがむずかしいといった批判もある。

### ⑵ 投影法

投影法は，質問紙法の弱点である虚偽回答の影響を受けにくい，といった長所をもっているといわれている。投影法では，受検者に曖昧な刺激図形を見せて，それに対して比較的自由に回答させる。例えば，ロールシャッハテスト（Rorschach test）では，インクのシミを見せて，それが何に見えるのかを問う。そして，インクのシミのどの領域を見て，そのように見えたのかについても受検者に問いかけ，回答内容や回答の仕方などを考慮し，総合的にパーソナリティを測定する。

ほかには，紙芝居のような絵を見せて，受検者に簡単な物語をつくらせる主題統覚検査（TAT），複数の登場人物のうちの１人が不慮の事態に見舞われている場面を見せて，その人物がどのように対応するのかを問うP-Fスタディなどもある。なお，TATは児童向けにも作成されており（CATと呼ぶ），紙芝居中の登場人物が人間ではなく，動物となっている。ただ，いずれにしても，検査を実施する者に高度の技術が要求され，かつ結果の解釈において複数の検査者間で一致しないことも多く，妥当性が低いという批判がある。

### ⑶ 作業検査法

作業検査法は，受検者に何らかの作業を行わせ，その作業の遂行量や遂行プロセスからパーソナリティを理解しようとするものである。代表的なものに，内田―クレペリン検査があげられる。この検査では，１枚の紙に１桁の数字がびっしりと書き込まれており，受検者は隣り合う数字同士を足し合わせて，その間に，答えの１の位の数字を書いていく。作業は１行につき１分を15回繰り返し（前半），５分休憩してから，また同じ作業を行う（後半）。何らかの精神疾患をもっている者の場合，全体的な遂行量が少なかったり，途中で遂行量が急激に落ち込んだりするなどの特徴がみられる。

作業検査法は，投影法と同じように，受検者の虚偽回答の影響を受けにくいという長所をもついっぽうで，受検者のやる気の影響を強く受けてしまい，それがパーソナリティ理解の妨げになってしまうという短所ももち合わせている。

## 3　パーソナリティの発達――遺伝か環境か

### (1)　家系研究

チャールズ・ダーウィン（Darwin, C.R.）といえば，『種の起原』を著し，進化論を提唱した人物として有名だが，彼には13歳年下のフランシス・ゴールトン（Galton, F.）といういとこがいた。ゴールトンは“相関”の概念を提唱し，今日の心理学で多用される多変量解析の基礎を築いた。なるほど，優秀な家系からは優秀な人物が輩出される確率が高そうである。

ゴールトン自身もこのような現象に気がついており，折しもダーウィンの進化論が公表された時期と重なったこともあり，知性は遺伝すると考え，“優生学”を提唱した。詳細は他書（米本・松原・橳島・市野川，2000）に譲るが，優生学では，人類の進化（進歩）をめざし，遺伝的に劣る人間の生殖活動を制限・禁止し，人類の劣化を防ごうとしていた。しかしながら，優生学は倫理的にも認めがたいというだけではなく，そもそも進化論における“淘汰”の意味をはき違えているという批判から，今日では過去の遺物となっている。

さて，優生学の正当性はさておき，親子は互いに似るという現象は，確かにありそうに思える。いわば“カエルの子はカエル”である。それは，顔や体格といった外見的特徴だけではなく，パーソナリティにも当てはまりそうである。こうした親子関係の類似度を調べたり，ゴールトンのように，親子関係だけではなく家系図をさかのぼり追跡調査をしたりする方法を家系研究と呼ぶ。しかしながら，家系研究では，親子の類似度における遺伝的影響と養育環境の影響とを切り離すことができない。例えば，社交的な親の子どもは，親が他人と楽しそうに話しているのをみて，“ああ，たいていはいい人ばかりなんだな”と学習して，親と似たようなふるまいをするようになるのかもしれない。

### (2)　双生児研究

こうした家系研究の弱点を克服する方法に，双生児研究法がある。双生児研究では，多数の一卵性双生児のペアと二卵性双生児のペアに対してパーソナリティ検査を行い，一卵性双生児と二卵性双生児の平均的なパーソナリティの類似度を比較することで，パーソナリティ形成における遺伝と環境の影響を切り離すことができる。

ここで,双生児研究法の中身について触れておこう。同じ双生児でも,一卵性と二卵性は，その発生プロセスが異なる。一卵性の場合は，１個の受精卵が細胞分裂する過程で，偶然２つに分離してしまうことから双生児が生まれる。しかしながら，二卵性の場合は，受精時において，異なる２つの精子が同じように異なる２つの卵子と受精することで，発生のプロセスが始まる。つまり，二卵性双生児の場合は，受精が行われた時点で遺伝的に異なるということになる。具体的には,一卵性の双子は互いに完全に一致した遺伝子をもつのに対して,二卵性の双子は，平均すると一卵性双生児の双子の半分程度しか遺伝子を共有していないことになる。このことから，一卵性双生児ペアの類似度，二卵性双生児ペアの類似度に対する遺伝的影響，共有環境（家庭環境，親戚付き合いなど）の影響をそれぞれ，g（gene），ce（common environment）とすると，

$$\text{類似度}_{\text{一卵性}} = g + ce \qquad (1)$$

$$\text{類似度}_{\text{二卵性}} = 0.5g + ce \qquad (2)$$

となる。⑴式から⑵式を引いて，両辺を２倍すれば，パーソナリティの類似度における遺伝的影響の強さがわかる。

心理学では，相関係数，一致率といった類似度の指標を用いるが，これらは,完全に一致するときは1.0，まったく一致しないときは0.0という数値で表現される。例えば，“社交性”における一卵性双生児ペアの類似度が0.7，二卵性双生児ペアの類似度が0.4であれば，

$$0.3 = 0.5g \qquad (3)$$

となり，両辺を２倍すれば，社交性における遺伝的影響の強さは0.6程度になるとわかる。そして，方程式のなかのceについて解くと，共有環境の影響力は0.1程度であるということがわかる。近年は，遺伝的影響，共有環境の影響のほかにも，学校，遊び仲間，恋人など，それぞれの者が独自にかかわる非共有環境の影響も方程式のなかに組み込んで，遺伝と環境の影響が調べられている

（図7－3）。双生児研究によると，外向性，神経質傾向といったパーソナリティ特性については，親の養育態度よりも，遺伝的影響や仲間関係の影響が強いことがわかる。

しかし，だからといって，親が育児をないがしろにしてよいわけではない。極端な例をあげれば，児童虐待の1つにあたる育児放棄やネグレクト（無視）は，心身両面に甚大な悪影響を及ぼす（外山，2008）。ジェンセン（Jensen, 1968）の環境閾値説でも示唆されているように，健全な発達にはある程度整った環境条件が必要なのである。

図7－3　パーソナリティにおける遺伝率，共有環境，ならびに非共有環境の影響（安藤，2000を参考に作成）

| | 遺伝率 | 共有環境 | 非共有環境 |
|---|---|---|---|
| 外向性 | 0.49 | 0.02 | 0.51 |
| 神経質 | 0.41 | 0.07 | 0.52 |

## 読書案内

**○榎本博明『「自己」の心理学　自分探しへの誘い』サイエンス社　1998**

本章で紹介した自己概念の理論が，より詳細かつ包括的に解説されている。

**○小塩真司・中間玲子『あなたとわたしはどう違う？　パーソナリティ心理学入門講義』ナカニシヤ出版　2007**

パーソナリティの理論だけにとどまらず，パーソナリティが精神的健康に及ぼす影響についても解説されている。

## 演習問題

A群の問いに対する解答を，B群から1つ選びなさい。

［A群］

1　第1反抗期を経験することで，子どもに何が芽生えてくるか。

2　シャベルソンら（1976）は，自己概念の構成概念的妥当性の問題を克服するために，どのようなモデルを提案したか。

3　自己概念における男女差は実際のパフォーマンス（学業成績）の違いを差し引いても，なお存在するが，そこには何が影響しているのだろうか。

4　ベック（1976）によると，否定的な自己概念をもち続けることで，どのような問題が生じると指摘されているのだろうか。

5　心理社会的危機に直面し，もがき苦しみながら自分探しをする者を何と呼ぶか。

6　パーソナリティを，いくつかの少数のカテゴリーに分けて考える理論を何と呼ぶか。

7　特性論に基づく質問紙法のパーソナリティ検査を何と呼ぶか。

8　子ども用の主題統覚検査（TAT）を何と呼ぶか。

9　ゴールトンの創始した，人為的な生殖制限禁止の思想を何と呼ぶか。

10　一卵性双生児ペアと二卵性双生児ペアの類似度を比較することによって，パーソナリティにおける遺伝と環境の影響の強さを調べる方法を何と呼ぶか。

［B群］

CAT，階層モデル，モラトリアム，類型論，SAT，性的ステレオタイプ，自我，進化論，早期完了，双生児研究法，ステューデント・アパシー，知性，うつ病，Y-G性格検査，優生学

# 第8章

# 人間関係の発達

わたしたちは日々，いろいろな人とかかわりをもちながら生きています。こうした人とのかかわり，すなわち人間関係は，発達にしたがって多様かつ複雑になっていき，かかわりのなかで，自分の感情や行動をうまくコントロールすることが大切になってきます。本章では，こうした人間関係の発達について，乳幼児期から青年期前期までの発達過程を追いながら，親子関係，遊びにおける子ども同士のかかわり，小中学校における友人関係や仲間関係など，それぞれの時期の人間関係の特徴を解説します。さらに，人間関係の形成を促すための支援についても紹介します。

# I　人間関係の発達の道筋

ヒトは，生まれたときからすでに他者との関係を結びながら育っていく存在である。乳児期・幼児期前期には，自分を育ててくれる養育者（主に両親）との関係を築く。誕生直後の大人とのコミュニケーションについてはさまざまな研究があり，ヒトが社会性をもった生物であることがわかっている。幼児期の後期になると，集団の中でのさまざまな仲間関係を経験するようになる。日本においては，幼稚園／保育所への就園率がほぼ100％に近いため，幼児期に子ども集団での人間関係を経験することが当たり前になっている。この時期によい人間関係を形成できるかどうかが，その後の適応に大きな影響を及ぼす。

小学校に就学すると，学校という集団生活への適応が大きな課題となる。幼児期の集団生活は，ある程度子どもの意思を尊重しながらゆったりと過ぎていく。しかし小学校では時間の流れがあわただしく，自分の感情や行動を制御する能力が求められる。友人関係の面では，仲良しグループから徐々にお互いに信頼し合える少数の友人を求めるようになっていく。

中学校に入学すると，人間関係はさらに複雑になる。部活動の指導者や先輩・後輩といった縦の人間関係に適応することが求められる。また友人関係の面では，少人数の互いに信頼し合える友人関係（親友）が形成されてくる。この時期に学校・クラスに自分の居場所が見つからなかったり，信頼し合える友人ができなかったりすると，自尊感情の低下を招き，不登校や精神疾患にいたることも少なくない。さまざまないじめが発生しやすいのも中学生時代である。心の健康の問題は第11章で扱うが，自尊感情の低下はその後のキャリア発達にも影響するので，中学校時代の人間関係はとても大切である。

以下の節では，それぞれの発達段階における人間関係の特徴をみていく。さらに，人間関係の形成を促すための支援についても紹介する。

# Ⅱ　乳児期の人間関係

## 1　乳児と人とのかかわり

生まれたばかりの新生児は，人の顔に興味を示すことが知られている（第９章参照）。メルツォフとムーア（Meltzoff & Moore, 1977）は，新生児が人の顔の動きを模倣することを報告した。日本では立元（1993）が詳細な実験を試みている。立元（1993）によれば，生後６週・10週・14週の乳児に対して，大人が舌を出す・口を開ける・口を突き出す・片目のウィンクをするという４種類の表情をして見せたところ，週齢が高くなるほどよく模倣をすること，表情を止めてからでも模倣が生じることがわかった（図８－１）。乳児が大人の表情を「模倣」するという考え方には異論もあり，「共鳴反応」と呼ぶことも多い。しかし少なくとも，赤ちゃんが大人の顔を見て自分も同じような表情をすることは確かである。

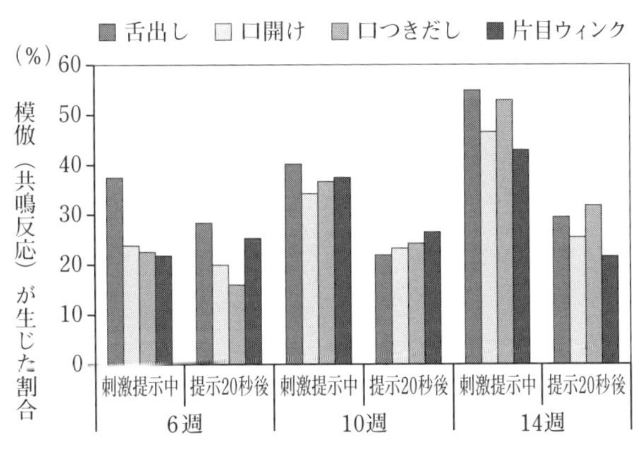

図８－１　共鳴反応の出現（立元，1993より作成）

このように人間は，誕生直後から人に対する強い興味を示しており，他の刺激に比べると，人の顔や声にはっきり反応することがわかっている。つまり人間は，生まれたときから他者を意識しているのである。

## 2 愛着関係の形成

誕生からおよそ1年くらいの間に，子どもは周囲の大人との信頼関係を形成していく。愛着（attachment）と呼ばれるこの関係は，子どもが大人に向ける愛着行動と，それに応える大人の行動からなっている。ボウルビィ（Bowlby, 1969）によれば，愛着は，①人の区別をせず人間全般に興味を示す段階，②特定の養育者（主に母親）とそれ以外の人を区別するが，養育者が不在でも泣き反応がみられない段階，③特定の養育者との親密な関係が形成され，その不在に対して泣いたり後を追ったりする段階，④愛着の対象が心の中に内在化され，愛着の対象者と身体的に密着しなくても安心できる段階，という4つの発達段階をたどるという。

乳児が母親に愛着を抱く理由について，以前は空腹を満たしてくれる存在が不可欠だからだといわれてきた。しかしハーロウとツィマーマン（Harlow & Zimmerman, 1959）が行ったアカゲザルの人工飼育実験では，授乳よりも触覚のほうが重要だということが示された。ハーロウの実験では，子ザルを飼育箱の中で育てる際に，母親代わりの人形を箱の中に2体設置した。1体は針金で作られた堅い感触の人形で，もう1体は布でくるまれた柔らかい感触の人形である。すると，授乳の有無にかかわらず子ザルは布製の人形に身体接触を求めることが多かった。こうした身体接触が安全の感覚をもたらすのではないかと考えられている。

赤ちゃんに身体接触を積極的に実施するのがタッチケアである。タッチケアは主に未熟児を対象に行われているが，安積（2002）は一般の母子を対象としたタッチケアを実施している。身体接触の機会を積極的に作り出すことは，母子関係の質を良好なものにし，愛着の形成を促す効果があると考えられる。

母子間の愛着を測定する方法には観察法と質問紙法があるが，観察法としてはストレンジ・シチュエーション法が用いられる。この方法はエインスウォースら（Ainsworth & Bell, 1970）によって開発されたものである。母子が未知の場所（研究室）を訪問し，そこで知らない人が子どもに接近したり，母子が分離したり再会したりする場面で，子どもがどのような行動をとるかを観察するものである。エインスウォースら（Ainsworth, Waters & Wall, 1978）は子どもの行動から，愛着のタイプをA・B・Cの3タイプに分類した。

Aタイプは，母子分離の際に泣いたり混乱することがなく，再会時にも母親を求めようとしないので「回避型」と呼ぶ。Bタイプは，母子の分離時に泣いたり混乱を示すが，それほどひどくはない。そして再会時には，積極的に母親を求めて，すぐに気分が落ち着くので「安定型」と呼ぶ。Cタイプは，母子分離の際に強い不安や混乱を示し，再会の時には母親を求めながらも母への怒りを示す。このタイプの子どもには，母を求める感情と怒りの2つの感情がみられるため，「両価型（アンビヴァレント型）」と呼ぶ。

日本では，三宅（1991）らの研究グループが，ストレンジ・シチュエーション法を用いた研究を行っている。57人の12ヶ月児をこの方法によって観察したところ，Aタイプが存在しなかった（**表8－1**）。3つのタイプの割合は文化によって異なるので，愛着の質も文化によって異なると考えられる。

田島（1991）は，12ヶ月の時点で愛着のタイプをB･Cの2つに分類し，16ヶ月・23ヶ月・32ヶ月時点での母子のかかわりを観察した。母子に型はめとお絵かきの課題を与え，子どもが1人でできないときにどのように母親を求めるか，母親が指示を与えたときに子どもがそれに従うか，という2種類の行動を観察

表8－1　愛着の分類の文化差（三宅，1991）

| | A | B | C | N |
|---|---|---|---|---|
| アメリカ（Ainsworthら） | 20% | 65% | 13% | 106人 |
| 日本（コホート1） | － | 64% | 21% | 28人 |
| 日本（コホート2） | － | 76% | 20% | 29人 |
| 西ドイツ（ビーレフェルト） | 49% | 33% | 12% | 49人 |
| 西ドイツ（レーゲンスブルグ） | 43% | 45% | 4% | 44人 |
| スウェーデン（Lambら） | 22% | 75% | 4% | 51人 |
| オランダ（van IJzendoornら） | 24% | 56% | 4% | 136人 |

した結果，どの月齢でもBタイプの子どものほうが母親の指示に従う割合が高かった（**図8－2**）。安定した愛着が形成されると，探索行動が活発になるだけでなく，子どもの素直さにも違いがみられた。愛着は安心の基地だけでなく，その後のコミュニケーション能力の発達にも影響を及ぼしていると考えられる。

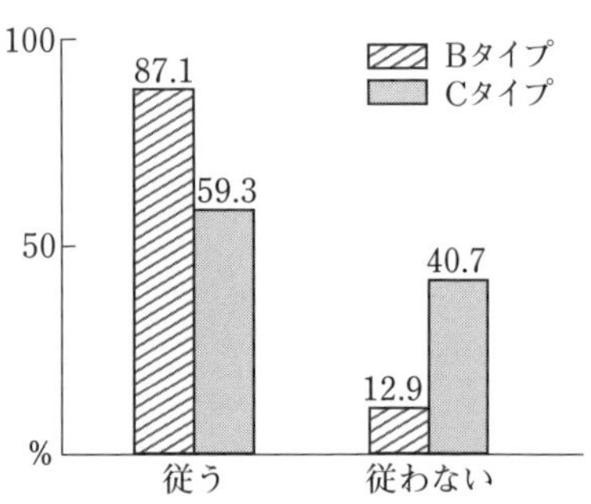


**図8－2　母親の指示に従う割合（32ヶ月時）（田島，1991を一部改変）**

近年は，発達障害が疑われる「気になる子ども」への早期介入の必要性が指摘されている。吉葉ら（2001）は，保育者が子どもとのかかわり方を工夫しながら続けていくうちに，保護者の子ども観が変化し，親子関係が改善された事例を報告している。例えば視線が合いにくい子どもに保育者がだっこ・あやし遊びを繰り返しているうちに，母親も「家でも目が合い，よく笑うようになった」と報告するようになった。また全般的な発達の遅れがあり，姿勢・運動面の発達が気になる子どもに対して，保育者が身体接触を伴う遊びを続けていった。その経過を母親に伝えていくうちに，子どもの行動に変化が現れた。初めは子どもとのかかわりが少なかった母親に対して，子どもが後追いをしたり再会時に喜びを示すなど，安定した愛着行動を示すようになった。このように，保育者がモデルとなって子どもとのかかわり方を示すことは，保護者の子ども理解を深めたり，愛着形成を促す効果がある。

# Ⅲ　幼児期の人間関係

幼児期（１歳半から小学校就学まで）の間に，子どもの人間関係は急激な発達をみせる。ここでは大きく１～３歳までと，４～６歳の２つの時期に分けて，幼児期の発達を見ていく。

## 1　乳児期から幼児期初期の仲間関係

ルイス（Lewis, 1982）は，乳児は０歳代の後半から他の子どもに対して興味を示し，笑いかける・触ろうとする・物を差し出すなどの行為がみられることを指摘している。またエッカーマンら（Eckerman, Whatley & Kutz, 1975）は，プレイルームで２組の親子を対面させる場面を観察し，満２歳頃になると他児の模倣をしたり，他児の行動を補足して遊びに発展させるような協調行動が増加すると報告している。

日本では，産休明けから子どもを預かる制度（保育所）がある。したがって，乳児期から家庭以外の場所で保育を受け，他の乳幼児と関わる機会をもつ子どもも多い。丸山（2007）は，保育所の０・１歳児クラスにおける子ども同士のかかわりを報告している。０歳クラス児同士では親和的なかかわり（共感や同情，相手をなでるなど）が60％を占めていた。１歳クラス児同士のかかわりでは，物を奪う・与えるなどの所有をめぐるかかわりが多いが，やがて模倣や一緒に遊ぼうとする働きかけが増えていくことがわかった。また０歳クラス児と１歳クラス児の間のかかわりでは，物の所有のほかに意図的な意地悪も多くみられることがわかった（図８－３）。

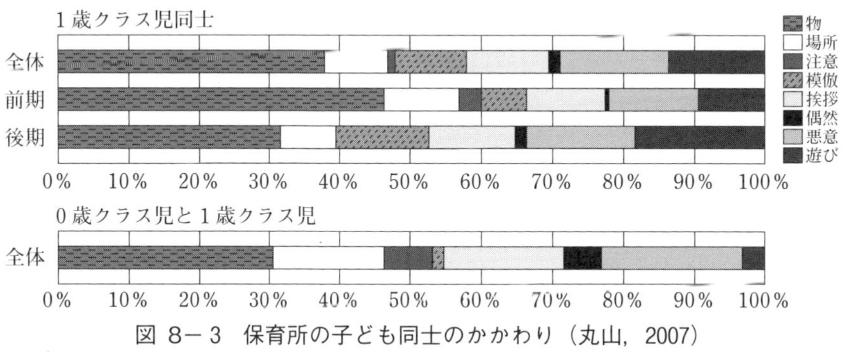


図８－３　保育所の子ども同士のかかわり（丸山，2007）

早くから他の子どもと接する機会が多い保育現場では，０歳クラスの終わり（ほとんどの子どもが満１歳となる）頃には，意図的に他児と関わろうとする行為がよくみられるようになっている。そして1歳児クラスの終わり頃には，模倣や悪意，遊びなどの行動がみられるようになる。丸山の報告は保育現場における参与観察のデータであるが，その結果は実験場面におけるエッカーマンらの報告と一致している。

## 2　遊びにみられる仲間関係の発達

パーテン（Parten, 1932）は，保育園の子どもたちの室内遊びを観察して，仲間とのかかわり方という観点から遊びを６種類に分類した。それは，①遊びに専念していない状態，②傍観者的行動，③ひとり遊び，④平行遊び，⑤連合遊び，⑥協同遊びの６つである。パーテンによれば，専念しない状態は３歳ではほぼみられなくなる。また，平行遊びは２～３歳で最も多くみられ，連合遊びは３歳から増加する。さらに最も高度な協同遊びは３歳からみられるようになるが，４歳半ばでは平行遊び，連合遊び，協同遊びがほぼ同じ程度にみられたという（**図８－４**）。パーテンの研究については，その結果を支持する研究や批判する研究が数多く報告された。しかしおおむね，ひとり遊び→平行遊び→連合遊び→協同遊びの順に仲間関係が深まっていくといえよう。

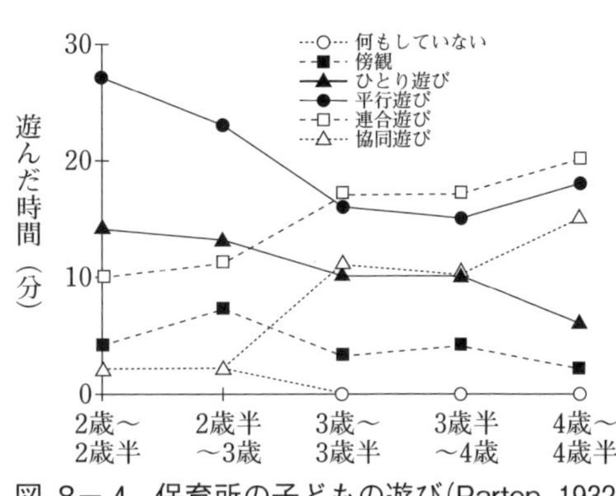

図 8－4　保育所の子どもの遊び（Parten, 1932）

中野（1988）が３歳児をペアにして遊びの発展を観察したところ，相手の模倣をきっかけに一緒に遊び始めることが多くみられたという。つまり最初は誰かがひとり遊びを始め，そばでその遊びを真似する子どもが現れると平行遊びの状態になる。平行遊びをしている子ども同士の間でイメージが共有されると，連合遊びに発展する。連合遊びは役割分担が曖昧で活動のルールが不明確な場合が多いので，集団での遊びはすぐに解消されてしまうことも多い。しかし協同遊びでは，役割分担やルールが明確になるため，ある程度遊びが持続する。したがって，協同遊びは４～５歳以降に多くみられる遊びといえる。

## 3　他者を理解する能力の発達――心の理論の獲得

幼児期の後半に特徴的な現象は，子どもが他者の心の中を推測する能力（心の理論）を獲得することである。心の理論の獲得とは，自分と他者の心の働き（心的機能）が異なっていることを理解し，他者が置かれた状況に合わせて他者の考えていることや感情を推測する能力を習得することである。さまざまな研究から，心の理論は一般に４歳前後で獲得されるといわれている。

心の理論の獲得についてはさまざまな研究があり，一般に「サリーとアンの課題」と呼ばれる実験方法と，「スマーティ課題」と呼ばれる実験方法の２種類が用いられている。

「サリーとアンの課題」は，他者の誤信念（false belief）を測定する方法である。次のような状況をイラストや人形を使って被験児に提示し，「サリーはボールを取り出そうとして，最初にどこを探すでしょう？」と質問する。正解は「かごの中」だが，心の理論の獲得が十分でない場合は「箱」と答える。

**■サリーとアンの課題**

1)　サリーとアンが，部屋で一緒に遊んでいました。
2)　サリーは，ボールをかごの中に入れて部屋を出て行きました。
3)　サリーがいない間に，アンがボールを別の箱の中に移しました。
4)　サリーが部屋に戻ってきました。

「サリーはボールを取り出そうとして，最初にどこを探すでしょう？」

「スマーティ課題」は他者の誤信念だけでなく，自分がさっきどのような信念（表象）を抱いていたかも測定する。次のような状況をイラストや人形を使って被験児に提示し，「この箱をAさん（この場にいない人）に見せたら，中に何が入っていると言うでしょう？」と質問する。正解は「お菓子」だが，心の理論の獲得が十分でない場合は「鉛筆」と答える。

**■スマーティ課題**

1）被験児から見えない所で，お菓子の箱の中にあらかじめ鉛筆を入れておく。
2）お菓子の箱を被験児に見せ，何が入っているか質問する。
3）お菓子の箱を開け，中には鉛筆が入っていることを見せる。
4）お菓子の箱を閉じる。

「この箱をAさんに見せたら，中に何が入っていると言うでしょう？」

ゴプニックとアスティントン（Gopnik & Astington, 1988）は，「スマーティ課題」を用いて，他者の誤信念と自らの表象の変化を測定した。その結果，他者の誤信念の理解は3歳から4歳にかけて急激に上昇し，5歳では横ばいになるのに対し，自分の表象（の変化）の理解は3歳から5歳にかけて徐々に上昇することがわかった。いいかえれば，4歳児はその場面での他者の心（誤信念）を理解できるが，さっき自分が何を考えていたか（自分の表象）を正確に思い出せないのである。

こうした現象は，大人から見れば「さっき言っていたことと違う」「嘘をついている」と受け止められてしまう。しかし，わざと嘘をついている場合だけでなく，自分がさっき何を考えていたかを正しく思い出せない可能性がある。したがって保育者は，子どもの発言を虚言と決めつけてはいけない。

## 4　4～6歳児の仲間関係の発達

心の理論の獲得と，幼児期の仲間関係とはどのように結びついているのだろ

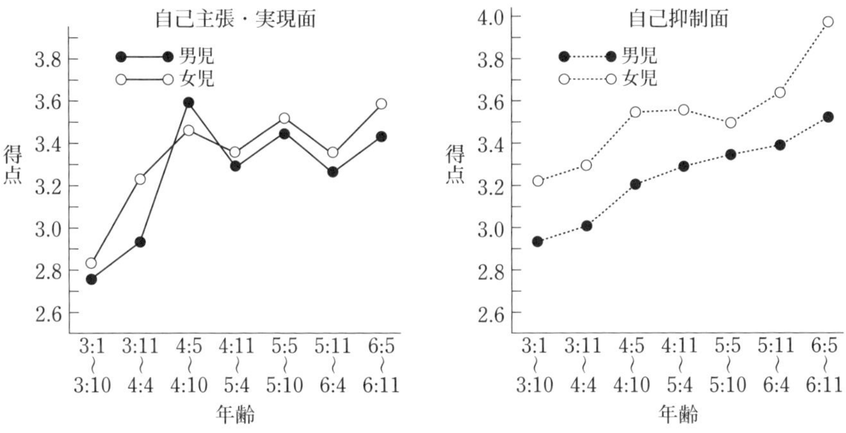


図 8－5　子どもの自己主張行動と自己抑制行動（柏木，1983）

うか。他者の立場や感情が理解できるようになる 4 歳頃から，相手に合わせて行動することが増えてくると考えられる。柏木（1983）は，保育者からの評価に基づいて，子どもの自己主張行動と自己抑制行動の発達を報告している（**図 8－5**）。この調査によると，自己主張行動は 3 歳〜 4 歳前半に得点が上昇し，あとはほぼ横ばいである。しかし自己抑制行動は，性差はあるものの 3 歳から 6 歳の終わりにかけて徐々に得点が上昇していく。他者と自分の関係を理解できることで，自己抑制的な行動が増加すると考えられる。

## 5　幼児の社会的地位と対人行動

幼児期の後半になると，子どもたちはお互いの興味・関心や行動特性を理解し始め，一緒に遊ぶ仲間集団を形成する。集団の中で子どもがお互いをどのように評価しているかを調べる方法に，ソシオメトリックテストがある。ソシオメトリックテストには，指名法と評定法という 2 つの方法がある。

指名法とは，クラス集団の中で“好きな子”と“嫌いな子”は誰かを直接尋ねる方法である。例えば「一緒に遊びたい人」や「一緒のグループになりたくない人」などの設問に対して，当てはまる子どもの名前を回答させる。“好きな子”を指名することを選択，“嫌いな子”を指名することを排斥と呼ぶこともある。子どもたちが指名した結果を分析する方法はいくつかあるが，子どもを社会的地位（ソシオメトリー地位）と呼ばれるいくつかのタイプに分類し，対人行動との関係を調べた研究が多い。

クーイ，ダッジ，コポテッリ（Coie, Dodge & Coppetelli, 1982）によれば，社会的地位は4つまたは5つに分類される（**図8－6**）。タイプⅠは，クラスの仲間から選択された数が多く排斥されていない子どもたちで，人気のある子どもと呼ばれる。タイプⅡは被選択数も被排斥数も少ない子どもで，クラスの中で存在感が薄く無視される子どもと呼ばれる。タイプⅢは，被選択数が少なく被排斥数が多いので，嫌われる子どもと呼ばれる。タイプⅣは，被選択数も排斥数も共に多い子どもなので，仲間からの評価が分かれる敵味方の多い子どもと呼ばれる。なお，仲間集団が大きい場合には，被選択・被排斥が中程度の子どもたちをまとめて平均的な子どもというグループを設けることもある。

評定法とは，クラスのメンバー全員の名簿や集合写真を見せて，全員について3段階～5段階程度で“好きか嫌いか”を評価させる方法である。この方法の利点は，クラス全員について仲間からの評価が得られる点である。しかし，無視される子どもや敵味方の多い子どもを特定するには不向きである。

小林（1998）は，幼稚園の4・5歳クラス児にソシオメトリックテスト（指名法）を実施し，被選択数と被排斥数を調べた。また個別面接で協調性と非言語的な表現力を測定した。その結果，協調性が高い子どもの社会的地位は「人気がある」か，または「無視される」

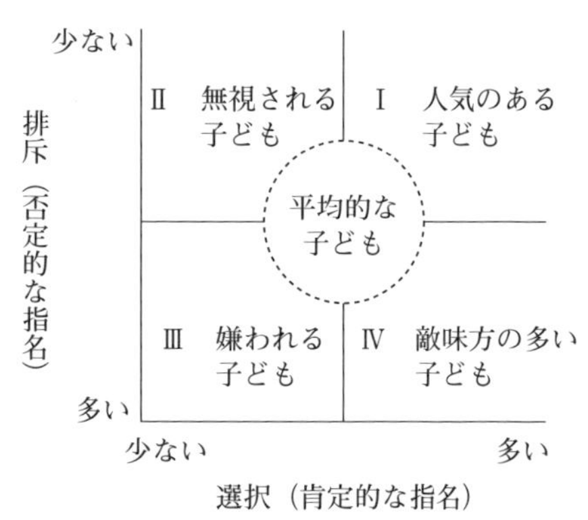

図 8－6　社会的地位の分類（Coie et al, 1982）

場合が多いことが示された。また前田（1995）は，幼児の社会的地位と行動特徴の関連性について検討した。その結果，人気のある子どもや嫌われる子どもは，翌年も同じ地位にいる割合が比較的高く，無視される子どもはさまざまな地位に変化していることが示唆された。仲間からの行動の評価によれば，２年間持続して嫌われていた子どもは，周囲の友達から攻撃行動の頻度が高いとみなされていた。

これらの研究を総合すると，自己主張（自己表現）能力と，他児に協力する行動（協調性）を合わせもった子どもたちが仲間から好かれると考えられる。いっぽうで攻撃行動が多い子どもは嫌われやすいといえる。

なお，ソシオメトリックテストを実施する場合には，子どもの人権侵害等の問題が起こらないように，十分な配慮が必要である。

# Ⅳ　児童期の仲間関係

## 1　学校における仲間関係

小学生の前半は幼児期から連続しているため，お互いに肯定的な働きかけをし合うことが友人とみなす理由となる。しかし高学年になると表面的な行動よりも，相互の信頼関係が友人という意識の中核となってくる。

### (1)　低学年の仲間関係

大対ら（2006）は，小学１年生の対人行動を観察した。その結果，仲間に対する肯定的な働きかけは，幼児期に社会性がふつうだった子どもと低かった子どもの間に差はみられなかった。しかし，社会性の低い子どものほうが他児に対するネガティヴな働きかけがやや多かった。他児からの働きかけも，社会性の低い子どもに対しては肯定的な働きかけが少なく，否定的な働きかけが多かった。

藤田ら（2006）は小学3年生を対象として，担任教師の評価によって対人関係が良好な子どもとそうでない子どもを抽出した。その結果，良好な子どもは仲間に対するポジティブな働きかけが多かった。しかしそうでない子どもは，ネガティブな働きかけが多く，仲間からのネガティブな働きかけに対して反応しない子どももいた。これらの研究から，肯定的なやりとりを続ける子どもは遊び集団の中で受容され，否定的なやりとりが多かったり無反応だったりする子どもは，集団に溶け込めないと考えられる。

### ⑵ 高学年の仲間関係

佐藤ら（1988）は，小学校の高学年を対象に社会的地位と対人行動の関連性を検討した。その結果，高学年では攻撃的な子どもだけでなく，引っ込み思案の子どもも仲間から嫌われやすいことが示された。児童期の後半になると，子どもは友人に対して相互的な親密性や信頼感を求めることが明らかになっている。しかし引っ込み思案の子どもは，自分から積極的に他児に働きかけることがなく，他児からの働きかけに対しても十分に応答できないことが多い。このように相互性が欠如している子どもに対しては，「一緒にいても楽しくない」「話題が合わない」などの理由で他児が敬遠してしまうためだと考えられる。

## 2 児童の親子関係と仲間関係

児童期には，親子関係と仲間関係（対人行動）はどのように関連しているのであろうか。戸ヶ崎・坂野（1997）は，小学4～6年生を対象に調査を行い，母親の拒否的な養育態度が家庭内での対人行動に影響を及ぼし，それが学校での社会的スキルに影響を及ぼすというモデルを提唱している。戸ヶ崎・坂野によれば，母親の養育態度が拒否的であるほど，その子どもは家庭内で母親との関係を維持・向上させる行動をとらなくなる。逆に，家庭内で親との関係を維持・向上させるための行動をとる子どもほど，学校においても友達と関係を構築・維持・向上させる行動をとり，その結果として仲間内での地位が高くなる。

このように，家庭内の親子関係で培われた他者と関わるスキルが，学校でもそのまま発揮され，仲間との関係に影響している可能性が高い。

## 3　児童の攻撃行動

ダッジら（Dodge et al, 1986）は，対人的な状況をどのように解釈するかという社会的情報処理モデルを提唱した。この考え方によれば，他者の行動をどのように解釈するかが，その後の自分の行動を決定する際に大きく影響する。とくに，もともと攻撃性の高い子どもたちは，他者が自分に迷惑をかけたときに，相手が明らかに自分を攻撃したという確証がないときでも，相手に攻撃の意図があったと解釈してしまいやすい。相手に攻撃の意図があったとみなせば，報復することが正当だと考えられる。その結果，報復的な攻撃行動を起こしやすくなる。すると相手が反撃してくるため，「相手が攻撃的な意図をもっている」という子どもの解釈がより強められる結果となる。

日本では，濱口（1992a, 1992b）がこうしたモデルを検証している。濱口（1992a）によれば，友達の意図が曖昧な場面で自分が被害を被ったときに，相手との関係を維持しようとする目標を立てた子どもほど，自分の気持ちをはっきり主張し，報復的な攻撃を行わない傾向がみられた。また，人気の高い子どものほうが，人気の低い子どもよりも報復的な攻撃を行う傾向が低かった。

鈴木（2004）は，養護施設の児童と一般家庭の児童の攻撃性を比較している。調査の結果，施設の入所児童は家庭の児童よりも反応性攻撃が高かった。すなわち，何らかの被害を受けた場合に攻撃行動をとりやすいということである。また，入所児童のほうが自我機能が低いことも示された。鈴木によれば，自我機能の構成要素である判断力・現実検討力・対人刺激への適応力が高いほど反応性攻撃を抑制することが示されている。したがって自我機能が低下している入所児童は，反応性攻撃をより行いやすいと考えられる。

先の戸ヶ崎・坂野（1997）の研究とも合わせて考えると，幼児期から児童期にかけて親との間で嫌悪的な人間関係を体験してきた子どもほど，他者の行動に敵意を感じ，反応性攻撃を行いやすくなるのであろう。

# V　青年期前期の仲間関係

## 1　中学校の学級集団

中学校では教科担任制となるため，小学校に比べると担任の影響力が相対的に低下し，学級における仲間関係が子どもにとって重要になる。中学生は，自分の学級をどのように感じているのであろうか。

川原・山﨑（1996）は，地方都市の中学生を対象に，どのような存在が友人となるかを尋ねた。その結果，男子では54.9％が，女子では44.5％が同じクラスであることを最も重要だと考えていた。多くの中学生が，同じクラスであることを友人選択の理由としているならば，クラスの中に居場所があるか，学級集団になじんでいるかによって，中学生の心理的な適応感が大きく異なってくる。

岡田（2008）によれば，中学生の学校に対する適応感は，学校で受け入れられている･学校になじんでいるといった学校生活への順応度と，学校が好きだ･学校が楽しいといった学校生活の享受感という２因子からなっていた。そして順応度と享受感の両方に正方向の影響を与えていたのが，クラスの中でほっとする・クラスの仲がいいといった，学級に対する肯定的な意識であった。さらに，影響力は弱いが，友達とうまくいっている・信頼できる友人がいるなどの友人関係が，学校生活への順応度に正の影響を及ぼしていた。

また酒井ら（2002）の調査では，中学生が親友との信頼関係を強く感じるほど，教室におけるリラックスした気分が高く，孤立感が低い傾向がみられた。これらの研究から，クラスの仲がよいと感じられることと，相互に信頼し合える親友が存在することが，中学校の学級集団の居心地に大きな影響を及ぼしていることがわかる。

阿部・水野・石隈（2006）は，中学生が友人か教師に相談したり自己開示をしたりするスキルを調査し，実際に援助を求めているかどうかを検討した。その結果，言語によって援助を要請するスキルが高い生徒ほど，多くのことがらについて友人や教師に相談をしていることがわかった。したがって，こうしたスキルを習得している生徒ほど，学校や学級，友人関係で適応していると考えられる。

## 2　青年期前期の親子関係――反社会的行動との関連

レインら（Raine et al, 2006）は，反応性攻撃－能動性攻撃尺度を7歳と16歳の男子に実施した。その結果，幼い頃から暴力的なしつけや愛情不足を経験すると，攻撃性が高いことが示された。特に反応性攻撃は，衝動性（セルフコントロールの欠如）や対人不安によって生じる可能性が示された。日本においては，小保方・無藤（2005）が中学生の非行傾向と親子関係の関連性を調べている。調査結果からは，非行経験のある生徒はセルフコントロールが低いことが示された。また親子関係については，非行経験のある生徒のほうがない生徒よりも親子関係が悪く，暴力を受けたと感じていることが示された。

これらの研究の結果は，小学生を対象としたさまざまな調査結果と一貫している。したがって，親子関係が良好でない場合には，青年期にセルフコントロール能力が十分に発達せず，攻撃や非行など反社会的行動が発現しやすいといえる。生徒が何か問題を起こした際に高圧的な生徒指導を行うことは，教師が高圧的な親と同じ態度をとることになり，生徒の問題は改善されない。むしろカウンセリング的な対応が必要だと考えられる。

## 読書案内

○**数井みゆき・遠藤利彦（著）2005『アタッチメント　生涯にわたる絆』ミネルヴァ書房**

やや専門的だが，アタッチメント理論についての研究が網羅されている。

○**小石寛文（編著）1995『人間関係の発達心理学 3　児童期の人間関係』培風館**

家庭，地域，学校，教師など，児童を取り巻く人間関係の様相がよくわかる。

## 演習問題

A群の問いに対する解答を，B群から1つ選びなさい。

［A群］

1　誕生から1歳くらいの間に，乳児と養育者の間に形成される信頼関係を（　①　）という。エインスウォースらは，観察によって母子間の（　①　）を測定する方法として（　②　）を開発し，（　①　）のタイプを，（　③　）型，（　④　）型，（　⑤　）型の3つに分類した。

2　幼児が，他者の思考や感情を推測する能力を習得することを，（　⑥　）を獲得するといい，これを調べるには，（　⑦　）や（　⑧　）と呼ばれる実験方法が用いられる。

3　集団内における社会的地位を調べる方法として（　⑨　）がある。

4　何らかの外的刺激に対する攻撃行動を（　⑩　）という。

［B群］

心の理論，思いやり，反応性攻撃，関係性攻撃，愛着，求愛，ソシオメトリックテスト，ストレンジ・シチュエーション法，回避，安定，不安，両価，スマーティ課題，三ツ山課題，サリーとアンの課題

# 第9章

# 社会性の発達

社会性は，私たちが社会のなかでよりよく生きるうえで，とても重要なものです。例えば，他者と温かい関係を築くうえでは，相手の気持ちを考えたりルールを守ることが大切です。また，ときには，相手の話を聞くばかりではなく，自分の考えを相手に伝えることも必要でしょう。本章では，このような社会性の発達について解説します。１節では，社会性とは何か，そして，社会性の発達に何が影響しているのかについて説明します。また，２節では，向社会性の発達として，向社会的行動とそれを規定する共感性について，３節では道徳性について，４節では他者とのコミュニケーションについて説明します。

# Ⅰ　社会性とは何か

社会性とは，広義には「個人が自己を確立しつつ，人間社会のなかで適応的に生きていくうえで必要な諸特性」（繁多，1991）と定義される。すなわち，個人の所属する社会がもつ価値規範や行動様式を習得し，これらに適合した行動がとれるようになることを指す。しかし，これは単に「社会に順応する」ことではない。社会性とは，個人が社会に対して働きかけるといった，より積極的で能動的な態度を含む概念なのである。また，社会性は，狭義には，対人関係能力としても捉えられる（繁多，1995）。

本章では，おもに対人関係能力の観点から社会性の発達について説明する。社会性にはいくつかの側面があるが，ここでは向社会性，道徳性，コミュニケーションの３つを取り上げる。人と適切にかかわるうえでは，思いやり（向社会性）や，善悪を判断して行動すること（道徳性），さまざまな方法で人と意思疎通を図ること（コミュニケーション）が必要である。これらはどのようにして発達していくのだろうか。

## 1　社会性のはじまり

生まれたばかりの乳児は，言葉を用いて他者と会話をすることも，他者とのかかわりを求めて歩行することもできない。これらのことから，従来，乳児は社会性をもたない存在であると考えられてきた。しかし，これまでの研究によって，乳児はすでに社会性の芽をもっていることが明らかになっている。

### (1)　乳児による顔の認知

ゴレンら（Goren, et al., 1975）は，生後１時間以内の新生児に，**図９－１**のような４種類の顔の絵を見せ，新生児がどの絵を最も長く注視するかを調べた。

その結果，注視時間が最も長かったのは，顔のパーツが正しく配置されている絵であり，最も短かったのは，何も描かれていない絵であった。

また，ハイツら（Haith, et al., 1977）は，乳児が無表情の顔やゆっくりと左右に動いている顔よりも，話している顔を最も注視することを明らかにした。このように，乳児は，黙った顔よりも話している顔を，写真よりも実際の顔を，知らない顔よりも知っている顔を，より注視するのである。

図９－１　新生児による顔の認知
（Goren, et al.,1975）

### ⑵　話し声に対する乳児の反応

コンドンとサンダー（Condon & Sander, 1974）は，生後１，２日目の乳児に，アイコンタクトがない状態で話しかけ，それに対する乳児の反応を観察した。その結果，乳児は，話し手のリズムに合わせて頭や足を動かすことが示された。無意味な言葉や音では，このような反応はみられなかったことから，乳児は人の話し声に対して敏感に反応しているといえる。

人の顔を見つめたり，話し声に反応することは，他者とのかかわりをもつための基本的な能力であろう。このような反応を示す乳児に対して，わたしたちは愛情や庇護の感情をもち，よりいっそうかかわりをもとうとする。また，わたしたちの働きかけが，さらに乳児の反応を促し，両者の関係はより進んでいく。このように，乳児はすでに社会的な存在であるといえる。

## 2　子どもの社会性の発達に影響を及ぼす要因

ハーロウ（Harlow, 1966）は，誕生直後から1匹だけ完全に隔離された状態で6ヶ月以上飼育されたアカゲザルが，その後，仲間と接触させても交流しようとせず，ほかのサルに対して異常な恐怖を示すことを明らかにした。この実験からもわかるように，社会性の発達には，適切な社会的接触を経験することが重要である。

### (1)　養育者とのかかわり

社会性の発達に対して養育者が果たす機能には，①他者と自分自身に対する信頼感の獲得機能，②モデル機能，③ルールや価値の伝達機能，④社会への媒介者としての機能，の4つがあげられる。

養育者との間に適切な愛着を形成した子どもは，他者に対して信頼感を得るとともに，自分は他者に愛され，影響を及ぼしうる存在であることを実感することができる。また，養育者は，子どもの行動のモデルとなったり，しつけを通してルールや価値を伝える存在でもある。さらに，子どもを公園に連れ出して他児と遊ばせるなど，子どもが他者とかかわるためのコーディネーターとしての役割ももっている。このように，養育者とのかかわりは，子どもの社会性発達の基盤であり，とくに発達初期において重要な役割を果たすといえよう。

### (2)　友達とのかかわり

幼児期になると，幼稚園などで多くの友達と出会い，家族以外の他者とかかわる機会が格段に増加する。また，学校での生活が中心となる児童期・青年期になると，友達とのかかわりはさらに重要なものとなる。対等な他者である友達は，葛藤や競争を経験させてくれる存在であると同時に，遊びを共有し協力することの喜びを教えてくれる存在でもある。小石（2000）は，友達とのかかわりによって獲得される社会性には，①他者の視点の取得，②自己統制する力，③ルールの理解，④コミュニケーション能力，⑤リーダーシップやフォロアーシップなど集団生活において必要な行動，の5つがあるとしている。

### (3) 社会・家族の変化と子どもの社会性の問題

「友達と遊べない」「相手の立場になって考えられない」など，社会性の発達に問題を抱える子どもも少なくない。このような問題の背景には，核家族化やコミュニティの疎遠化といった，家族や社会のあり方の変化がある（鶴・安藤，2007）。また，父親の心理的・物理的不在や虐待が，子どもの社会性の発達を阻害する可能性があることも示されている（George & Main, 1979；尾形，1995）。子どもを支えるマン・パワーが弱まっているいま，子どもの社会的経験の重要性を再確認することが必要であろう。

# Ⅱ　向社会性の発達

向社会性とは，他者へのポジティブな行動傾向や関心などを意味するもので，協調的である，思いやりがある，誠実である，などといったことを含む（橋本，2000）。ここでは，向社会性の一側面である向社会的行動と，向社会的行動に影響を及ぼす共感性の発達について説明する。

## 1　向社会的行動とその発達

向社会的行動（prosocial behavior）とは，「他人あるいは他の人々の集団を助けようとしたり，こうした人々のためになることをしようとする自発的な行為」（Eisenberg & Mussen, 1989）と定義され，その行動を起こす動機が利己的か愛他的かにかかわらず，他者に利益をもたらす自発的な行動全般を指す。

向社会的行動の芽生えは，1歳半から2歳ごろにみられる（伊藤・平林，1997）。これ以前の乳児は，ほかの乳児が泣いていると，自分も混乱して泣き出してしまうが，1歳半を過ぎたころから，泣いている子をなでるといった行動がみられるようになる。また，2歳ごろになると，泣いている子を慰めるために自分の母親を連れてくるなど，さまざまな方法を用いるようになる（アイゼンバーグ，1995）。

幼児期になると，視点取得能力（他者の心理的視点からものごとを捉える能力）の発達に伴って，向社会的行動は増加する。3歳ごろになると，他者の苦痛の原因を理解し，他者の要求に適した方法で援助するようになる。例えば，泣いている子を慰めるのに，自分の母親ではなくその子の母親を連れてくることができる（アイゼンバーグ，1995）。

児童期以降に，向社会的行動がどのように発達するかについては，研究によって結果が異なっている。向社会的行動が直線的に発達すると考えたウォクスラーら（Zahn-Waxler et al., 1983）は，泣いている赤ん坊を抱いた母親が，ミルクを飲ませるためにほ乳瓶を探すのを見たときの子どもの行動について検討した。その結果，4歳児や就学前児よりも，小学1・2年生，小学5・6年生のほうが向社会的行動をとること，また，小学5・6年生は，複数の方法で向社会的行動を行うことが明らかになった。

いっぽう，向社会的行動が曲線的に発達するという研究もある。ミドラスキとハナー（Midlarsky & Hannah, 1985）は，援助行動が小学校中学年ごろまでは増加するが，小学校高学年と中学生のころに減少し，高校生のころに再び増加するとした。また，援助しない理由として，小学1年生は自分の能力の不足をあげるが，中学1年生では援助の受け手への配慮（「相手は援助を望んでいないかもしれない」など）をあげることを明らかにした。日本においても西村・村上・櫻井（2018）によって研究がなされている。西村らは，児童期中期から青年期前期の子どもを対象とした研究において，いったんは減少した向社会的行動が，中学2年生を過ぎると増加傾向に転ずることを示した。そして，これを「向社会的行動の価値を自分なりに再評価した結果，自己の価値観に基づき向社会的行動ができるようになっていく」プロセスの兆しであると述べている。

## 2　共感性とその発達

共感性（empathy）とは,「他者のポジティブ及びネガティブな経験（感情, 欲求, 知覚, 思考, 態度などの心理状態）について, 推測から理解を経て反応へ至る心的傾向及び認知能力」（鈴木ら, 2000）と定義される。共感性には,「他者の視点に立ってものごとを考える」といった認知的側面と,「悲しんでいる他者をかわいそうだと思う」といった感情的側面の両方が含まれる。

今日まで, さまざまな立場から共感性の発達についての説明がなされてきた。精神分析理論の立場では, 早期の母子関係が重視され, 母親との相互交渉のなかで共感性が発達するとされる。また, 社会的学習理論の立場では, 賞罰による強化（その行動の出現頻度を高めること）やモデリング（他者を観察することによって行動が変化すること）によって共感性が発達すると考えられている。

さらに, 認知発達理論の立場では, 年齢的な成熟と環境とのかかわりの相互作用によって, 認知的な発達がなされると考えられている。セルマン（Selman, R. L.）は, 短い例話を子どもに提示し, 登場人物のそれぞれの視点を子どもが理解できるかを調べた。これにより, 共感性の発達にかかわる役割取得（社会的視点取得）の発達段階モデルを示した（**表９－１**）。

また, ホフマン（Hoffman, 1987）は, ４つの発達段階を提唱している（**表９－２**）。第１段階（１歳以前）では, 自己と他者が未分化であるために, 他者の苦痛と自分の苦痛を混同してしまう。また, 第２段階（１歳ごろ）では, 苦痛を感じているのが自分ではなく他者であることは理解できるものの, 他者の思考や欲求が自分のものと同じであると考える傾向にある。第３段階（２～３歳）になると, 認知的な発達に伴い, 他者の感情や思考が自分とは異なったものであると考えられるようになる。そして, 第４段階（児童期後期以降）では, ある状況におかれた不特定の人々に対して共感したり, 他者の一般的な状態に対して共感することが可能になる。

表9－1　セルマンの役割取得（社会的視点取得）の発達段階（伊藤・平林，1997）

| レベル0：自己中心的役割取得（4歳ころ） |
| --- |
| 自己の視点と他者の視点が未分化なので，両者の視点を関連づけることができない。他者の表面的感情は理解するが，自己の感情と混同することも多い。同じ状況でも他の人と自分が違った見方をすることもあるということに気づかない。 |
| レベル1：主観的役割取得（6～8歳ころ） |
| 自己の視点と他者の視点を分化できるが，視点間の関連づけはできない。<br>人々は情報や状況が違えば違った感情や考え方をすることには気づくが，他の人の視点に立てない。 |
| レベル2：自己内省的役割取得（8～10歳ころ） |
| 自他の視点を分化でき，他者の視点に立って自己の思考や感情を内省できる。しかし，双方の視点を相互的に関連づけることは同時にはできず，継時的にのみ可能である。 |
| レベル3：相互的役割取得（13～16歳前後） |
| 自他の視点の両方を考慮する第三者的視点をとれる。そして，両者の視点を同時的・相互的に関連づけることができる。人は同時に，お互いに相手の思考や感情などを考察し合って，相互交渉していることに気づく。 |
| レベル4：質的体系の役割取得（青年期以降） |
| 相互的なだけでなく，より深いレベルで相手を概念化する。人々の視点がネットワークや体系をなすと見なされる。 |
| レベル5：象徴的相互交渉の役割取得 |
| 役割取得は，対人関係や社会的関係を分析する方法と見なされる。他者の主観そのものは体験できないが，同じようなしかたで推論することで，互いに理解し合えると考える。 |

表9－2　ホフマンの共感性の発達（伊藤・平林，1997）

①**全体的共感**：自己と他者を区別できるようになる以前に，他者の苦痛を目撃することで共感的苦痛を経験する。他者の苦痛の手がかりと自分に喚起された不快な感情とを混同して，他者に起こったことを自分自身に起こっているかのようにふるまう（例：他の子どもがころんで泣くのを見て自分も泣きそうになる）。

②**自己中心的共感**：自己と他者がある程度区別できるようになり，苦痛を感じている人が自分ではなく他者であることに気づいているが，他者の内的状態を自分自身と同じであると仮定する（例：泣いている友だちをなぐさめるために，その子の母親ではなく，自分の母親を連れてくる）。

③**他者の感情への共感**：役割取得能力が発達するにつれて，他者の感情は自分自身の感情とは異なり，その人自身の要求や解釈に基づいていることに気づく。言語獲得に伴い，他者の感情状態を示す手がかりにますます敏感になり，ついには他者が目の前にいなくてもその人の苦痛に関する情報によって共感する。

④**他者の人生への共感**：児童期後期までに，自己と他者は異なった歴史とアイデンティティをもち，現在の状況のみならず人生経験に対しても喜びや苦しみを感じることを理解して共感する。社会的概念を形成する能力を獲得すると，さまざまな集団や階層の人々に対しても共感するようになる。

Column コラム

## 自律的な向社会的行動

私たちが向社会的な行動をとる時，それを自律的に行う場合もあれば，そうでない場合もある。例えば，困っている友達を助ける際，自分にとってその子が大切な存在だから援助するという場合もあれば，親や教師からほめられたくて援助する場合もあるだろう。いずれも向社会的に行動しているという点では一致しているが，その意味は大きく異なっている。それでは，前者のような自律的な向社会的行動を伸ばしていくために，親や教師はどのようなことができるだろうか。

山本ら（2021）は，小学4年生から中学3年生を対象とし，自律的な向社会的行動と学級の社会的目標構造との関連を検討した。学級の社会的目標構造とは，学級においてどのような目標が強調されているかについての子どもの認知のことである（例えば，「このクラスでは友達を思いやることが大事にされている」「このクラスではルールを守ることができないのはよくないこととされている」など）。

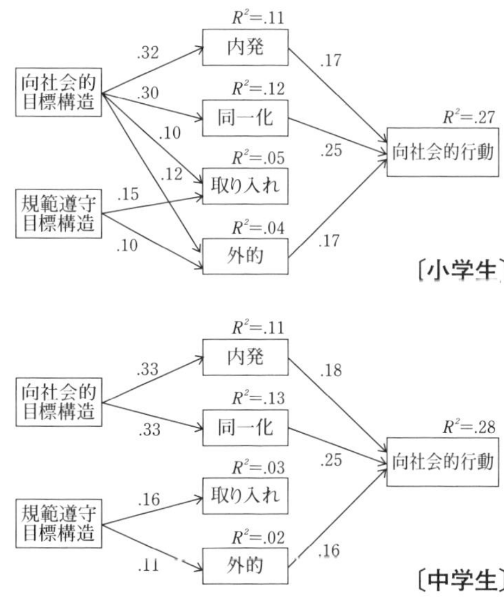


図のように，小学生と中学生の双方において，学級の規範遵守目標構造は，外的な動機づけを媒介して向社会的行動に至っている。子どもが「自分のクラスではルールや秩序を守ることを大事にしている」と認知することは，外的な報酬や罰・他者からの働きかけに基づく向社会的行動と関連していることがわかる。ルールや秩序を強調する教師の指導は，自律的ではない向社会的行動とつながっていくといえる。

一方，子どもが「自分のクラスでは思いやりや助け合いが大切にされている」と認知している場合（向社会的目標構造の場合）はどうだろうか。小学生と中学生の双方において，学級の向社会的目標構造は，内発・同一化的動機づけを媒介して向社会的行動に至っている。向社会的目標構造によって，向社会的行動の価値が内在化され，自己決定に基づく向社会的行動がなされているといえる。すなわち，自律的な向社会的行動を促進するうえでは，思いやりや互恵性に関する目標を強調する教師の指導が重要であるといえる。

ただし，小学生の場合は，向社会的目標構造は外的な動機づけを媒介しても向社会的行動へと至っている。小学生においては，向社会的目標の内在化の途中にあり，そのため，自律的であると同時に他律性を残して向社会的行動が生じているといえる。

# Ⅲ 道徳性の発達

道徳性（morality）は，広い分野から研究される概念であり，その定義は実にさまざまである。ここでは，道徳性を「行為の選択が善悪の判断に基づいて行われるとき，その行為の質が道徳性と呼ばれる」（『心理学事典』平凡社）と捉え，その発達について説明する。

## 1 規則に対する認識の発達

ピアジェ（1954）は，子どもの規則に対する認識についての３つの発達段階を提唱し，規則の認知が，拘束的なものから協同的なものへ，他律的なものから自律的なものへと発達するとした。

《第１段階》規則が子ども個人にとって強制的でない段階（～３歳）

《第２段階》規則は大人が決めたものであり，神聖なものであるから修正できないと考える段階（４～９歳）

《第３段階》規則は参加者の同意に基づくひとつの法律のようなものであり，その規則への尊敬が必要であるが，みんなの同意によっては修正も可能であると考える段階（10歳〜）

２・３歳の子どもは，規則の認識の芽生えはあるものの，それは義務や拘束としての意味をもっていない。４歳ごろになると，規則は絶対的なものとなり，子どもは示された規則どおりにふるまおうとする。しかし，10歳を過ぎると，規則はみんなの同意によって形成されるものであるという認識ができるようになる。つまり，発達するにしたがって，規則は拘束的で他律的なものから，協同的で自律的なものへと変化していくのである。

## 2　道徳判断の発達

ピアジェは，以下のような例話を用いて子どもの善悪の判断の発達について検討し，10歳以前の子どもは，善悪を「行為の結果」によって判断するが，10歳以降になると「行為の動機」によって判断するとした。

A. ジャンは，食事に呼ばれたので食堂へ入っていきます。食堂の扉の後ろに椅子があり，椅子には15個のコップがのったトレイが置かれていました。ジャンは扉の後ろにトレイがあるとは知らないで扉をあけたので，コップは15個ともみんなこわれてしまいました。（要旨）

B. アンリは，お母さんの留守に戸棚のなかのジャムを食べようとしました。椅子にのぼって腕を伸ばしましたが，高すぎてジャムまで手が届きません。無理に取ろうとしたので，そばにあった１つのコップが落ちて割れました。（要旨）

「コップをたくさん割ったから，ジャンが悪い」など，物理的な結果から判断する捉え方を客観的責任概念といい，「お母さんの留守中にジャムを取ろうとしたから，アンリが悪い」など，動機から判断する捉え方を主観的責任概念という。10歳以降になると客観的責任概念は減少し，主観的責任概念が増加する。

また，コールバーグ（Kohlberg, L.）は，以下のような「ハインツのジレン

表9－3　道徳判断の発達段階（コールバーグ，1987）

| 水準 | 道徳判断の基礎 | 発　達　段　階 |
|---|---|---|
| 1 | 道徳的価値は人や規範にあるのでなく，外的，準物理的な出来事や悪い行為,準物理的な欲求にある。 | **段階1**<br>〈服従と罰への志向〉(obedience and punishment orientation) 優越した権力や威信への自己中心的な服従，または面倒なことをさける傾向。客観的責任。<br>**段階2**<br>〈素朴な自己中心的志向〉(naively egoistic orientation) 自分の欲求，時には他者の欲求を道具的に満たすことが正しい行為である。行為者の欲求や視点によって価値は相対的であることに気づいている。素朴な人類平等主義 (naive egalitarianism) および交換と相互性への志向 (orientation to exchange and reciprocity)。 |
| 2 | 道徳的価値はよいあるいは正しい役割を遂行すること，慣習的 (conventional) な秩序や他者からの期待を維持することにある。 | **段階3**<br>〈よい子志向〉(good-boy orientation) 他者から是認されることや，他者を喜ばせたり助けることへの志向。大多数がもつステレオタイプのイメージあるいは当然な (natural) 役割行動への同調。意図による判断。<br>**段階4**<br>〈権威と社会秩序の維持への志向〉(authority and social order maintaining orientation)「義務を果たし」，権威への尊敬を示し，既存の社会秩序をそのもの自体のために維持することへの志向。当然な報酬としてもたれる他者の期待の尊重。 |
| 3 | 道徳的価値は，共有された (shared) あるいは共有される (shareable) 規範，権利，義務に自己が従うこと (conformity) にある。 | **段階5**<br>〈契約的遵法的志向〉(contractual legalistic orientation) 一致のために作られた規則や期待がもつ恣意的要素やその出発点を認識している。義務は契約，あるいは他者の意志や権利の冒瀆を全般的に避ける事，大多数の意志と幸福に関して定義される。<br>**段階6**<br>〈良心または原理への志向〉(conscience or principle orientation) 現実的に定められた社会的な規則だけでなく，論理的な普遍性 (logical universality) と一貫性に訴える選択の原理に志向する。方向づけをなすものとしての良心，および相互的な尊敬と信頼への志向。 |

マ」などのモラル・ジレンマ課題に対する反応をもとに，３水準６段階からなる発達段階を提唱した（**表９－３**）。

> ハインツの妻はガンのため死に瀕していた。命を救う薬はあるが，その薬は製造するための費用の10倍もの値段が薬屋によってつけられていた。ハインツは妻の命を救うため必死で知人からお金を借りたが，薬の値段の半分しか集まらない。ハインツは薬屋にわけを話して，値引きをしてもらうか，後払いにしてもらえないかと頼む。しかし，薬屋は「金もうけをしたいからダメだ」とハインツの頼みを断る。思いつめたハインツは薬屋に泥棒に入る。
> ハインツは盗みをすべきであったか。また，なぜそう思うか？（要旨）

アイゼンバーグは，ジレンマ場面において向社会的行動を行うか否かの判断とその理由を分析し，**表９－４**のような６つのレベルからなる向社会的な道徳判断の発達段階説を唱えた。おおむねレベルⅠからレベルⅤへと，順番に発達していくことが見いだされている。

## 3　子どもの道徳性の実態と道徳性教育

近年，人の物を盗むといった不適切な行為を，「その人の自由でよい」「悪いことではない」と考える中学生の増加など，青少年の規範意識の希薄化が指摘されている。このようななか，子どもの道徳性教育のためのさまざまなプログラムが開発されている。例えば，渡辺（2000）は，インタビューやロール・プレイを通して，自分の気持ちや考えを他者に話したり，相手の話を聴いたりすることが，視点取得能力を向上させることを明らかにしている。今後は，道徳教育のあり方についてのさらなる研究や，プログラムの開発が期待される。

表９－４　アイゼンバーグの向社会的な道徳判断の発達（宗方・二宮，1985）

| |
|---|
| レベルⅠ：“快楽主義的・実際的”志向<br>道徳的な配慮よりもむしろ利己的，実際的な結果に関心をもっている。<br>“良い”行動とは，行為者自身の欲求や要求を満たすのに役立つ行動である。他者を助けるあるいは助けない理由は，自己への直接的な利益，将来の互恵性および好きな人あるいは必要な人への気づかいといった考慮である。 |
| レベルⅡ：“他者の要求”志向<br>たとえ他者の要求が自分の要求と相容れなくても，他者の身体的，物質的，心理的要求に関心をよせる。この関心は，役割取得とか同情の言語的表明，罪悪感のような内面化された感情への言及といった明確なものではなく，ごく単純なことばで表現される。 |
| レベルⅢ：“承認および対人的”志向ならびに“紋切り型”志向<br>良い人・悪い人あるいは良い行動・悪い行動の紋切り型のイメージ，他者の承認や受容といった考慮が，プロソーシャルに行動するかしないかということの理由に用いられる。 |
| レベルⅣａ：“共感的”志向<br>判断は，同情的な応答，役割取得，他者の人間性への気づかいといったものを含んでいる。あるいはまた，行為の結果に関連した罪悪感とかポジティブな感情を含んでいる。 |
| レベルⅣｂ：移行段階<br>助けるあるいは助けないの理由の根拠は，内在化された価値，基準，義務および責任性を含んだものであり，他者の権利や尊厳を守ることの必要性に言及する。しかし，これらは明確には述べられない。 |
| レベルⅤ：強く内在化された段階<br>助けるあるいは助けないの理由の根拠は，内在化された価値，基準や責任性に基づいており，個人と社会の契約上の義務を維持しようとする願望およびすべての人の尊厳，権利，平等についての信念に基づいている。自分自身の価値や受容した基準に従って生きることによる自尊心の維持に関連したポジティブあるいはネガティブな感情も，この段階を特徴づけている。 |

# Ⅳ　コミュニケーションの発達

## 1　言葉以前のコミュニケーション

音や指差しによる言葉以前のコミュニケーションは，生後まもなくから行われる。乳児は，「おなかが減った」などの不快感を表すために，「泣く」という声によってコミュニケーションをとる。生後６～８週間ごろになると，クーイング（cooing）と呼ばれる「アー」などの声を出す。クーイングは，機嫌のよいときによくみられ，「泣く」とは明確に区別される。生後６ヶ月ごろになると，

「バババ」「マママ」などの喃語（babblig）がみられるようになる。喃語は，他者がそばにいると発声する頻度が高まることから，コミュニケーションの機能をもっていると考えられる。喃語は，レパートリーが増えたり音節が長くなるなど，徐々に言語音へと近づいていく。これらの音は，「言語」ではない。しかし，「アー」「バババ」などの発声であっても，要求や感情表出によって微妙に音調が異なっており，言語に近い機能を果たしていると考えられる。

## 2　三項関係の成立

三項関係とは，１歳ごろに成立する，「私—あなた—もの・こと」の関係である。１歳以前の乳児が母親と一緒にいるときに，おもちゃを指差しているとしよう。しかし，乳児はおもちゃを取ってほしいわけではない。「母親（あなた)」と「おもちゃ（もの・こと)」を見ているだけで満足なのである。これは共同注視行動と呼ばれ，「私—あなた」と「私—もの・こと」という，２つの二項関係が形成されていることを示す。そして，この２つの二項関係が結合し，「私—あなた—もの・こと」という三項関係が成立する。

三項関係が成立すると，人を介してものごととかかわったり，ものごとを介して人とかかわったりすることが可能になる。この三項関係は，最初は「いま，目の前にいるあなた」との間にのみ形成されるが，徐々に時間的･空間的制限を超えても成立するようになる。つまり，相手が目の前にいなくても，また，いまのことがらでなくても，他者とコミュニケーションがとれるようになる。すなわち，三項関係は，象徴機能としての「言葉」を用いるための重要なステップであるといえる。

## 3　言葉を用いたコミュニケーション

1歳ごろになると，子どもは一語文を話せるようになる。「ママ」「ワンワン」などの一語文は，そのもの自体を表す場合もあるが，それ以外の意味も含まれる。例えば，「ワンワン」は「ワンワンがいた」という叙述的意味かもしれないし，「ワンワン，こっち向いて」という呼びかけかもしれない。また，イヌだけではなく「動物」全般を表すために「ワンワン」という言葉が使用される場合もある。2歳ごろには，「ママ，ごはん」などの二語文が使えるようになる。語彙は徐々に増加していき，3歳を過ぎると，「の」「が」「に」「と」などの助詞や，「それから」「それで」などの接続詞が使えるようになる。語彙の発達には，大人や仲間とのコミュニケーションが大きな影響を及ぼす。大人の言葉を模倣したり，他者から間違いを訂正されたりすることを通して，子どもは正しい語彙や文法を獲得していくのである。

## 4　コミュニケーション能力の高まり

おもちゃで遊びたいのに，友達がそれを使っている場面を考えてみよう。セルマンとヤーツ（Selman & Yeats, 1987）は，このような対人的葛藤場面で，他者と交渉する能力の発達段階を提唱している（**表9－5**）。セルマンによれば，対人葛藤場面に遭遇したとき，他者を変える方法と自分を変える方法の2つがある。レベル0にある子どもは，むりやり友達からおもちゃを奪う（他者を変える）か，泣いてしまう（自分を変える）。しかし，発達レベルが上がると，一方的に自分の欲求を通そうとして他者と衝突したり，自分の欲求を押し殺して他者に従うのではなく，双方が納得するような交渉ができるようになる。

このように，他者とよりよいコミュニケーションをとるためには，さまざまな能力やスキルが必要である。他者と交渉する能力のほか，自分を適切に表現したり，他者に頼みごとをするといった能力やスキルも重要であろう。子どもたちは，大人や仲間たちのなかでさまざまな経験をしながら，これらの能力やスキルを発達させるのである。

表9－5　セルマンの交渉能力の発達段階（山岸，1995）

| | 他者を変える志向 | 社会的視点取得能力 | 自分を変える志向 |
|---|---|---|---|
| 0 | 自分の目標を得るために非反省的・衝動的に力を使う<br>喧嘩・暴力的にとる<br>たたく | 未分化・自己中心的 | 自分を守るために非反省的・衝動的に引きこもるか従う<br>泣く・逃げる・隠れる<br>無視する |
| 1 | 一方的に命令して他者をコントロールする<br>命令・脅す・主張する | 分化・主観的 | 自分の意志をもつことなく他者の希望に従う<br>従う・あきらめる・<br>助けを待つ |
| 2 | 他者の気持を変えるため心理的影響力を意識的に使う<br>促してさせる・賄賂・<br>物々交換・始めにやる理由を言う | 自己内省的・相互的<br>（reciprocal） | 相手の希望に心理的に従って，自分の希望は二番目に価値づける<br>調節・物々交換・二番目にやる・理由を尋ねる |
| 3 | 第三者的・相互的（mutual）<br>相互的な目標を追求し自他の両方の欲求を協力的に変えるために，自己内省と共有された内省の両方を使う<br>相互の欲求と関係に関して葛藤を解く・協力する | | |

## 読書案内

**○井上健治・久保ゆかり（編）1997『子どもの社会的発達』東京大学出版会**

教育（発達）心理学や，教育に携わる学問を学ぶ人には必読の書である。社会的発達研究者の入門書としても役立つ。

**○堀野　緑・濱口佳和・宮下一博（編著）2000『子どものパーソナリティと社会性の発達　測定尺度つき』北大路書房**

乳幼児期から青年期までの子どもの社会性の発達について，わかりやすく説明されている。社会性や発達を測定する尺度が紹介されている。

**○二宮克美・繁多　進（執筆代表）1995『たくましい社会性を育てる』有斐閣**

「ダイナミックでたくましい社会性を育成する」という観点から書かれた本。臨床的立場など，多方向からのアプローチがなされている。

## 演習問題

A群の問いに対する解答を，B群から1つ選びなさい。

［A群］

1 「個人が自己を確立しつつ, 人間社会のなかで適応的に生きていくうえで必要な諸特性」と定義され，狭義には対人関係能力と同様のものとして捉えられる概念を何というか。

2 困っている人を援助したり，助けたりする行動を何というか。

3 他者の視点に立ってものごとを考えたり，他者の感情を自分のことのように感じる特性を何というか。

4 全体的共感から他者の人生への共感へといたる，4つの共感の発達段階を提唱したのは誰か。

5 子どもの規則に対する認識は3つの段階に分かれており，最終的には，規則は参加者の同意に基づくものであるという認識にいたるとする説を提唱したのは誰か。

6 物理的な結果からものごとのよしあしを判断する捉え方を何というか。

7 行為を行った動機からものごとのよしあしを判断する捉え方を何というか。

8 モラル・ジレンマ課題から，道徳性の6つの発達段階を提唱したのは誰か。

9 生後6～8週間ごろの乳児が，機嫌のよいときに発する声を何というか。

10 1歳ごろに成立する,「私—あなた—もの・こと」の関係を何というか。

［B群］

向社会的行動，社会性，社会化，共感性，道徳性，客観的責任概念，主観的責任概念，三項関係，喃語，クーイング，セルマン，ハーロウ，ピアジェ，コールバーグ，ホフマン

# 第10章

# 性の発達

「性の発達」というテーマについての講義は，あまり人気がありません。「保健体育みたい」「恥ずかしい」「つまらない」，そんな感想がよく出ます。しかし，「性」は生物の基本的な欲求とかかわりが深く，人間にはきわめてプライベートな事象なのです。そして，性を語ることは，個人の価値観や人々のイデオロギーとも結びついてきます。なかには，純真な子どもと性のようなものを結びつけることに違和感を覚える，という人もいます。むずかしい「性」の問題を扱うこの章では，第1節は，「性」という事象をどう捉えるかについての概論，第2節は，セックス，ジェンダー，セクシュアリティという3つの観点からの「性の発達」，第3節では，「子どもの性の発達」にどうかかわるかについて論じます。

# Ⅰ 「性」をどう捉えるか

## 1 「性」にかかわる概念

「性」という概念は，広範な内容を含んでいる。ある和英辞典には「セックス・ジェンダー」というコラムがあり，〈性・性別〉〈性行動〉〈生殖・出産〉〈性をめぐる病気〉〈避妊方法・用具・薬・関連法〉〈性産業〉〈性をめぐる運動・主義・思想・研究〉という7領域の語句が掲載されている（近藤・高野，2002）。

性に関する用語について，上野（2008）は，セックス（sex）は，身体的性別，性行動など，性の生物・生理学的側面を指すが，セクシュアリティ（sexuality）は，性自認（gender identity），性役割（gender role），性的指向（sexual orientation），性的嗜好（sexual preference）など，心理・社会的側面も含む幅広い概念であると述べている。性役割（ジェンダー・ロール）は，ある特定の文化や社会のなかで共有されている，性別に基づいて期待される態度や行動パターンのことである。性自認（ジェンダー・アイデンティティ）は，自分を男とみるか女とみるかという，性についての自己認識を指す。しかし，「アイデンティティ」という言葉を強調するならば，幼少期からの性自認を基礎とし，社会の性役割期待と自己の性役割観の折り合いをつけ，性別をもった自分のあるべき姿を見いだし，肯定した状態を伴う自己確信といえよう。性的指向（セクシュアル・オリエンテーション）は，異性愛を指向するか，同性愛を指向するか，それ以外か，ということである。

## 2 「性」のもつ否定的側面

発達期の青少年が身体的な性成熟を経験すること，大人が性行動を行うことは，ごく一般的な現象であるにもかかわらず，性には否定的なイメージがついて回る。中学生にとっての「性」「セックス」という言葉のイメージは，「きれい—きたない」でみると，男子28.2％—63.5％，女子23.9％—67.6％となり（日本性教育協会，2007），きれいなイメージではない。

中学生が不快だと思う性にまつわる経験の上位10項目（**表10－1**）をみると，自分の身体の変化や他者との比較という,「性」そのものに関連する経験よりも，他者から何か言われたり他者から介入されたりする経験，いわば「性」に関する2次的な経験が不快に感じられていることが示されている。思春期の性は繊細かつ敏感であり，親をはじめとする他者の言動や視線は，不快なものとして経験されやすい。

表10－1　中学生が不快だと思う性にまつわる経験の上位10項目
（松下，2002をもとに一部改変して作成）

男子

| | |
|---|---|
| 1 | 学校での着替えや，旅行先の風呂で，性器を人に見られるかもしれないこと |
| 2 | 親に，自分の異性関係について，口出しされること |
| 3 | トイレなどで，人から性器をのぞかれたり，比べられたりすること |
| 4 | 「男だから……」という内容のことを，人から言われること |
| 5 | 親に，自分のはだかを見られること |
| 6 | 性器が大人っぽく変わったのを，親に知られること |
| 7 | 自分の性器の大きさや形について，人から何かを言われたり，からかわれたりすること |
| 8 | 性器について，親から何か言われること |
| 9 | 男だからという理由で，仕事をさせられること |
| 10 | 自分に性欲があるということを，親に知られること |

女子

| | |
|---|---|
| 1 | 女だからという理由で，仕事をさせられること |
| 2 | 「女だから……」という内容のことを，人から言われること |
| 3 | 「女の子なんだから，女の子らしくしなさい」という内容のことを親に言われること |
| 4 | 親から，自分の体の変化について口に出されること |
| 5 | 親や先生から，「女の子なんだから，～をちゃんとしなさい」などと言われること |
| 6 | 自分の胸の大きさや形について，人から何か言われたり，からかわれたりすること |
| 7 | 親に，自分のはだかを見られること |
| 8 | わき毛などを気にしなければならないこと |
| 9 | 見た目の女らしさだけで，人のよしあしを言う人がいること |
| 10 | 生理のせいで，下着やシーツを汚すかもしれないこと |

## 3 性教育の範囲と内容

性の主体者たるには，性の源となる「いのち」，性の土台となる「からだ」の事実について正しく学ぶことが不可欠である（村瀬，2008）。そのために，「性教育」がある。性教育には，大きく2種類の潮流がある。節制教育は，望まない妊娠や，HIVその他の性感染症を予防する唯一の方法として，性的節制を守ることを教える。いっぽう，包括的性教育では，性的節制に加えて，性的活動を行う際に用いる有効な避妊法についても教えるという違いがある（森脇，2008）。年齢を考慮した性教育の全体像の試案（**表10－2**）からは，性に含まれる内容と性の発達がどのように考えられているかを読み取ることができる。

# Ⅱ 「性」の発達

## 1 セックス――身体的概念としての性

### (1) 男性と女性の体の違い

#### ①胎児期：性の分化とホルモン

ヒトの性分化の過程は，およそ以下の4つの段階に分けられる（新井，2005；山内・新井，2001）。

遺伝的な性：受精時に決まる性染色体の性である。ヒトの染色体数46は，44個（22対）の常染色体と2個の性染色体からなる。大きいほうがX染色体，小さいほうがY染色体である。卵子はX染色体しか持たないので，同じX染色体を持った精子と受精すればXXとなり女性，違うY染色体を持った精子と受精すればXYとなり男性になる。

表10－2　性教育の全体像とその順次性の試案（村瀬，2008）

| | A〈体の発達・健康に関すること〉 | B〈心の発達に関すること〉 | C〈家庭や人間関係に関すること〉 | D〈社会的な面に関すること〉 |
|---|---|---|---|---|
| 保・幼（家庭） | 体のはたらき・感覚<br>体のすばらしさ<br>やさしく扱う<br>体の清潔 | 出生・出産への興味<br>どこからきたの？<br>性器（排尿器）のちがいへの興味<br>自分とひと（他人）のちがい | 自己肯定的な育ち<br>（タッチ・ハグ・コミュニケーション）<br>安心できる関係—愛情 | 地域と子ども<br>子どもを守り育てる地域のしくみ<br>性被害の防止<br>（被害を受けたらどうするか） |
| 小1～3 | 体の主な部分のはたらきと名称—たくみさ，大切さ<br><br>男女の体の共通したところ<br>男女の体のちがったところ<br><br>清潔，マナー，排泄器・性器の保護（柔らかく，傷つきやすい） | 自分のからだを守る，ひとを大切にする<br>（プライベートなところの扱い方）<br><br>異性への関心，いたずら，対立<br>加害，被害について | いのちのつながり，親と自分のつながり<br>家庭の役割，協力<br><br>出生，出産を学ぶ（生まれる，という観点から） | 地域の様子，環境<br>性被害の防止と対応<br><br>地域のどこになにがあるか<br>子どもはどうやって守られているか |
| 小4～6 | 男女の体の機能のちがい<br>月経<br>生殖（受精・妊娠・出産）のはたらき<br>二次性徴，精通（射精）<br>（性器・個人差） | 性別意識の自覚（～らしさ）<br>性に関する不安（発達に関する），悩み，性的欲求，あこがれ | さまざまな家庭の存在（共働き，単親，その他）<br><br>愛や性への関心と自立への希求…思春期 | 携帯，メール，インターネットのひろがりと性問題 |
| 中 | 思春期のからだの変化（個人差）<br>生殖能力の発現<br>性の自己認識・イメージ<br><br>マスターベーション<br>性に関する病（STI・エイズ）<br>性的指向（性的マイノリティ，多様性） | こころの変化，悩み（思春期の認識を深める）<br>〔コンプレックス，ひととの比較，自立と依存（反抗），恋愛の感情，ジェンダーについての偏見など〕<br><br>性行動のコントロールの必要性と可能性<br>相手の人生，健康への思いやり，責任（“社会化”の視点）<br>選択としてのNO-SEX | 性的主体性，自己主張（プライバシーを侵害しない，させない）<br><br>相手の不安，悩みをどこまで受けとめられるか<br>（月経困難症，子宮内膜症，男子の性…） | 性とメディア（情報選択）<br><br>性と犯罪，性と法律<br>エイズと社会 |
| 高 | 避妊，中絶，性的行為の自制<br>リプロダクティブヘルス，不妊の可能性<br>STI，エイズの予防，対応 | 対等性，相互性など関係性について<br>性的欲求とはなにか | 問題解決のために<br>｛交渉する力<br>…対相手，対社会<br>交渉する方法<br>…ネゴシエーションスキル<br><br>親になるとは（育てるとは）<br>結婚・家族の形成<br>生き方の多様性 | メディアリテラシー（デートDV）<br>性と芸術，文学，性と社会（エイズなど）<br>売買春について（性産業，商品化…）<br>性の多様性と人権<br>リプリロダクティブヘルスサービスはどうなっているか（どこになにがあるか）<br>セクシャルハラスメント，性犯罪 |

生殖腺の性：精巣ができて男性（精子の生産者）となるか，卵巣ができて女性（卵子の生産者）となるかである。体全体の分化に伴い，胎生５週くらいまでに，生殖腺原基も形づくられてくる。その後，胎生７週くらいから，精巣の分化が始まる。卵巣の分化は，胎生８週くらいから始まる。

身体的な性：生殖腺の性が決定した後には，内部生殖器の性分化が起こる。内部生殖器の原基は，ウォルフ管とミュラー管という２対の管である。内部生殖器の男性化は，精巣がテストステロンと抗ミュラー管ホルモンを分泌させることでウォルフ管が発達し，ミュラー管が退化するためである。女性では，精巣からの２種類のホルモンが分泌されないために，ウォルフ管が発達せず，ミュラー管が発達し，女性生殖器が形成される。

脳の性：脳には機能的，形態的な性差があり，内分泌機能にも性差がある。アンドロゲン分泌の過剰により，女児が，男児の好きそうなおもちゃを好むようになったり，男児が描くような絵を描くようになったりした事例が知られている。心理的な性差は，後天的な社会環境の影響が大きいと考えられるが，出生前の段階での脳の性差に規定されている行動もあると考えられている。

**②乳幼児期：１次性徴**

性によって異なる身体的な特徴を性徴と呼び，１次性徴と２次性徴がある（保志，1997）。１次性徴は，内部生殖器および外部生殖器の差異である。

**③思春期：２次性徴，初経と精通**

２次性徴は，思春期になって出現してくる男女の身体的差異である。男性―女性のそれぞれの特徴は，〈ひげなどの濃い体毛のある―なし〉〈顕著な声変わりのある―なし〉〈乳房の顕著な発達のある―なし〉〈肩幅のサイズの増大―骨盤および臀部の発達〉〈筋肉質の体型―皮下脂肪の沈着した丸みを帯びた体型〉などである。射精や初経は，１次性徴である構造上の差異に基づき，生殖機能が発現しただけであるが，２次性徴に含めて述べることが多い。２次性徴の生じる思春期は，体が大人に変化して，子どもが男・女になる時期，男女の違いが明確になる時期である。

また，思春期の性的成熟は，以前に比べて早まっていることが指摘されている。日本では，大阪大学が全国的な初経データを集積しており，1961年から2005年までの約40年間で，初経年齢が１歳早くなっていることを明らかにし（日野林ら，2006），2011年の調査結果から初経年齢12歳２．３ヶ月と報告している（日野林ら，2013）。性的な成熟が，新たな世代において低年齢化していく現象は，発達加速現象のなかでも，とくに成熟前傾現象と呼ばれる。

#### ⑵　性的成熟の発現に対する態度と性受容

性の成熟の順序性は，２次性徴の発達異常の判定基準（中村，1984）を援用して考えることができる。男子においては，①ペニスと陰嚢の発育→②陰毛の発生→③声変わり，女子においては，①乳房の発育増大→②陰毛の発生→③月経ということになる。男子の射精の時期は，変声期と同様，特定しがたいところもあるが，声変わりの時期の後が多いのではないかと推察される。身長の思春期スパートは，男女とも，ピークの１年間を前後に挟んで３年間程度と考えれば，男女とも①～③の時期にほぼ重なっているであろう。陰毛，変声，乳房の増大，精通，月経の発現率は，**図10－１**から**図10－４**のとおりである。

性成熟の受容については，**表10－３**からみても，男子より女子のほうに否定的反応が多いといえる。さらに，生まれ変わるとしたらどちらの性を希望するか，という質問への回答（**図10－５**）をみても，女子は，再度同じ性に生まれたいという希望が，男子より少ない。

#### ⑶　体の発育の早熟・晩熟

思春期の発達は個人差が大きいため，同年齢であっても，相対的に成熟の早い者と遅い者がいる。山本（2006）は，女子中学生を，初経の時期で早熟，中間，晩熟群に分けて，自分の外見についての自己評価を比較した。その結果，晩熟群が，早熟群，中間群よりも肯定的な自己評価をしていることが示された。また上長（2008）は，早熟な女子は自分の体重をより重いと評価し，そのため身体満足度が低下し，学校適応も低下すること，早熟な男子は自分の身長を高いと評価し，そのため身体満足度が高くなり学校適応も上昇することを報告している。これらの報告は，逸脱仮説（Brooks-Gunn, Petersen & Eichorn, 1985）で説明できる。逸脱仮説では，早熟者も晩熟者も，成熟の時期がオンタイム（平均的である，みんなと同じ）ではなく，オフタイム（平均からずれている，みんなと違う）であるという点では，少数者の部類に入ると考える。しかも，一般的に，女子は男子に比べて約2年発達が早い。したがって，女子の早熟者と男子の晩熟者が，成熟の時期が早い遅いの両極端となり，同年齢集団から最もずれている少数者ということになる。異端であることが，不満や適応の低さにつながるのだと考えられる。

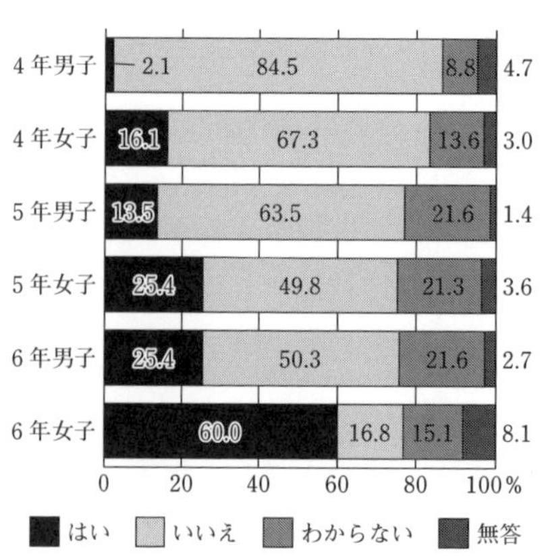


図10－1　発毛の経験率（男女）

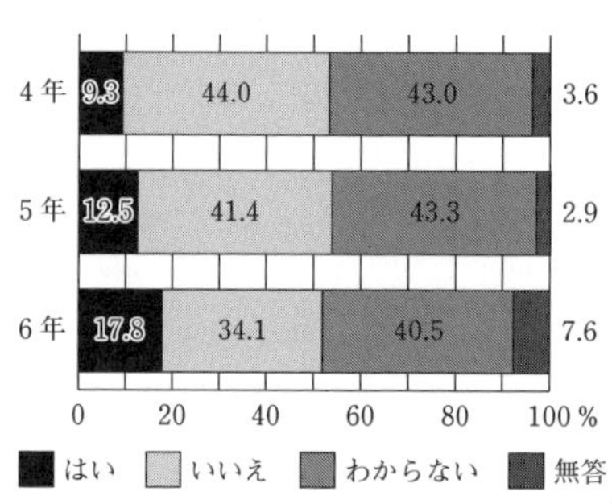


図10－2　変声の経験率（男子）

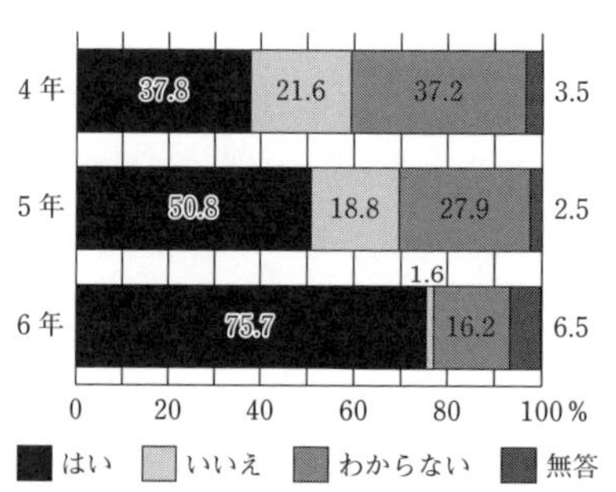


図10－3　乳房の発達の経験率（女子）

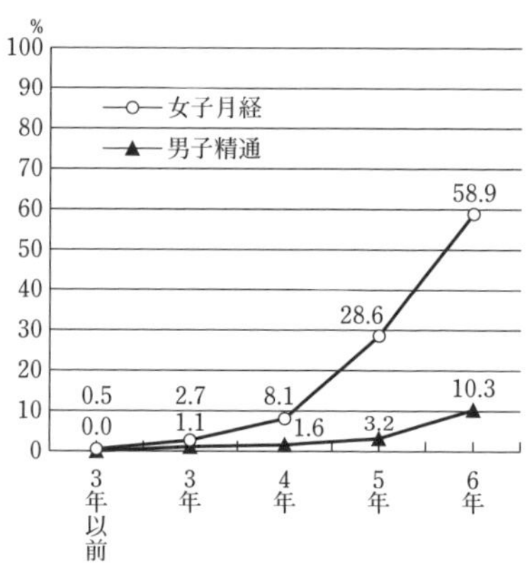


図10－4　月経と精通の累積経験率（6年生累計）

（図10－1から図10－4は，都性研，2002を一部改変）

表10－3　身体発育の発現に対する受容感（男子／女子）（上長，2006を一部改変）

| 男子 | とても<br>うれしかった<br>人数（%） | 少し<br>うれしかった<br>人数（%） | どちらでもない<br>人数（%） | 少し<br>いやだった<br>人数（%） | とても<br>いやだった<br>人数（%） |
|---|---|---|---|---|---|
| 急激な身長の伸び | 91（31.4%） | 101（34.8%） | 90（31.0%） | 2（ 0.7%） | 6（ 2.1%） |
| 声変わり | 12（ 4.3%） | 20（ 7.2%） | 226（80.4%） | 17（ 6.0%） | 6（ 2.1%） |
| 発　毛 | 8（ 2.9%） | 8（ 2.9%） | 224（82.1%） | 25（ 9.2%） | 8（ 2.9%） |
| 筋肉がついてきた | 55（20.2%） | 79（28.7%） | 134（48.7%） | 6（ 2.2%） | 1（ 0.4%） |
| 精　通 | 9（ 8.2%） | 0（ 0.0%） | 87（79.1%） | 11（10.0%） | 3（ 2.7%） |

| 女子 | とても<br>うれしかった<br>人数（%） | 少し<br>うれしかった<br>人数（%） | どちらでもない<br>人数（%） | 少し<br>いやだった<br>人数（%） | とても<br>いやだった<br>人数（%） |
|---|---|---|---|---|---|
| 急激な身長の伸び | 99（34.5%） | 87（30.3%） | 77（26.8%） | 12（ 4.2%） | 12（ 4.2%） |
| 胸のふくらみ | 6（ 2.0%） | 29（ 9.8%） | 209（70.6%） | 37（12.5%） | 15（ 5.1%） |
| 発　毛 | 0（ 0.0%） | 2（ 0.7%） | 144（52.9%） | 72（26.5%） | 54（19.9%） |
| 皮下脂肪がついてきた | 0（ 0.0%） | 1（ 0.5%） | 62（31.6%） | 71（36.3%） | 62（31.6%） |
| 初　潮 | 3（ 1.1%） | 17（ 6.4%） | 134（50.2%） | 59（22.1%） | 54（20.2%） |

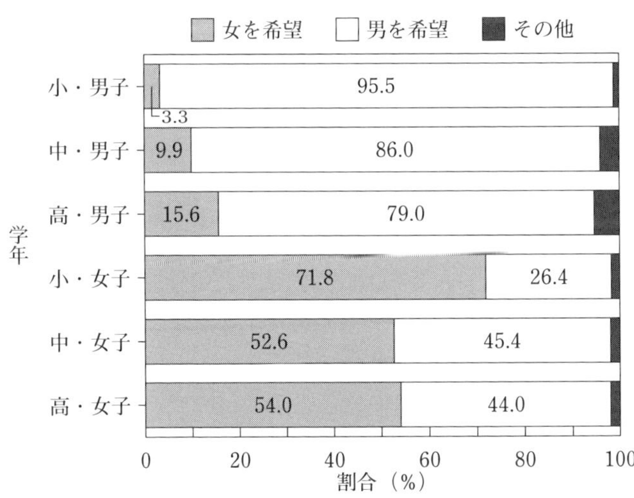


図10－5　もし生まれ変わるとしたら，女／男のどちらを希望するか
（いしかわ女性基金・金沢大学留学生センター，2002）

## 2 ジェンダー──社会的概念としての性

### (1) ジェンダーに関連する概念

セックス（生物学的性，natureによる性）とは，遺伝学的･解剖学的･生理学的・生物学的に，女性（female）あるいは男性（male）を特徴づける指標・特性であり，ジェンダー（文化的・社会的性，nurtureによる性）とは，文化的・社会的に女性（woman）あるいは男性（man）を特徴づける指標・特性である（鈴木・柏木，2006)。ジェンダーに関連する用語として，ジェンダー・フリー，ジェンダー･バイアスなどがある。「男は仕事，女は家庭」といった社会的性別役割や，「男らしさ･女らしさ」といった社会的規範から自由になることが，ジェンダー・フリーである（田代，2004)。逆に，ジェンダー・バイアスは，性別に関連したステレオタイプや偏見を指す。

子どものジェンダー・アイデンティティ形成は，誕生と同時に，周囲が子どもの身体的性（sex）に基づいて，男／女というカテゴリー（gender）を付与することで始まる（社会的要因)。また，子ども自身は，男／女にカテゴライズされた自己と自己の身体的特徴とを結びつけて知覚することから，男あるいは女という自己概念に一致した，ジェンダー化された世界の取り込みが始まる（認知的要因）（伊藤，2000)。とくに幼少期の発達については，**表10－4**に示した。

### (2) ジェンダー・カテゴリー理解の発達

その人が男か女かというジェンダー・カテゴリーは，子どもたちにとって判断がしやすいカテゴリーである。人間や犬猫などの身近な動物の性別は，おもに「おちんちん（ペニスの幼児語)」の有無で判断されている。「おちんちん」は子どもたちの興味の的であり，「どうして男の子には，おちんちんがあるの？」という質問をされた経験のある保護者は，３歳児男子で69.5％，女子で60.7％，４歳児男子で70.0％，女子で71.0％，５歳児男子で54.1％，女子で67.4％であった（都性研，2002)。

子どもにとって性別とは，ものごとを判断するのに重要なカテゴリーとなっ

表10－4　ジェンダーの発達プロセス（鈴木・柏木，2006を一部改変）

| |
|---|
| 第１段階：ジェンダー・アイデンティティ（gender identity）<br>● 2歳ごろ。ジェンダー・アイデンティティの発達が始まる。<br>(1)　性のカテゴリー化<br>　男女を外見の特徴（身長，体の大きさ，声や服装など）によって分類する。<br>(2)　ジェンダー・ラベリング（gender labeling）<br>　自分や他人が，男女どちらに属しているかが判別できる。<br>(3)　生物学的性の認識<br>　「自分は女（男）の子だ」と認識できる。<br>(4)　事物の性的帰属<br>　人形は女の子のもの，車は男の子のものであると区別できる。<br>(5)　遊び友だち選好<br>　同性の同じ年齢の友だちと遊ぶことを好む。<br>(6)　ジェンダー型づけ（gender-typing）<br>　積極的にジェンダー・ステレオタイプ（男性性・女性性）を学習し，ジェンダー役割価値を身につける。 |
| 第２段階：ジェンダーの安定性（gender stability）<br>● 3～4歳ごろ。人のジェンダーが，時間を超えて安定した属性であることを理解する。 |
| 第３段階：ジェンダーの恒常性（gender constancy）<br>● 5歳ごろ。行動と状況がどう変化しても，ジェンダーは変わらないことを理解する。この理解によってジェンダー・アイデンティティをさらに強固なものにしていく。 |

ており，女の子だから友達，オスだからあの犬はこわくて危ない，女の子をほめるときは「カワイイ」で，男の子をほめるときは「カッコイイ」，といった素朴な性別観をすでに備えている場合が多い。幼児期の子どもは，情報処理能力がまだ高くないので，世界を理解するうえで男―女，善―悪といったわかりやすい二分法を身につけやすいとも考えられる。しかし，子ども同士ではあっても「女だからやってはだめ」，「男なのに髪が長いからヘン」などのジェンダー・バイアスがかかった発言に対しては，大人が介入したほうが適切であろう。そのような発言に何も対処しないことは，大人がそのジェンダー・バイアスを肯定したと子どもに受け止められ，ジェンダー・バイアスを強化してしまう可能性もある。

### (3)　ジェンダー・アイデンティティの形成要因

相良（2008）は，ジェンダー・アイデンティティの形成要因として，次の3つをあげている。①親の影響，②メディアの影響，③同性仲間集団の影響，である。親，大人からの影響については，有名な「ベビーX」という研究がある。森永（2004）によれば，この実験では，大学院生に，黄色のベビー服を着た3ヶ月の赤ちゃんと遊んでもらう。大学院生の3分の1にはこの赤ちゃんは男の子だと言い，また3分の1には女の子だと言い，残り3分の1には性別を言わない。赤ちゃんと遊ぶおもちゃは，男の子の好きそうな小さいフットボール，女の子の好きそうな人形，そして性別には関係なさそうなおしゃぶりの3種類が用意してある。赤ちゃんの性別の情報によって，大学院生が遊ぶおもちゃをどのように選ぶかが調べられた。その結果，女の赤ちゃんと言われた場合には，男の赤ちゃんと言われた場合に比べて，人形が選ばれることが多かった（フットボールは，3ヶ月の赤ちゃんと遊ぶのには不向きと考えられたのか，実際には選択されることは少なかった）。この結果からわかることは，性別情報によって，大人は赤ちゃんへの対応を選択しているということである。とくに，女の赤ちゃんに対しては，男の赤ちゃんに対するよりも，ステレオタイプな対応を取りやすいことも示されている。女の子にはお人形を与えるものだ，という画一的な思いこみが，女の子を人形好きにする一因になっているとみることもできる。

いっぽう，自分の子どもに対してはどうかというと，小学5・6年生に対して，親からどんなことを言われるかを調べた結果からは，性別によるしつけの大きな差異はみられなかった（ベネッセ未来教育センター，2005）。しかし，家庭における親の役割分担をみると，子どもを叱ったり，一緒に出かけたりするなどの子どもとのやりとりに関しては，母親と父親がだいたい同じくらいであるが，食事の用意や洗濯，掃除といった，家庭のなかのこまごまとした仕事はほとんど母親が行っているという回答結果がある（ベネッセ教育研究所，1996）。直接的なしつけからというより，家庭での親の行動の観察学習から，子どもたちがジェンダーに関する情報を取り入れている可能性がある。

また，昔話，アニメ，漫画雑誌，広告，教科書など，メディアのなかの男性役割，女性役割について，画一化された描写や内容のバランスの偏りについて指摘する研究が多くある（上瀬，2006）。これらのメディアからの情報が，子どものジェンダーの形成にどの程度の影響を与えているかが注目されている。

同性仲間集団の影響については，学校のように集団として行動する場合が多いとき，同性集団のなかでは，男子はより男の子らしく，また女子はより女の子らしく行動する傾向がある（相良，2005）。子どもたちは，ジェンダー・バイアスの受信者でもあるが，発信者でもある。子どものジェンダーの形成にとって，同性仲間集団からの影響は大きい。

## 3　セクシュアリティ――対人関係としての性

### (1)　性的関心，性的欲求

アニメの『クレヨンしんちゃん』では，幼稚園児である主人公の男の子が，下半身をあらわにしている場面が目につく。保育園は，教育の場というよりも，1日8時間余りを共にする生活の場であるので，シャワーを浴びたりおむつを替えたりと，下着を取る機会も多い。はだかになるとうれしくて走り出す子どももいる。女性保育士の胸を触ろうとしたり，自分の性器やおしりを見せたりする子どももいる。家庭でも，肌が触れ合う心地よさを求めて，お風呂ではだかのまま抱っこしてもらうのが好きな子どももいる。フロイト（Freud, S.）が幼児性欲やリビドーという用語を使い，性的な欲求は幼少のころから存在すると主張したこと，心理・性的な発達理論を展開させたことはよく知られている。思春期以降の性的欲求とは違い，同年齢の異性に向けられるのではなく，親や家族，養育者など，自分を保護してくれる存在に向けられるものではあるが，子どもたちにも素朴な身体接触欲求はみられる。だからといって，小学生の性的欲求が高いというわけではない。「異性のからだに触れてみたいと思いますか」という問いに対する「思わない」という回答は，小5の男子が93.3%，女子が91.8%であり，小6の男子が80.6%，女子が93.2%であった（都性研，1999）。

### (2)　初恋，恋愛

小学生から中学生にかけて，異性との関係は，①男女を意識せずに友達づきあいする時期，②異性であることを意識して距離が生じる時期，③異性として意識しつつ接近していく時期へと変化していく。一緒に遊ぶ相手は同性か異性か，という問いに対しては，小１～小６の男女すべてで，50％以上が「同性と遊ぶ」と回答している。学年が上がるほど高く，小６の男子が89.0％，女子が84.8％となる。仲のよい異性の友達がいるかどうかを小４～小６に尋ねたときに，「いない」と回答したのは，男子では小４が最低で32.2％，小６が最高で43.1％であった。女子でも小４が最低で26.5％，小６が最高で33.2％であった。

中学生に「異性の友達がいるか」を尋ね，「いる」と「親しい異性の友達がいる」という回答の合計を示すと，男子では中１で60.3％，中２で62.3％，中３で68.4％，女子では中１で71.8％，中２で69.2％，中３で74.7％であり，しだいに異性の友達，あるいは親しい異性の友達がいる割合が増えていく（都性研，2005)。中３に，「好きな異性のことで頭がいっぱいになるほど好きになったことがあるか」と尋ねた調査（大野，1998）では，「はい」あるいは「どちらかというとはい」の回答が66.3％あった。異性に反発する時期の数年後には，異性のことで頭がいっぱいになる時期が訪れる。小学校高学年から中学生までの時期は，異性に対する意識の変化期といえよう。

### (3) 性行動の経験率

性行動の経験率を学校段階別・男女別に示したものが**表10－5**（日本性教育協会，2019）である。数値は，経験がある者の比率（％）で，表中の一番下の数値は，男子の射精経験率，女子の月経経験率である。中学の段階では，男女で身体の性成熟に大きな差があることがわかる。それ以外の性行動は，中学生男子の経験率の高さの順に並べてある。「好きだと告白された経験」，「性的なことに関心をもった経験」，「好きな人に告白した経験」，「デート」，「マスターベーション」，「キス」，「セックス」という順になる（日本性教育協会，2007)。

中学生男子ではデートとマスターベーションがほぼ同率であるが，女子のマスターベーション経験率は男子に比較して低い。性的関心も男子に比べて女子は低い。男子では性的な関心をもち，性的な快感も経験したうえで，性的な期待をもってデートに誘うかもしれないが，必ずしも女子はそうではない。デートに期待するものが，中学生の男女で異なる可能性は高い。

表10－5　性的変化・性行動の経験率（％）（日本性教育協会，2019をもとに作成）

| | 中学校 | | 高校 | | 大学 | |
|---|---|---|---|---|---|---|
| | 男子 | 女子 | 男子 | 女子 | 男子 | 女子 |
| 好きだと告白されたこと | 51.0 | 62.8 | 65.9 | 79.6 | 70.6 | 79.1 |
| 性的関心 | 46.2 | 28.9 | 76.9 | 42.9 | 93.2 | 68.6 |
| 好きな相手への告白 | 34.4 | 37.1 | 55.5 | 51.7 | 67.7 | 49.9 |
| デート | 27.0 | 29.2 | 54.2 | 59.1 | 71.8 | 69.3 |
| マスターベーション（自慰） | 25.4 | 7.6 | 78.4 | 19.2 | 92.2 | 36.8 |
| キス | 9.5 | 12.6 | 31.9 | 40.7 | 59.1 | 54.3 |
| セックス（性交） | 3.7 | 4.5 | 13.6 | 19.3 | 47.0 | 36.7 |
| 男子：射精／女子：月経 | 37.2 | 81.2 | 84.1 | 94.3 | 94.1 | 97.2 |

# Ⅲ　子どもの「性」の発達にどうかかわるか

性教育として，子どもにいつ，何を教えるべきかについては，実のところ，まだ十分なコンセンサスは得られていない。性は個人の生き方や価値観，そしてイデオロギーと深く関連しており，共通見解を見いだすことは容易ではない。また発達上の個人差が大きい思春期に，一律に同じ内容の教育をすることが適切なのかどうか，ということも考える必要がある。

性の成熟に伴う危険から子どもを守ることも重要である。性的に発達することは，身体の構造と機能が変化することであり，それに伴って，生理不順，包茎についての心配，異性に対する性的な魅力の有無など，悩みの種も増える。女子では，性的な被害にあう経験も増加する（日本性教育協会，2007）。また，未成熟な年齢での性行動は不利益を被りやすいが，性行動の低年齢化には，積極的・活動的で，同性・異性を問わず友人関係が豊かな「活発型」の存在だけではなく，家族や学校への不適応から，代償的に性行動に逃避している「不適応代償型」の存在もあるとの見方がある（日本性教育協会，2001）。中学生のころまでよく話をしていた親子では，子どもの初交年齢が遅く，初交時の避妊が多く，人工妊娠中絶の経験が少ないという報告もある（日本家族計画協会, 2003)。家庭や学校での子どもの適応を支援し，配慮することは，早期の性行動に伴って生じる危険から子どもを守ることにつながると考えられる。

いっぽうで,少子化が政治的に議論されているように,子どもが成長して性的に成熟しなければ，人間という種の存続が危機に瀕することは事実である。子どもが大人に成長した後は，適切な時期に性に積極的に関与することを社会は求めているといえよう。社会を維持していくという点を重視するならば，望ましい性の発達とは，性別よりは個性が尊重され，性にまつわる不快な経験が少なくてすむ社会のなかで，自分のジェンダー・アイデンティティを形成し，適切な発達段階にパートナーを見つけて，大多数の人が生殖としての性を実践していくということになるのであろう。しかしながら，多様化した価値観を認める現代社会においては，当然，それ以外の性発達観もありうる。進化してしまった人類にとって，どのような性発達観が求められているのか，さらに議論が続けられていくと考えられる。

## 読書案内

**○齊藤誠一 1995「自分の身体・性とのつき合い」落合良行・楠見　孝（責任編集）『講座　生涯発達心理学　第4巻　自己への問い直し　青年期』金子書房**

身体的成熟のタイミングの心理的影響や発達的意義など，身体と性に関する心理学上の研究を学習しようとする学生・院生にとっては，必修の文献である。

**○青野篤子・赤澤淳子・松並知子（編）2008『ジェンダーの心理学ハンドブック』ナカニシヤ出版**

「ジェンダー」の「心理学」に関する本の集大成のようなテキストであり,幼児・児童期から中高年期までの発達についても十分論じられている。

**○貴邑（きむら）冨久子（監修）・荒木葉子（訳／編集代表）2002『性差医学入門　女と男のよりよい健康と医療のために』じほう**

医学の世界では「性差医学（Gender specific medicine)」が注目されており，

その入門書（原典は2001）となっている。

## 演習問題

A群の問いに対する解答を，B群から１つ選びなさい。

［A群］

1　インターセックス，トランスジェンダー，ホモセクシュアル，レズビアン，バイセクシュアルなどの人たちを，総称して呼ぶ名称は何か。

2　避妊や性感染症について正確な情報を提供し，セクシュアリティについても教育しようとする性教育を何と呼ぶか。

3　体格や体型の変化など，思春期に発現する男女の違いを何と呼ぶか。

4　性的な成熟が，新たな世代において低年齢化していくことを何と呼ぶか。

5　文化的・社会的性は，生物学的性を指すセックスに対して何と呼ばれるか。

6　大小不ぞろいの性染色体の組み合わせを答えよ。

7　大人が，子どもの性別によって態度・行動を変えることを明らかにした有名な実験は何と呼ばれているか。

8　心理・性的な発達理論を展開させたのは誰か。

9　個人が恋愛対象として，同性を望むか異性を望むかという，性的欲求の方向性を表す用語を答えよ。

10　女性となる性染色体の組合わせを答えよ。

［B群］

セクシュアル・マイノリティ，セルフ・プレジャー，エディプス・コンプレックス，リプロダクティブ・ヘルス／ライツ，ピア・エデュケーション，ベビーX，包括的性教育，２次性徴，ジェンダー，性的指向，性的失業期間，XX，XY，フロイト，成熟前傾現象

## Column コラム

### セクシュアル・マイノリティ

下記の**図10－6**は，「性」の多層構造と，２分割では整理しきれない性別のグラデーションを表したものである。

体の性×心の性×恋愛対象の性×服飾や外見などファッションの嗜好の性などをかけ合わせて「性」を捉えようとすると，現実の「性」は，たいへん複雑で多様性に富んでいることがわかる。しかし，性の多様性といっても，多数者と少数者は歴然とあり，インターセックス，トランスジェンダー，ホモセクシュアル，レズビアン，バイセクシュアルなどの性に関する少数者は，セクシュアル・マイノリティと呼ばれている。

全体からみれば少数であっても，セクシュアル・マイノリティの存在は自然と人間が豊かな多様性をもつことの証明であり，社会と文化の成熟が多数者と少数者の穏やかな共生を実現していくものと思われる。

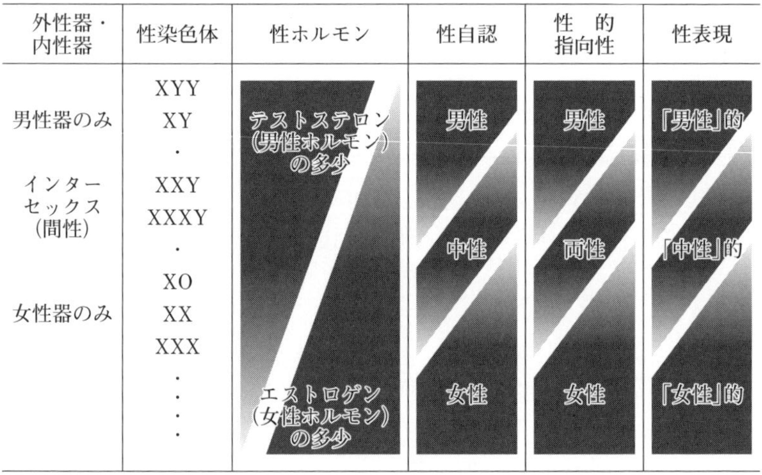

| 外性器・内性器 | 性染色体 | 性ホルモン | 性自認 | 性的指向性 | 性表現 |
|---|---|---|---|---|---|
| 男性器のみ | XYY<br>XY<br>・ | テストステロン（男性ホルモン）の多少 | 男性 | 男性 | 「男性」的 |
| インターセックス（間性） | XXY<br>XXXY<br>・ | | 中性 | 両性 | 「中性」的 |
| 女性器のみ | XO<br>XX<br>XXX<br>・<br>・<br>・<br>・ | エストロゲン（女性ホルモン）の多少 | 女性 | 女性 | 「女性」的 |

（注）横のラインは，必ずしも一致しませんので，縦線に従って項目別に読んでください。

図10－6　性の多様性（伊藤・樹村・國信，2002を一部改変）

# 第11章

# 心の問題と心理臨床

すべての子どもが，順調に発達するわけではありません。心理的な発達においても，さまざまな問題を示す子どももいます。一過性の問題で，子どもが自らの力で乗り越えて成長する場合もありますが，問題によっては専門家の支援を必要とする場合もあります。子どもにかかわる職業につくものは，子どもの定型的な発達を理解することに加え，子どもの心理的問題にはどのようなものがあるのか，どう理解し，どう支援すればよいのかについての知識をもっていることが求められます。本章では，近年注目されている「発達障害」「精神疾患やそれに類する問題」，社会全体から危惧されている「児童虐待」「不登校」「いじめ」「非行・暴力行為」について考えていきます。

# Ⅰ　発達障害

## 1　発達障害とは

発達障害という用語は，以前は多様な意味で使われていた。平成17年４月１日に「発達障害者支援法」が施行されて以降は，「自閉症，アスペルガー症候群その他の広汎性発達障害，学習障害，注意欠陥多動性障害その他これに類する脳機能の障害であってその症状が通常低年齢において発現するもの」と意味が限定されて使用されている。医学的な定義や診断名はやや変わってきているが，現在の日本では，この定義に従って発達障害という用語を理解したほうがよいであろう。

発達障害は，定義にもあるように，脳機能の障害によりさまざまな生活上の困難を示す問題である。その原因としては，遺伝や染色体の問題，周産期の問題（外傷，低栄養，低酸素，母親の胎内での毒物摂取，感染症など），乳幼児期以降の問題（外傷，感染症，毒物摂取，疾患など）があると推定されているが，実際の場合，原因が特定されないことも多い。

発達障害を考える場合，障害が「ある」「なし」という２分法で捉えることがむずかしく，「スペクトラム」（連続体）という考え方がなされる場合が多い。脳機能による特定の行動の困難さは連続体であり，その困難さの程度が極端な場合に，「障害」という診断がつけられるという考え方である。したがって，障害の診断名がつかない子どもであっても，発達障害と診断される子どもと同種の困難を抱えている子どももたくさんいるのである。

発達障害という概念の最大の貢献は，本人の努力不足や親子関係，ストレスなどの原因からではなく，脳機能の障害により，学習，集中力や行動制御，社会性に問題を示す子どももいるという理解を促したこともいえる。これまでの誤った原因論が，発達障害のある子ども自身や保護者を苦しめてきた。正しい理解が，正しい教育，正しい支援につながることを，しっかりと肝に銘じなければならない。

## 2　自閉スペクトラム症（自閉症スペクトラム障害）

以下に，文部科学省による自閉症，高機能自閉症，アスペルガー症候群の定義を示す。

**■自閉症の定義〈Autistic Disorder〉**

自閉症とは，3歳位までに現れ，他人との社会的関係の形成の困難さ，言葉の発達の遅れ，興味や関心が狭く特定のものにこだわることを特徴とする行動の障害であり，中枢神経系に何らかの要因による機能不全があると推定される。(平成15年3月の「今後の特別支援教育の在り方について(最終報告)」参考資料より作成)

**■高機能自閉症の定義〈High-Functioning Autism〉**

高機能自閉症とは，3歳位までに現れ，他人との社会的関係の形成の困難さ，言葉の発達の遅れ，興味や関心が狭く特定のものにこだわることを特徴とする行動の障害である自閉症のうち，知的発達の遅れを伴わないものをいう。また，中枢神経系に何らかの要因による機能不全があると推定される。(平成15年3月の「今後の特別支援教育の在り方について（最終報告)」参考資料より抜粋)

※　アスペルガー症候群とは，知的発達の遅れを伴わず，かつ，自閉症の特徴のうち言葉の発達の遅れを伴わないものである。なお，高機能自閉症やアスペルガー症候群は，広汎性発達障害に分類されるものである。

文部科学省による自閉症等の定義は，特に教育分野では継続して使用されているが，DSM-5（アメリカ精神医学会，2014）では「自閉スペクラム症／自閉症スペクトラム障害」という診断名が使われている。本章では，基本的に「自閉スペクトラム症」で，自閉症，高機能自閉症，アスペルガー症候群を含む障害を示すものとする。

自閉スペクトラム症のある乳幼児期の子どもは，視線が合いにくい，極端におとなしく，長時間1人にされても平気でいる，などの特徴を示す場合がある。コミュニケーションが苦手で，人から触られたり，話しかけられることに拒否感を示す子どももいる。言葉の発達が遅く，意味のある言葉がなかなか出なかったり，言葉での指示が理解できない子どもがいる。いっぽうで，むずかしい言葉を発したり，文字や数字に早い段階から興味をもつ子どももいる。しかし，こうした場合でも，コミュニケーションの道具として言葉を用いることは苦手で，一方的にその場に関係のない話をすることが多い。物を並べたり，変わった動作をするなどのこだわりが強く，それをやめさせられるとパニックになり，泣き叫ぶ子どももいる。それ以外にも，ちょっとしたことでパニックになる子どもも少なくない。

児童期になると，集団行動が求められ，ほかの子どもとのコミュニケーションを求められる学校生活で苦労することが多い。グループ学習や特別活動では，ほかの児童との細かなコミュニケーションが必要とされる。小学校中学年以降のクラブ活動や委員会活動などでも，高度な社会性が必要とされる。学校生活では，子ども同士がコミュニケーションをとる際に，いつも大人の目があるわけではない。周りの子どもが自閉症のある子どものことを理解できないと，大きなトラブルになってしまうこともある。いっぽうで，本格的な教科学習が始まると，特定の教科や技能において優れた能力を示す子どももいる。算数，理科，社会の暗記，芸術の分野で，驚くほどの才能を発揮することもある。

青年期は，自閉スペクトラム症のある子どもにとって，さまざまな新たな問題と直面する時期である。仲間とのコミュニケーションには，より高度な能力が求められる。冗談，皮肉，ちょっとした気遣いなどがやりとりのなかに多く含まれ，そうしたことを理解し，適切に対処しなければ，仲間から拒否されてしまうこともある。異性，先輩後輩，目上の人など，相手との関係に合わせてコミュニケーションの仕方を修正しなければならず，自閉スペクトラム症のある子どもにとっては苦手なことが求められる。思春期に入ると，一般的に，イライラしやすく，性衝動や攻撃衝動が高まりやすい。いっぽうで，知的発達に伴い，それまで苦手としていた人とのつきあい方について，多少のぎこちなさはありながらも，徐々に身につけていく子どももいる。学問や芸術の分野で優れた才能を開花させ，活躍する子どももいる。

## 3　学習障害　Learning Disabilities : LD

以下に，文部科学省による学習障害（LD）の定義を示す。

**■学習障害（LD）の定義〈Learning Disabilities〉**

学習障害とは，基本的には全般的な知的発達に遅れはないが，聞く，話す，読む，書く，計算する又は推論する能力のうち特定のものの習得と使用に著しい困難を示す様々な状態を指すものである。

学習障害は，その原因として，中枢神経系に何らかの機能障害があると推定されるが，視覚障害，聴覚障害，知的障害，情緒障害などの障害や，環境的な要因が直接の原因となるものではない。

(平成11年７月の「学習障害児に対する指導について（報告)」より抜粋)

定義からも予想されるように，学習障害の問題がはっきりしてくるのは，小学校に入り，きちんとした教科の学習が始まってからであることが多い。後に学習障害の問題が明らかになった子どもの乳幼児期の様子として，模様や形を理解することが苦手，道順や建物の構造をいつまでも覚えることができない，大きさや量，数の理解が苦手，言葉の発達もやや遅い，という特徴がみられることがある。

小学校入学直後から問題を示す子どもと，学習内容がむずかしくなる中学年ごろから問題を示す子どもとがいる。読みに関しては，文字の読みを覚えられない，読み間違いが多い，文字の区別がつかない，拾い読みで何とか読めるのだが，読むことに必死で文の内容を理解できない，などの問題を示す（読字障害)。書きに関しては，字を書くことが覚えられない，鏡文字になってしまう，文字のバランスが極端に悪い，枠や罫線からはみ出して書いてしまう，偏と旁(つくり)が逆になってしまう，文字の一部を書き忘れてしまう，などの問題を示す（書字表出障害）。算数に関しては，数の概念を理解できない，数を覚えられない，計算ができない，図形やグラフの理解ができない，などの問題を示す（算数障害）。読字障害，書字表出障害，算数障害は，どれか1つだけ示すこともあれば，複数の問題をもっている子どももいる。なお，DSM-5で学習障害に該当するものは，「限局性学習症」であり，「読字の障害を伴う」「書字の障害を伴う」「算数の障害を伴う」という表現で，症状の特定を示す。学習障害の問題が正しく理解されないと，本人の努力不足，勉強量不足が問題であるとされ，厳しく叱られたり，大量の勉強を無理矢理やらされることがある。また，友達からからかわれたり，ばかにされることも多く，こうした結果，自己嫌悪に陥り，人間関係の問題を抱えたり，勉強に関して無気力になってしまうこともある。

中学生以降になると，学業成績や進路の問題と学習障害の問題が密接にかかわってくる。この時期までに，学習障害が本人や周囲の人間に正しく理解され，適切な支援を受けられていないと，大変な苦しみを抱えることになる。ペーパーテストによる成績評価や入学試験が大変な重圧となり，心理的問題を発展させたり，自暴自棄になってしまうこともある。こうしたことが，人とのかかわりの回避などの非社会的問題，非行や暴力行為などの反社会的問題につながることもある。

## 4 注意欠陥多動性障害 Attention-Deficit Hyperactivity Disorder : ADHD

以下に，文部科学省による注意欠陥多動性障害（ADHD）の定義を示す。なお，DSM-5では「注意欠如・多動症」という診断名がつかわれている。

**■注意欠陥／多動性障害（ADHD）の定義**
〈Attention-Deficit/Hyperactivity Disorder〉
ADHDとは，年齢あるいは発達に不釣り合いな注意力，及び／又は衝動性，多動性を特徴とする行動の障害で，社会的な活動や学業の機能に支障をきたすものである。
　また，７歳以前に現れ，その状態が継続し，中枢神経系に何らかの要因による機能不全があると推定される。（平成15年３月の「今後の特別支援教育の在り方について（最終報告）」参考資料より抜粋）

ADHDのある子どもの乳幼児期は，極端に集中することが苦手で，激しく動き回るという特徴を示すことが多い。高いところに上ったり，危険なことに興味をもつこともある。関心がないことはやろうとはせず，じっとしていることが苦手なため，集団活動に参加できないこともある。順番を守る，並んで待つなどの行為が耐えられず，ほかの子どもとトラブルになることも少なくない。

ADHDの症状は，構造化された集団活動が求められる小学校のころに，よりはっきりと現れる。45分間座って授業を受けることが苦痛で，離席してふらふらと歩き回ったり，教室を飛び出してしまうこともある。次の授業への切り替えが苦手で，前の授業で使ったものが机の上に出しっぱなしであったり，いつまでも前の時間にやっていたことをやめられない，次の授業の準備ができない，などの問題を示す子どももいる。机やロッカーのなかがごちゃごちゃだったり，机の周りにものが散乱してしまうこともある。忘れ物やなくし物が極端に多いこともある。教師の指示を聞き逃していることが多く，その時間に何をやるべきか，わかっていないこともある。

衝動性の問題のため，カッとしやすく，ささいなことで暴力をふるってしまうこともある。好奇心が強く，危険なこと，禁じられていることをついついやってしまうこともある。注意されると，直後には反省をするが，しばらくするとまた同じことをしてしまう。ADHDの特徴が理解されないと，このような行動特性は，本人のだらしなさ，反抗的な態度とみなされ，厳しい叱責を受けたり，行動の過度の制限を設けられることもあり，子どもはつらい思いをすることも少なくない。いっぽうで，発想力の面白さや行動力が人間的な魅力につながり，人から好かれる子どももいる。

思春期，青年期になると，多動の問題はおさまってくる子どもも少なくない。

長時間席に着いていることが可能になるが，体や手足を頻繁に揺らしたり，多弁傾向は残っていることがある。注意力，行動抑制力の問題も，少しずつ改善されることがある。多動などの目立つ問題は改善されるが，計画を立てる，見通しをもって行動する，頭の中で複数の情報を組み立て直すといったことは，苦手なこととして残ることも多い。こういったことを求められる学業や仕事上の活動は苦手であり，周りから叱られたり，ばかにされることもある。こうしたことが，自尊心を低めてしまう。衝動性も，少しずつ改善し，普段はそれほど目立たなくなることもある。しかし，予想外の突発的なことや他者とのトラブルのときに感情が爆発すると，制御できず，危険な行為にいたることもある。

ADHDの問題をもつ青年は，自分がほかの人のようにうまく行動できないことについての自覚があることが多い。こうした劣等感と，他者とのトラブルによって生じる他者不信感などが重なった場合，非社会的問題，反社会的行動問題に発展する場合もある。

## 5　発達障害のある子どもへの支援

発達障害のある子どもへの支援の方針としては，①合理的配慮を行う，②その子どもの特徴に合った教授法・指導法を見つける，③特徴に合った教授法・指導が受けられる体制を整備する，④２次的問題となるような自尊心の低下，他者への不信感の増加などを防ぐ，⑤好きなこと，得意なことなど，強み・よい面を伸ばす機会を設ける，などが考えられる。

各学校の特別支援教育コーディネーターを中心に，学内外の連携をもとに，さまざまな専門性をもった人間が，チームとして発達障害のある子どもを支援する体制づくりをしていく必要がある。

# Ⅱ 精神疾患やそれに類する問題

## 1 不安症（不安障害）

不安は，誰でもある程度は感じるものではあるが，その程度が極端で，不安を感じる頻度が多く，持続期間が長いとたいへんつらいものであり，日常生活に支障が出てくる。このような特徴からなる「不安症」は，子どもが示しやすい問題の１つである。

「全般不安症」は，さまざまなことがらに対して過剰な不安が起こり，日常生活に支障をきたす障害である。例えば，新しい班でうまくやっていけるか，テストで失敗しないか，自分のやったことがみんなから笑われていなかったかなど，いろいろなことについての不安が多く起こり，落ち着きがなくなったり，疲労したり，緊張したり，睡眠不足になるなどの症状が現れることである。

「分離不安症」は，愛着をもっている人（多くは母親や父親）から分離することに対する，発達的に不適切なレベルの過剰な不安を表す障害である。愛着の対象から引き離されて１人でいることにより強い苦痛を感じるため，通園・通学を拒否することもある。また，愛着をもっている人を病気や事故などの理由で失ってしまうかもしれないと，過剰に心配する場合もある。

「限局性不安症」は，特定の対象や状況に対して，強い恐怖心や不安が起こり，日常生活に支障が生じる障害である。恐怖の対象となるのは，特定の場所（高所，密閉した場所など），動物（ネズミ，イヌなど），疾病（自分は病気になるのではないか）などである。

「社会不安症」は，他者から見られるような状況において，過剰な恐怖・不安を感じるために，日常生活に支障をきたしている障害である。人前で話ができない，人前で食事ができない，人前で文字を書くと手がふるえる，などの症状がある。また，そのような問題が人前で明らかになるのを嫌がり，人と接する場面を回避することもある。

「強迫性障害」は，強迫観念や強迫行為を主症状とし，それによって本人が苦痛に感じ，不必要に時間を浪費し，日常生活において支障が生じる障害である。強迫観念とは，特定の内容の思考，衝動，イメージが，繰り返し持続的に頭に浮かび，ほかの活動が疎外される症状である。例えば，外出先で家の扉の鍵を閉めてきたかどうかが気になる，外に出るとバイ菌がたくさん手につくようなイメージがずっと頭のなかに浮かんで落ち着かない，などである。強迫行為とは，心理的な苦痛や不安をかき消すために，反復行動（手を洗う，物を並べるなど）や，心的行為（頭のなかで同じ言葉を繰り返す，数を数えるなど）を行うものである。しかし，現実的にはそれらの行為は，苦痛や不安をかき消すための手段としては不適切な，儀式的な行為である。

## 2 PTSD（心的外傷後ストレス障害）

PTSDとは，ポスト・トラウマティック・ストレス・ディスオーダーの略で，日本語では「心的外傷後ストレス障害」と呼ばれる。事件・事故の後遺症，虐待被害との関係で，近年注目されている。以下のような症状が，トラウマとなった出来事（死を感じさせるような事件・事故にあう，またはそれを目撃することなど）によって引き起こされており，症状が1ヶ月を過ぎても続く場合に，PTSDと診断される（アメリカ精神医学会，2014；西澤，1999)。

**①トラウマとなった出来事の再体験・侵入症状**

トラウマとなった出来事の記憶が，繰り返し頭の中に侵入してきたり，夢に現れたりして苦痛を感じる。そのときの感情がよみがえったり，そのときと同じ行動が現れる。トラウマとなった出来事に似た遊びを繰り返したり，漠然とした恐い夢を見たりするなどの症状として現れる場合がある。

**②トラウマに関連した刺激の回避と，認知と気分の陰性の変化**

トラウマに関連した思考，感情，会話を避ける。トラウマを連想させるような活動，場所，人を避ける。トラウマとなった出来事の重要な側面が思い出せない。人に対して疎遠感，隔絶感を抱く。人に愛情を感じないなど，感情が少なくなる。将来に対して悲観的になる。陰性の感情状態が持続する。

**③過覚醒症状の持続**

自律神経の過覚醒や興奮が，持続的にみられる。睡眠が困難であったり，すぐに目が覚めたりする。注意を集中するのが困難になる。過度の警戒心をもってしまう。刺激に対して，過度に驚いてしまう。

多くは，トラウマとなる出来事を体験して３ヶ月以内に症状が現れるが，６ヶ月以上たってから初めて症状が現れる「遅延顕症型」という現象もある。子どもは，非常にショックな出来事を体験したのに，直後には元気で，あっけらかんとしていることがある。しかし，時間が経過してから深刻な症状が出てくることも少なくない。周囲が過度に神経質になってもいけないが，直後に元気であったとしても，ショックな出来事から半年，１年間という長いスパンで子どもを見守っていく必要がある。

## 3　摂食障害

摂食障害は，食行動に関する障害であり，神経性やせ症（いわゆる拒食症）と神経性過食症（いわゆる過食症）が含まれる。DSM-５によると，出現率は，神経性やせ症が0.4％，神経性過食症が１～1.5％と報告されている。どちらの障害も，90％以上が女性に発症する。思春期以後の若い女性にみられることが多い。中学生や高校生で多くなるが，近年は小学校中学年，高学年でみられることもある。

自己の身体像（ボディ・イメージ）についての障害が特徴的である。神経性やせ症の場合，周囲からみて明らかにやせすぎている状態になっても，「もっとやせなければきれいではない」という信念が強く，ときには治療を拒否することもある。拒食状態にある人が，突然むちゃ食いをし，罪悪感から意図的に吐くという，拒食と過食を繰り返すタイプのケースも少なくない。原因はまだ十分に解明されていないが，成熟の拒否，性的発達の拒否と神経性やせ症との関連などが，研究によって指摘されている。

神経性過食症は，自尊心の低さや不安，抑うつ感情との関連が指摘されている。過食をしてしまう人は，こうした感情による空虚感を埋めるために，急激にたくさんの量の食べ物を摂取するという行動をとってしまう。食べたことによる満腹感は，一時的に満たされた気分を与えてくれる。しかし，根底にある空虚感は解決されないばかりか，食べたことに対する罪悪感が抑うつ感情などをさらに引き起こし，嘔吐，過食を繰り返してしまう。

## 4 身体症状症および関連症群

身体的な異常がないにもかかわらず，体の不調や痛みがあり，その症状に心理的な要因が関係していると思われる障害である。頭痛，腹痛，足の痛みなどの痛みをおもな症状とするもの（身体症状症の疼痛が主症状のもの），歩けなくなる，声が出なくなるなどの運動機能の問題や，見えなくなる，聞こえなくなるなどの感覚機能の問題，発作・けいれんを伴うもの（変換症），などがある（アメリカ精神医学会，2014）。作為症（いわゆる仮病）との区別がつきにくいが，作為症であっても何らかの心理臨床的な対応は必要であるため，症状やその背景にある心理については，本人とじっくり話をする必要がある。

## 5 双極性障害・抑うつ障害

抑うつの症状は，気分の落ち込み，活動性の低下，楽しいはずの活動に対する興味や喜びの喪失，疲労感，集中力の低下，自尊心の低下，ものごとを悪いほうに考える傾向の増大，睡眠リズムの乱れ，食欲低下などがある。

躁の症状は，気分の高揚，活動性の増加，多弁傾向，社交性の増大，無計画な行動，集中力の低下，自尊心の肥大，睡眠欲求の低下などがある。何でもできそうな気になり，思いついたままにすぐに行動に移してしまい，周囲から拒絶されてしまうこともある。

抑うつを主症状とする障害は,「うつ病／大うつ病障害」と呼ばれる。また,躁と抑うつの両方の症状が交代で出現する場合,「双極性障害」と呼ばれる。激しい躁状態とうつ状態があるものは「双極Ⅰ型」と呼ばれ，軽躁状態とうつ状態があるものは「双極Ⅱ型」と呼ばれる。程度は軽いが，長期にわたって躁と抑うつの症状を示す場合は「気分循環性障害」と呼ばれる。(アメリカ精神医学会, 2014)。

うつ病は，それほど珍しいものではなく，欧米の報告では，生涯有病率は10％を越えるとされ,「こころのかぜ」とも呼ばれる。子どもの場合は，抑うつ気分を言葉で表現することができず，イライラや攻撃性，体調不良として表現されていることもある。双極性障害は，生涯有病率は１～２％とされる。さまざまな調査で，日本においても予想以上に抑うつ気分を経験している子どもが多いことが報告されている。今後，増加が最も心配される問題の１つである。

## 6　統合失調症

統合失調症は，幻覚や妄想などの知覚の歪み，思考・行動・発語のまとまりが著しく欠けること，感情・意欲・思考が著しく減退することなどによって特徴づけられる障害である。診断されるためには，これらの症状が１ヶ月以上，ほとんど常に存在することが必要である。出現率は，およそ１％とされている。

幻覚は，実際には聞こえるはずのない音，とくに人の声が聞こえるという幻聴が最も多く現れる。また，壁紙，天井，暗闇などに存在しないものが見えるという幻視もみられる。妄想は，被害妄想（みんなが私を殺そうとしている),

関係妄想（テレビの登場人物のセリフは，私への嫌がらせだ），誇大妄想（私は神様になれる）などのテーマが多くみられる。

思考・行動・発語のまとまりに欠けるとは，関係のないことが次から次へと自動的に頭に浮かぶ，その場にふさわしくない奇妙な行動をする，無意味な言葉を羅列してひとりごとを言い続ける，などの症状が出ることである。感情の起伏が激しくなり，突然怒ったり，興奮する症状をみせる場合もある。変わった姿勢を長時間保ったり，変わった動作を示す場合もある。

感情・意欲・思考の減退とは，陰性症状ともいわれ，感情が平淡になり，喜怒哀楽を示さなくなる，何事に対しても意欲を失い，自分の殻に閉じこもる，部屋から出てこなくなる，簡単なことも考えられなくなるなどの症状を指している。

子どもの場合，非現実的な不安を訴え続ける，授業中などに奇妙な行動や発言が現れる，幻覚や妄想を訴える，活動水準が極端に低くなるなどの症状によって発見される。また，理由がわからない急激な成績の下降の背景に，統合失調症の症状としての，思考や意欲の減退が存在する場合もある。高校生から急激に発症率が上昇する精神疾患である。小学校高学年や中学生ぐらいで発症する場合もある。

## 7　精神疾患やそれに類する問題の理解と支援

精神疾患は，理解や支援のむずかしい問題である。通常範囲の悩みごとによる精神的な不調や，つらいことがあったときの自然な反応であるのか，それとも治療を必要とするレベルの問題なのか，子どもの場合はとくに判断がしにくい。精神疾患の場合，周囲の人間の日常的な配慮だけでは問題が改善せず，逆に悪化してしまうことすらある。心配な様子がみられた場合は，養護教諭，スクールカウンセラー，学校医などに相談し，必要であれば医療機関を受診したほうがよい。投薬や心身の休息が必要な場合もあり，快復には時間を要することも多い。中・長期的な視点で対応していくことが重要である。

Column コラム

## チルドレン・ファースト

海外では，障害のある人を表現する言葉に関して，「ピープル・ファースト・ランゲージ（people-first language）」という考え方が広まっている。障害のある人を表現する際に，「障害者（disabled people）」ではなく，「障害のある人（people with disabilities）」と表現することがふさわしい，という考え方である。子どもに関しても同じことが当てはまり，「チルドレン・ファースト・ランゲージ（children-first language）」という考え方がある。障害のある子どもを表現する際に，「障害児（disabled children）」ではなく，「障害のある子ども（children with disabilities）」と表現するようになってきている。障害よりも，その人・その子どもであることがまず優先されるべきだ，という考え方から生まれている。

このことは，障害のある子どもを理解する際の重要な視点となる。"Children with disabilities are children, first."という言葉がある。「障害のある子どもは，まず第一に，子どもである」という訳になる。障害について学ぶと，頭でっかちになり，「その子らしさ」よりもさきに，「障害」のほうに目が行ってしまうということが，初学者にはときどき起こる。「この子どもは，○○障害で，このような症状があり，このような問題行動がある」ということにばかり注目し，その子どもがどんな性格で，どんな長所があり，どんな遊びが好きか，などはまったく知ろうとしない人もいる。これでは十分な子ども理解，子ども支援はできない。

とくに，教育的な立場から子どもにかかわる専門家は，第一に「その子らしさ（性格や好みなど）の理解」，第二に「学習者としての子ども（どんな学習が得意で，苦手かなど）の理解」，そして第三に「障害の理解」が必要なのではと思われる。「Aさんは，人なつっこくて，ボール遊びが大好きな子ども。図工や音楽などの学習は好きだが，じっと座っての学習は苦手。お医者さんからはADHDの診断を受けている」という順序での理解が大切である。チルドレン・ファーストの考え方ができれば，高い専門性をもちつつも，子どもらしさをきちんと理解できる専門家として成長することができるであろう。

# Ⅲ　児童虐待

児童虐待とは，保護者が，その監護する児童（18歳に満たない者）について行う，身体的虐待，性的虐待，ネグレクト，心理的虐待などの行為をいう（「児童虐待の防止等に関する法律」より）。

**図11－1**に，全国の児童相談所で対応した児童虐待相談対応件数の推移を示した。統計を取り始めた平成2年と比べると，190倍程度の件数に増加していることがわかる。**図11－2**には，児童虐待相談の年齢別・相談種別構成割合を示した。年齢別では3歳が最も多く，相談種別では心理的虐待が多い。身体的虐待及び性的虐待の構成割合は年齢が上がるにつれて多くなっている傾向がある。

児童虐待は，子どもの発達において非常に重大な影響を与える。身体的虐待やネグレクトは，直接，子どもを死にいたらしめることすらある。虐待の結果，身体面に現れる問題としては，身長が伸びない，体重が増加しない（減少する）などのほか，低栄養のために疲れやすさや体調不良をきたすこともある。心理

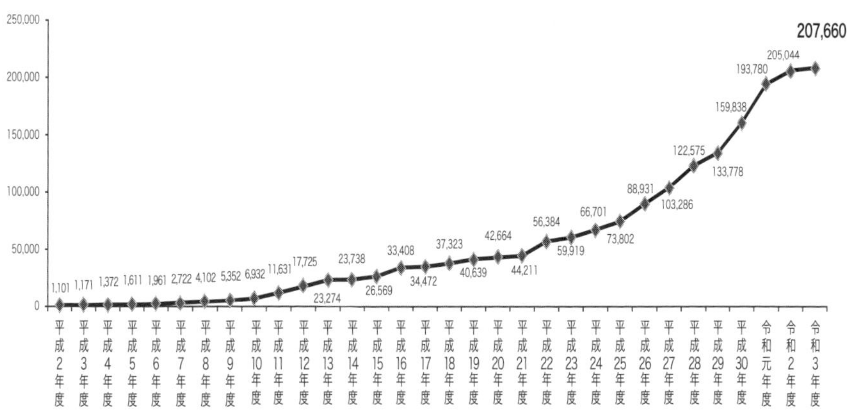


図11－1　児童虐待に関する相談対応件数の推移
（児童相談所で対応したもの；厚生労働省の資料より）

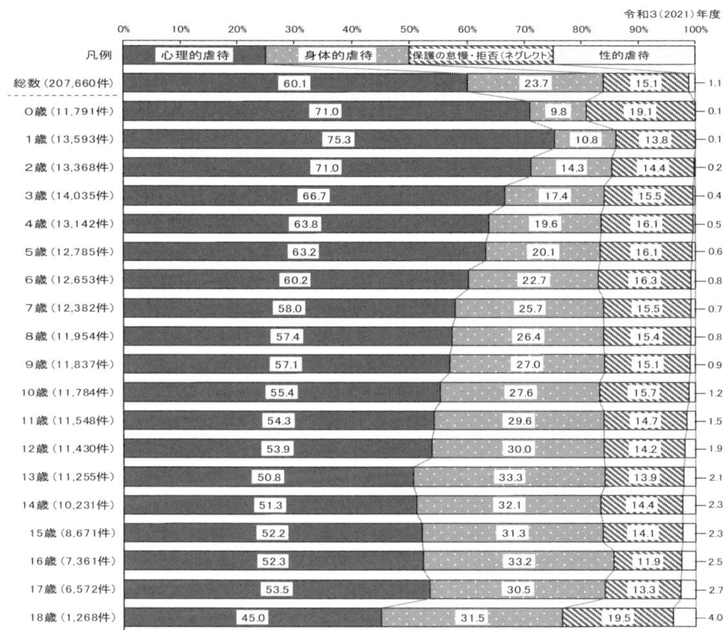


図11－2　児童虐待相談の年齢別・相談種別構成割合
（令和３年度福祉行政報告例の概況；厚生労働省）

的なストレスから，頭痛，腹痛，疲労感などの症状を示すこともある。

心理面や行動面の問題としては，人間関係の形成に問題が生じることがある。他者を過度に警戒したり，親しみを感じる人には極端に依存し，独占しようとすることもある。他者に対して急に暴力的になる子どももいる。抑うつなどの気分障害を示し，表情に乏しい，気分がふさぎがちなどの様子をみせる子どももいる。リストカットなどの自傷行為，自殺念慮などの深刻な問題を示したり，拒食や過食などの摂食障害に苦しむ子どももいる。性的虐待の被害にあった子どもは，性に対して極端な拒絶反応を示したり，逆に，過剰な興味やこだわりをみせる場合もある。PTSDの症状を，長期にわたって示す子どももいる。

このように，児童虐待は，あらゆる心理臨床上の症状を引き起こす危険性がある。まずは予防が重要であり，被害にあっている子どもを発見した場合は，すみやかに児童相談所や警察などに通告し，早い段階での対応が求められる。

# Ⅳ　生徒指導上の諸課題と背景にある心理

## 1　不登校

文部科学省は，「不登校児童生徒」を「何らかの心理的，情緒的，身体的あるいは社会的要因・背景により，登校しないあるいはしたくともできない状況にあるため年間30日以上欠席した者のうち，病気や経済的な理由による者を除いたもの」と定義している。令和３年度のデータでは，小学校では77人に１人，中学校では22人に１人が不登校状態にあったという割合になり，けっしてまれな問題ではない。

**図11－３**に，学年別の不登校児童生徒数を示した。小学校の時期は徐々に増加し，小学６年生と比較すると，中学１年生で増加する。中学校入学時には，複

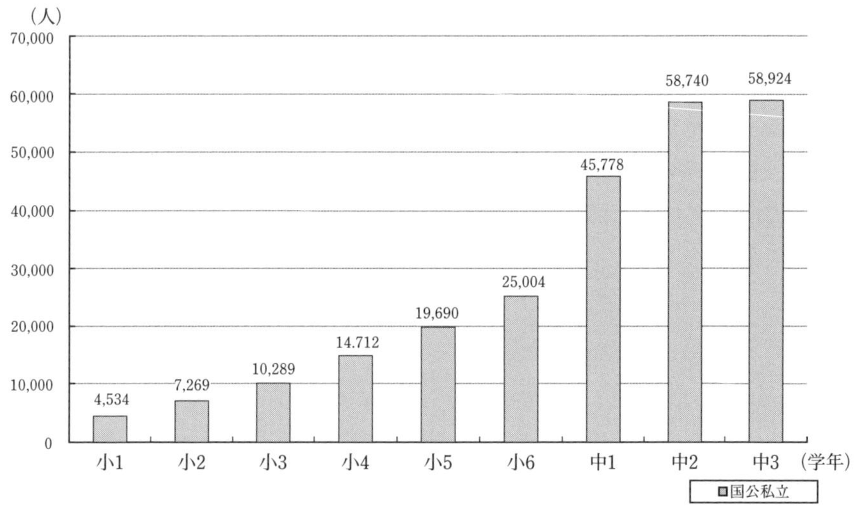


図11－３　学年別不登校児童生徒のグラフ（令和３年度文部科学省調査より）

数の小学校出身者が入学することが多いため，新たな人間関係の構築が必要とされる。また，教科担任制になったり，定期試験がはじまるなど，さまざまな環境の変化への適応が求められるのが中学１年生の時期である。生物学的には思春期に入り，ホルモンの分泌などの影響により，心身ともに不安定になりやすい時期だといわれている。こうしたことが重なって，中学校で不登校が増加すると考えられている。

小学校では，分離不安が影響している不登校が，比較的多くみられる。学校に登校できないだけではなく，学校以外の場所でも保護者から離れられないという問題をもっている子どももいる。

不登校状態にある子どもへの支援の原則は，子どもの社会的自立の促進である。発達段階や本人の特徴にもよるが，何らかの形で，「自分の力で生きていける」「社会とかかわりをもって生きたい」という気持ちや自信を育てることが，不登校状態にある子どもを支援する際の目標となる。そういった意味で，進学や就職も含めたキャリア発達を促すことや，本人に合った多様な学びをコーディネートすることが，不登校状態にある子どもの支援のうえで重要である。

## 2　いじめ

いじめは，旧文部省が1985年に示した定義によると，「自分より弱いものに対して一方的に，身体的・心理的な攻撃を継続的に加え，相手が深刻な苦痛を感じている」ものとされていた。しかし，2007年にいじめの定義を見直し，「当該児童生徒が，一定の人間関係のある者から，心理的・物理的な攻撃を受けたことにより，精神的な苦痛を感じているもの」と修正した。「一方的」「継続的」「深刻な」などの表現がなくなったことが重要であり，より軽微ないじめから，しっかりと把握する必要性が強調された。現在では，いじめ防止対策推進法の施行に伴い，「児童生徒に対して，当該児童生徒が在籍する学校に在籍している等当該児童生徒と一定の人的関係のある他の児童生徒が行う心理的又は物理的な影響を与える行為（インターネットを通じて行われるものも含む。）であって，当該行為の対象となった児童生徒が心身の苦痛を感じているもの」と定義されている。具体的には，身体的な暴力，言葉による攻撃，無視，噂を流す，所有物にいたずらをするなどである。近年は，インターネットや携帯電話を使ったいじめが，中学・高校で増加しており，対応が求められている。いじめは，被害にあった子どもに，将来まで続く心の傷を残すだけでなく，それを目撃した子どもにとっても悪影響がある。また，いじめた側にとっても，人間関係の葛藤を攻撃という手段で解決するということを学ぶおそれがあり，大きな問題である。

**図11－4**に，いじめの学年別のグラフを示した。この値は，教師報告によるいじめの認知件数である。令和３年度で最も多いのは，小学校２年生であり，小学校低学年で多く，学年が上がるにつれて徐々に認知件数が減る傾向がみられる。いじめには，集団内や対人的な葛藤を攻撃以外の方法で解決する力，個人や集団が感じるストレスに適切に対処する力，他者間で生じた葛藤に対して適切に仲裁する力，多様性への寛容さなどの発達が関係していると考えられる。個人や集団におけるこうした力の発達を促すことが，いじめの未然防止，ならびに悪化防止，再発防止において重要になると思われる。

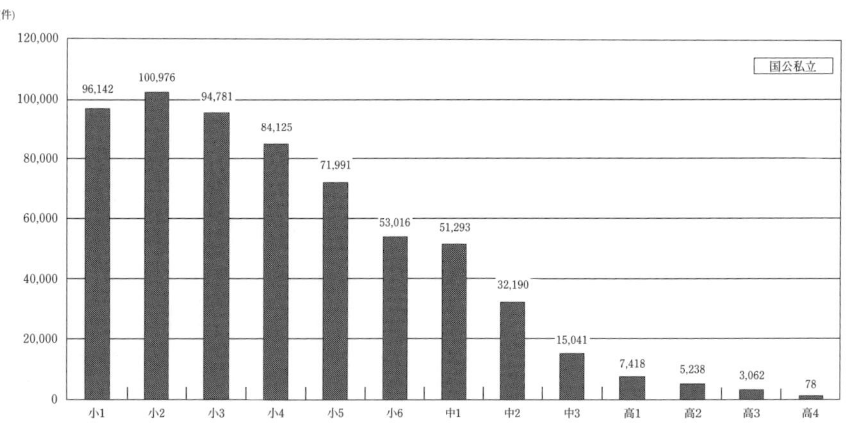


図11－４　学年別いじめの認知件数（令和３年度文部科学省調査より）

## 3　非行・暴力行為

非行という用語は法律用語であり，**表11－1**に示されているような「犯罪少年」「触法少年」「虞犯（ぐはん）少年」を非行少年といい，その際の行為が非行とされる。少年法における「少年」の定義は，20歳未満（19歳以下）の男女である（18・19歳の者は「特定少年」）。13歳以下で法に触れる行為をした子どもは「触法少年」と呼ばれる。**図11－5**に，非行の指標となる少年刑法犯の検挙人員・人口比を示した。平成16年以降，検挙人員・人口比ともに減少傾向にある。

**図11－6**には，非行とも関係が深い，暴力行為の学年別加害児童生徒数を示した。暴力行為とは，対教師暴力，児童生徒間暴力，対人暴力，器物損壊を合わせたものであり，発生の場所は学校の内外を問わない。小学６年から中学１年にかけて増加するが，近年は小学校での暴力行為も増加しているため，小学校と中学校の暴力行為の発生率についてはほとんど差がない。

アドラー（Adler, A.）は，「劣等コンプレックス」が非行と関連が深いと考えた（前田，1998）。例えば，勉強やスポーツが苦手で，劣等感をもつことが多い子どもがいたとする。そうした劣等コンプレックスを覆い隠すために，非行などの誤った方法で優越感を感じようとする行動をとるというのである。例えば，盗んできたものを見せびらかしたり，みんなの前でたばこを吸ったり，けんかをふっかけたりして，「悪いことなら誰にも負けない」ということを，周囲の人間にも自分自身にも印象づける行動をする。非行を行う子どもたちのなかには，「自分は，みんなのようにまともな方法では，立派な大人にはなれない」という強い不安をもっている者も少なくない。

一過性の非行ではなく，長期化･反復する非行の場合，家庭的な要因，衝動を制御できないなど認知や行動上の問題，学校や職場への不適応の要因など，複雑な要因が絡み合ったり，累積していることも少なくない。教育，医療，福祉，司法など，多方面の専門家の協力のもと，非行を犯してしまった子どもの更正と再発予防に臨む必要がある。

表11－1　非行の定義

| 犯罪少年 | 罪を犯した14歳以上20歳未満の者 |
|---|---|
| 触法少年 | 刑事法に触れる行為をした14歳未満の者 |
| 虞犯少年 | 性格，環境などから判断して，将来罪を犯し，または刑事法に触れる行為をするおそれのある20歳未満の者 |

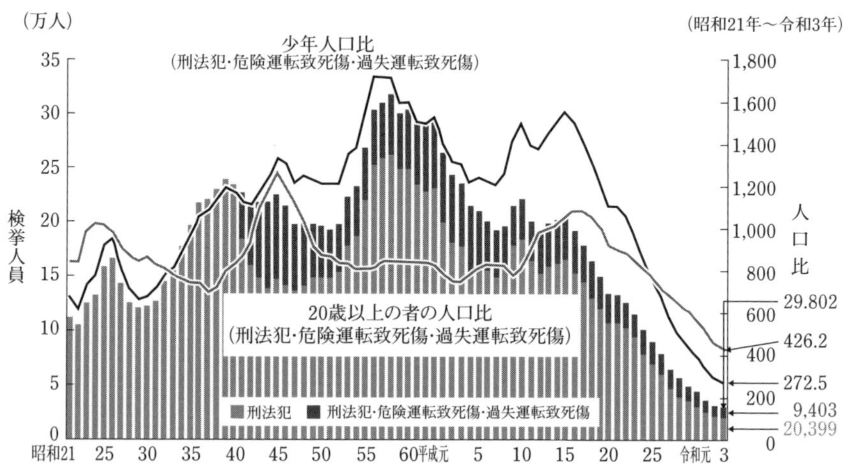


図11－5　少年刑法犯検挙人員・人口比の推移（令和４年度犯罪白書より）

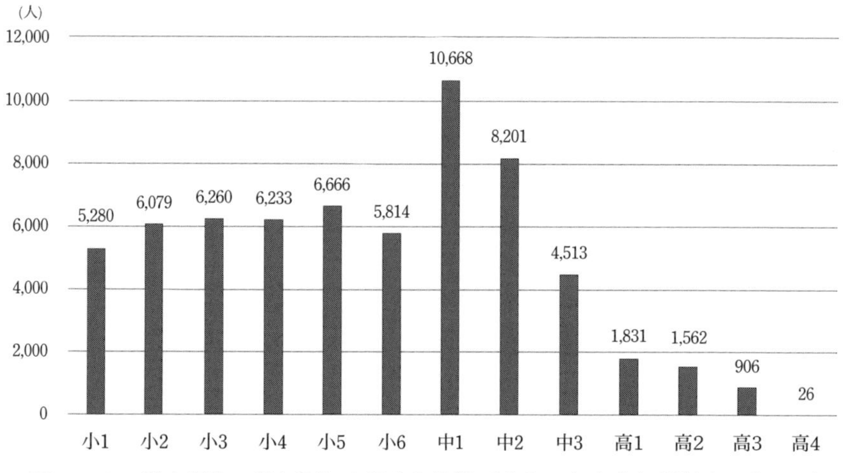


図11－6　暴力行為の学年別加害児童生徒数（令和３年度文部科学省調査より）

## 読書案内

○小林正幸・橋本創一・松尾直博（編）2021『教師のための学校カウンセリング〔改訂版〕』有斐閣アルマ

学校で，教師がカウンセリングにどのようにかかわることが可能か，わかりやすく概説している。

○松尾直博 2023『新時代のスクールカウンセラー入門』時事通信社

新たな時代に求められるスクールカウンセラーの基本を1冊にまとめた解説書である。

## 演習問題

Ａ群の問いに対する解答を，Ｂ群から１つ選びなさい。

［A 群］

1　「基本的には全般的な知的発達に遅れはないが，聞く，話す，読む，書く，計算する又は推論する能力のうち特定のものの習得と使用に著しい困難を示す様々な状態を指すもの」と定義される発達障害は何か。

2　「年齢あるいは発達に不釣り合いな注意力，及び／又は衝動性，多動性を特徴とする行動の障害で，社会的な活動や学業の機能に支障をきたすもの」と定義される発達障害は何か。

3　「３歳位までに現れ，他人との社会的関係の形成の困難さ，言葉の発達の遅れ，興味や関心が狭く特定のものにこだわることを特徴とする行動の障害である自閉症のうち，知的発達の遅れを伴わないもの」と定義される発達障害は何か。

4　「愛着を持っている人（多くは母親や父親）から分離することに対する，発達的に不適切なレベルの過剰な不安を表す障害」は何か。

5　躁と抑うつの両方の症状が交代で出現する等の症状が見られる障害は何か。

6　児童虐待に含まれるのは，「身体的虐待」「性的虐待」「心理的虐待」のほかに何があるか。

7　令和３年度の文部科学省の調査によると, 中学校の不登校生徒の割合は, およそ何人に１人になるか。

8　令和３年度の文部科学省の調査によると, 小学校の不登校児童の割合は, およそ何人に１人になるか。

9　次の文は, いじめ防止対策推進法によるいじめの定義である。(　) に当てはまる言葉を入れなさい。

「児童生徒に対して，当該児童生徒が在籍する学校に在籍している等当該児童生徒と（　）他の児童生徒が行う心理的又は物理的な影響を与える行為（インターネットを通じて行われるものも含む。）であって，当該行為の対象となった児童生徒が心身の苦痛を感じているもの」

10　少年法における「少年」の定義は，何歳未満の男女を示すか。

［B群］

学習障害，分離不安症，注意欠陥多動性障害，統合失調症，高機能自閉症，双極性障害，ネグレクト，77，20，一定の人的関係のある，それまで関係のない，14，10，128

# 第12章

# キャリアの発達

みなさんは、キャリアという言葉から何を思い浮かべますか。キャリアは，仕事や職業だけにかかわるものではありません。子どもたちが，どのようなところで生まれ育ち，どのような教育を受け，いかなる友人や手本に恵まれたのかという生活経験すべてに影響を受け，形成されていきます。本章は，このような発達的な視点に着目して，キャリアについて考えていきます。第１節は，キャリアに関する基礎理論，第２節では，認知的要素に着目した応用理論，そして第３節では，子どものキャリア発達支援に役立つツール，および，それを支える理論について学んでいきましょう。

# I　キャリア発達の基礎理論

## 1　キャリアとは

キャリアという言葉から，みなさんは，何を思い浮かべるだろう。キャリア・ウーマン，キャリア官僚，キャリアアップなどの言葉を耳にすることが多く，仕事や働くことに限定したイメージをもつかもしれない。しかし，キャリアは，生涯を通じて個人が演じるいろいろな役割の組合わせであり，連鎖である。仕事や働くことを中心として，家庭での役割，地域住民としての役割，余暇生活の過ごし方など，人間の生き方全般を含んでいる。さらに，キャリアは，進学や就職に限った問題ではなく，生涯を通じて変化する発達的なプロセスといえる。このような考え方を受け，日本の学校場面におけるキャリア教育では，適材適所をゴールとした職業指導（vocational guidance）から，生涯を通じたキャリア発達（career development）に対する支援へと，その重点が移行しつつある。つまり，進学先や就職先を選択させるだけでなく，生き方や働き方を自分で考え，決める力を育むという教育的視点が重要性を増している。本章は，このようなキャリア概念の移り変わりを念頭において読み進めてほしい。

## 2　特性・因子理論

職業選択の自由が保障されるわたしたちの社会では，多くの人が自分に合った仕事を選びたいと考えるだろう。また，働きかけにあたっては，子どもの得意や不得意を把握し，いろいろな情報を活用して，納得のいく選択へつなげたいものである。しかし，職業選択という行為のメカニズムが理論化されたのは，

1900年代に入ってからのことである。パーソンズ（Parsons, 1909）は，その著書『職業の選択』のなかで，賢明な選択は次にあげる３つのステップを踏むものだとして，特性・因子理論（Trait-Factor Theory）を提唱した。

《ステップ１》

適性，能力，興味，希望，資質，限界といった自分の特性を正しく理解する。

《ステップ２》

さまざまな職業について，求められる資質，成功の条件，メリット，デメリット，報酬，機会，将来性などの情報を得る。

《ステップ３》

ステップ１と２で得た個人と職業の情報を，合理的に関連づけて判断する。

特性・因子理論を支えているのは，人にも環境にも特色があることから，両者をうまくマッチング（matching）させるのがよいという発想である。こうした考え方は，「□のネジは□の穴に」，「○のネジは○の穴に」と表現されており，選択という１つの時点に焦点が当てられている。いかにして，子どもの特性と将来の進路との間によりよいマッチングを組むか，適材適所をつくり出すかが，キャリア支援のポイントになる。

ただし，マッチングという考え方に対する批判は少なくない。例えば，この理論では，時の経過や経験を通して変化する発達プロセスが十分に考慮されていない。また，マッチングでは，個人と環境について正しい情報を集め，合理的に判断することが求められる。しかし人間は，そのときどきの気分や感情，自分でも説明がつかない“何か”に動かされることがある。子どもに関心がある仕事やその理由をたずねても，「何となく」「うまく言えないけれど」という反応は実に多く，この非合理的ともいえる心のメカニズムが考慮されていない点も，同理論がもつ弱みといえる。こうしたいくつかの問題点はあるが，人と環境の適合性つまり適材適所をわかりやすく整理した考え方として，特性・因子理論は，いまなおキャリア・ガイダンスの実践場面で活用されている。

## 3　職業的発達理論

職業選択は，仕事を決めるときに限られた問題ではなく，それこそ個人が生まれてから活動を退くまでの長い期間に渡って変化し続ける，一連のプロセスである。このようなダイナミックなキャリアの変化について，スーパー（Super, 1957）の職業的発達理論（Vocational Development Theory）から学んでみよう。

スーパーによると，職業発達は，自己概念（self-concept）を形成し，それを職業的なものに置き換えて，社会で実現させていくことである。自己概念とは，個人が自分の能力，興味，価値などの特性をいかなるものと捉えているか，ということである。このうち，自分自身の基準や考え方に基づいて形成したものを主観的自己，周囲からの意見や評価を取り入れて形成したものを客観的自己という。キャリア発達の長いプロセスでは，主観的自己と客観的自己を形成し，統合し，それに合った仕事を見つけ出すこと，そして適応することが大切な作業となる。

このような発達プロセスは，年齢に応じて成長（4～14歳），探索（15～24歳），確立（25～44歳），維持（45～64歳），離脱（65歳～）という一連の段階を踏む。また，誰もがこれらを同じ順序で辿り，一度段階を踏むと後戻りしてやり直すことはできないという非可逆的な特徴をもつものとされてきた。しかし，最近は，人々がいろいろな価値観をもつようになり，生き方や働き方に多様性が出てきた。そのため，みんなが同じように，これらの段階を順に辿るとは限らなくなってきた。ときには，ある段階に長く留まる，あるときは後戻りして再挑戦する，というように，柔軟性をもったプロセスに修正する必要があるとの意見も聞かれるようになった。

その後，スーパー（1980）は，自らのキャリア発達理論に新しい視点を取り入れ，ライフスパン―ライフサイクル理論（Life-span Life-cycle Approach）として結実させた。この考えは，**図12－1**に示すような虹，すなわち，ライフ・キャリア・レインボーによって表現されている。ここでは，子ども，余暇人，労働

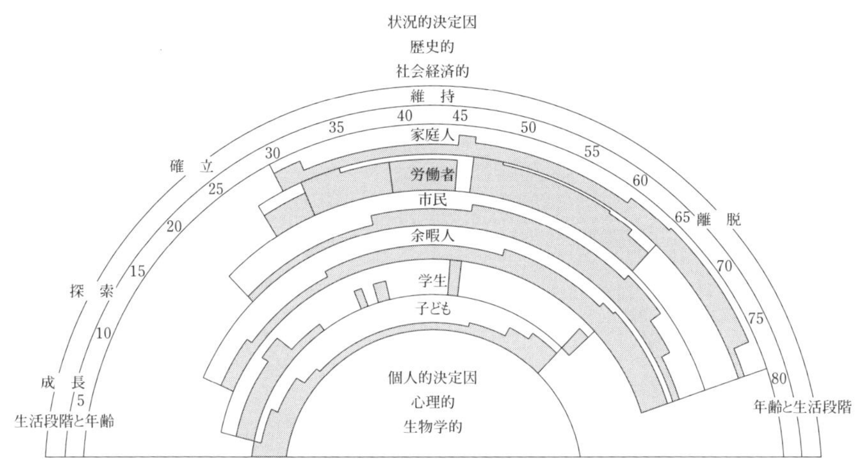


図12－1　ライフ・キャリア・レインボー
（Super, Savickas & Super, 1996を菊池, 2008が改変）

者などの役割を，どのように統合して自分らしい生き方を実現するかが，生涯にわたる課題となる。人は，生まれたときから長くにわたり，子どもの役割を担う。また，子どもであると同時に余暇人であり，生徒にもなる。それが，学生となり，労働者になり，家庭人としての役割が加わり……といったかたちで，複数の役割を担う。このようなプロセスで，役割同士が互いを刺激し，影響を及ぼし合って，その人らしい生き方や働き方が営まれるのである。

## 4　意思決定理論

子どもは，日々さまざまな意思決定を行いながら暮らしている。遊び仲間，休み時間の過ごし方，テレビ番組，お小遣いの使い方など。思い返してみると，彼らの日常生活は意志決定の連続である。ジェラット（Gellat, 1962, 1967）は，進学先や就職先を決めるときにも，こうした日々の意志決定と同じメカニズムが働いていると考えた。そして，**図12－2**に示すような意思決定理論（Decision

Making Theory）を用いて，そのメカニズムを説明している。

これによると，まずは目標を定め，必要な情報を収集する。そして，得られた情報を用いて，予測，価値，基準という3つのストラテジーを適用する。すなわち，ある選択肢を選ぶとどのような結果になるか，また，そうなる確率はどれほどかを見積もる（予測システム）。次に，選択肢を選んだ際の結果は，自分にとってどの程度望ましいかを判断する（価値システム）。そして，価値基準に照らし合わせて，目的にかなう選択肢がどれかを評価する（基準）。これらのストラテジーを用いて，決定へといたるのである。このシステムに基づいて，まずは，仮の選択である探索的決定が行われ，探索的決定を繰り返して決定手法を改善しながら選択肢を絞り込み，やがては最終的決定を下すことになる。

このような意思決定プロセスがうまく機能するためには，いくつかの条件がある。例えば，将来について予測可能であること，また，選択を行う個人は，選

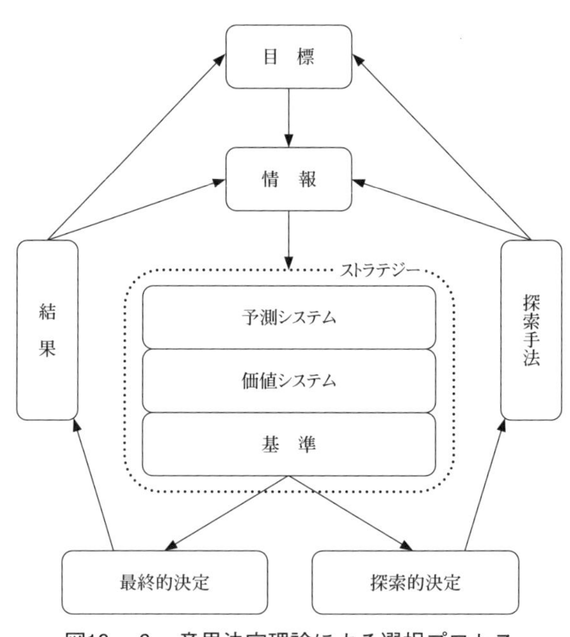


図12－2　意思決定理論による選択プロセス

択に対して一貫性のある合理的な基準をもっていることである。だが，実際のところ，子ども自身も，彼らを取り巻く状況も，刻々と変化しており，人の思いや考えは，時として合理性を欠くものである。興味や価値は，成長や経験により変化していくし，ある一時点で立てた予測は，時間の経過に伴い，修正を余儀なくされるであろう。例えば，小学生の段階で教師になることを決め，それに向けて努力をしていても，実際に職業選択をするときには，教育事情や採用状況が変わっているかもしれない。また，本人の興味や関心が，ほかのものに変化していることもあるだろう。

このような変化や非恒常性を踏まえて，ジェラット（1989）は，積極的不確実性（positive uncertainty）という考え方を提案している。変化の激しい現代社会において，意思決定プロセスがそのとおりに作動するかは不確かである。このような世の中では，偶然や直感，本人の主観など，合理的とはいえない要素に影響を受けることは避けられない。ならば，これらを積極的に受け入れ，活用しながらキャリアを歩んでいこうという発想である。このような不確定性を考慮するならば，進路指導やガイダンスにおいても，子どもが一時点で行う決定を固定的なものとせず，その後何度も修正や変更が加わることを念頭におき，現時点で最良のものを選択させるといった柔軟な姿勢が求められよう。

# Ⅱ　キャリア発達の応用理論

## 1　キャリア自己効力

新しいことを始めようとするとき，何か行動を起こそうというとき，人は，「上手にできるだろうか？」と自分の能力の程度を見積もるものである。これが自己効力（self-efficacy）といわれるもので，キャリアに関する自己効力は総括して，キャリア自己効力と呼ばれており，これまでにさまざまな態度や行動が，キャリア自己効力の概念を用いて説明されてきた。例えば，ベッツとハケット（Betz & Hacket, 1981）は，性別による自己効力の違いを調べている。彼らの報告によると，男子生徒は，パイロットや科学者などの男性職に対しても，幼稚園教諭や歯科衛生士などの女性職に対しても，大きくは変わらない程度の自己効力をもっていた。これに対して女子生徒は，女性職への自己効力は高いが，男性職への自己効力は低い傾向が明確にみとめられたという。

その他の研究でも，女子生徒は，理系科目に対する自己効力が低いこと，人種的マイノリティーの女子生徒は，進学や将来のキャリアに対する自己効力が低くなることなどが指摘されている。もし子どもが，ネガティブな思い込みによって，実際の能力よりも低い自己効力しかもてないならば，可能性やチャンスを生かすことはむずかしくなる。逆に，高い自己効力をもつ領域に対して，子どもたちは関心をもち，積極的に行動し，将来のキャリア選択肢として考慮する可能性が高くなる。このような自己効力は，幼いころからの経験や周囲による働きかけ，接触情報などに影響を受けて形成されていく。以下にあげる4つの情報源が，そのプロセスにかかわりをもつとされている。

**《個人的達成》**

自分で挑戦して成功したという経験である。例えば，人を助けたり相談を受けたりという経験を多くしてきた子どもは，対人援助活動への自己効力が高くなり，成功経験が少ない場合は自己効力が育ちにくくなるだろう。

**《代理学習》**

他者の経験を観察することが，自己効力に影響を及ぼす。親や親戚に教師がいる者は，教師としての成功経験を多く見聞きするため，自己効力が高くなることがある。また，図書や映像などからも，代理学習の効果が得られる。偉人の伝記に感銘を受けて，その職業をめざすようになったという子どもは，代理学習を経験しているのだろう。

**《社会的説得》**

自分自身や周囲から評価や励ましを得ることが，個人的達成や代理学習の効果を補うかたちで作用する。つまり，子どもの成功経験を大いに認め，それを自身と関連づけさせるような働きかけが自己効力の形成を促すといえる。

**《情緒的覚醒》**

不安や緊張の度合いが高いとき，顔がほてったり，冷や汗をかいたり，心臓がドキドキするのを感じたことがないだろうか。こうした状態に対する知覚が，自己効力の認知とかかわりをもつ。緊迫した状態を感じることは自己効力を低め，落ち着いた状態を感じることは自己効力を高める方向に働く。

このようにして形成される自己効力は，高いほどよいのだろうか。実はそうではなく，能力レベルを少し上回る程度が望ましいとされている。したがって，親や教師は，子どもがもつ能力のレベルをやや上回るあたり，適性の幅を少し広げたあたりに自己効力が形成されるよう働きかけることで，能力発揮や成長へつなげていくことができる。

## 2　社会・認知的進路理論

前の項で学んだ自己効力は，わたしたちが感じる自信の程度といえるもので，普段の生活体験に結びつけて考えることができたと思う。本項では，キャリア自己効力を中心に据え，さまざまな個人や社会の要因を取り入れて組み立てられた，社会・認知的進路理論（Social Cognitive Career Theory : SCCT）のキャリア発達モデルを紹介しよう（Lent, Brown & Hackett, 1994）。

これまでに学んだ理論では，個人の内面で起きている心の動きのみを用いてキャリア選択や発達のメカニズムが説明されていた。しかし，子どもは真空状態におかれたままキャリアを発達させるのではない。彼らの興味や関心は大切な要素だが，現実世界におけるキャリアは，それだけで決定するほど単純ではない。例えば，子どもが生まれつき備えている能力や素質，性別や人種などの属性，生まれ育った社会や文化，経済状況など，キャリア発達のプロセスは，さまざまな要因から影響を受ける。また，選択を行うことである結果が生まれ，それが次に行う選択に影響を及ぼすこともある。こうしたかたちで，個人のキャリアを取り巻くさまざまな要因を取り入れて構築したのが，SCCTのキャリア発達モデルである（**図12－3**参照）。このモデルのなかには，すでに学んだ自己効力，４つの情報源，次節で学ぶ職業興味が組み込まれている。それぞれを確認しながら，読み進めてほしい。

流れにそってみていくと，まず，左上に性別や健康状態などの個人属性があげられている。これらの属性は，子どもが生まれ育った家庭や教育機会などの生育環境と相互に影響を及ぼしながら，学習経験，すなわち，先に学んだ４つの情報源を提供する。これらの学習経験によって，ある領域のことがらをうまく達成できるという自己効力，その領域に進むと何が起きるかという予測である結果期待が形成される。そして，自己効力と結果期待の作用により，興味が形成され，興味が具体的な目標設定につながり，目標が行動の具現化を促す。こ

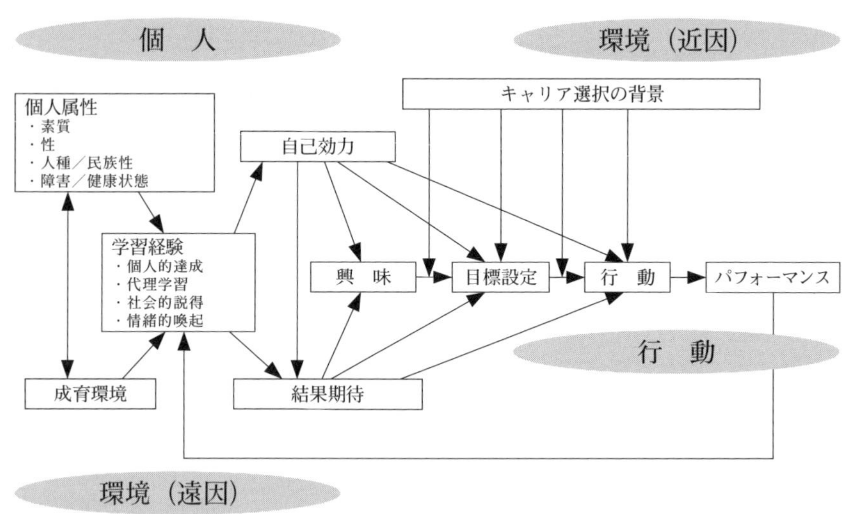


図12－３　キャリア選択モデル
（Lent et al., 1994を安達，2006が改変）

のようなプロセスに対して，労働市場や経済状況などの背景が影響を及ぼすことになる。また，行動によってもたらされたパフォーマンスは，学習経験に還元され，自己効力や結果期待を書き換える。このようなかたちで，キャリア発達のプロセスは循環する。

例えば，数学教師の子どもの数的処理能力が優れているため，親の配慮から，数的能力が育ちやすい玩具や課題達成の機会を与えられるとする。そうすると，もともとの素質と環境が相互作用して，数的課題の個人的達成，親の働く姿を観察する代理学習，自他による肯定的な社会的説得などの学習経験がもたらされる。それによって子どもは，数学に対する高い自己効力と，望ましい結果期待を形成するであろう。これらが数学教師という具体的な職業興味を喚起し，職業興味をもつことが，教育学部への進学や単位の取得，教員採用試験などの目標設定に，目標設定が具体的なキャリア選択へとつながる。このようなかたちで，キャリア発達のモデルを理解することができる。

# Ⅲ　キャリア支援の実践

## 1　ホランド理論と検査

主たるキャリア発達理論のなかには，その考え方に基づく検査が作成され，キャリア支援ツールとして活用されているものが多い。これらのなかでも，わが国においてとくに活用頻度の高いものが，ホランド（Holland, 1959, 1973）による職業選択理論（Vocational Choice Theory）と，その考え方に基づく職業レディネステスト（VRT）であろう。ホランドによれば，個人がもつ興味の傾向と仕事環境は，現実的（Realistic：R），研究的（Investigative：I），芸術的（Artistic：A），社会的（Social：S），企業的（Enterprising：E），慣習的

(Conventional：C）という６つのタイプに分類できる。そして，個人のタイプと環境のタイプが合致するような組合わせが適合的な職業選択であり，個人を職業上の成功，満足，安定に導くという。

**《現実的》** 機械や物の組立て，操作，修理，動植物を育てるなど，物を対象とした具体的で実際的な活動領域

**《研究的》** データを分析する，未解決の現象を解明するといった，物理，科学，人文社会などさまざまな領域についての研究的・探索的活動領域

**《芸術的》** 音楽を奏でる，詩や文章を書く，役割を演じる，表現する，作品を創るなどの自由で創造的な活動領域

**《社会的》** 人に教える，助ける，世話をする，奉仕するなどの人間を相手にしたコミュニケーションを多く含む活動領域

**《企業的》** 企画，立案する，目標達成へ向けて組織や人を方向づける，交渉するなどの活動領域

**《慣習的》** 定まった法則や規則に従って書類を作成したりデータを入力したりという事務的な作業を多く含む活動領域

６つの領域は，**図12－４**に示すような六角形を用いて表現される。そして，この６領域の並びであるRIASECには意味があり，お互いに近接し合う領域（例えばＳとＥ，ＲとＩ）は関連性が高く，対角線上にある組合わせ（例えばＳとＲ，ＣとＡ）は関連性が低いという配置になっている。そして，このような理論的枠組みを用いた検査が，職業レディネステストである。これは，中学生・高校生を対象としたもので，“新しい薬を開発する（Ｉ）”，“社長として会社の経営の仕事にあたる（Ｅ）”，“部品を組み立てて機械を作る（Ｒ）”などの具体的な活動を描写した項目から作成されている。これによって，子どものRIASEC６領域に対する興味の程度に加えて，自信の程度についても測定することができる（労働政策研究・研修機構，2006）。

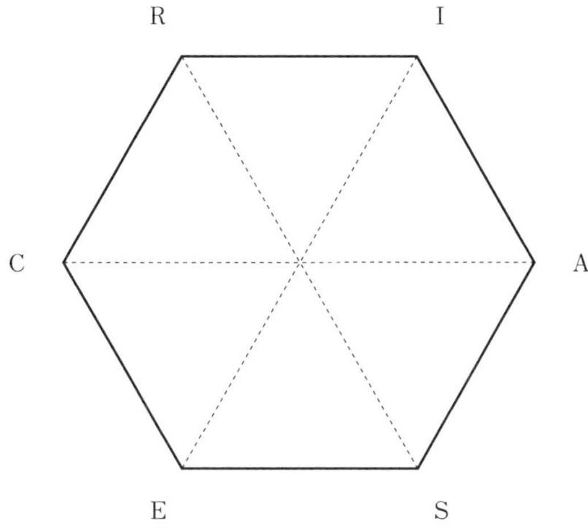


図12－4　職業タイプの六角形
（Holland, 1985；渡辺・松本・舘, 1990より作成）

## 2　カード・ソート法

キャリア支援を行うときに，子どもの興味や関心を把握しておくことは不可欠なステップである。それぞれの子どもの傾向を把握するために，先にふれたVRTを含む多くの検査では，あらかじめ準備された質問項目に受検者が答えるというオーソドックスなかたちをとる。それらに加えて2000年代に入ってから，日本では，職業カードを分類したり，並べ替えたりという作業を行いながら，興味や価値観について理解を深めるカード・ソート法（card sort method）が取り入れられるようになった。その代表的なものがOHBYカードで，48枚の職業カードから成り立つものである。標準的な使用法は以下のとおりで，カードの分類作業を通じて，選択する・選択しないを分ける軸となる考え方を探ることができる（労働政策研究・研修機構，2008）。

《ステップ１》

カードの表面や絵を見ながら「選択する」，「選択しない」，「考え中」のいずれかにカードを分類する。

《ステップ2》

「選択しない」に分類した職業について，選ばないと判断した理由を考え，理由が類似しているものをさらにグルーピングし，関心のない分野，不得意分野の傾向について考える。

《ステップ3》

「選択する」に分類した職業について，選ぶと判断した理由を考え，理由が類似しているものをさらにグルーピングし，興味関心や得意分野の傾向について理解を深める。

OHBYカードの特徴は，文字のほかに絵や写真を用いていることである。そのため，文字情報の処理能力が十分に発達していない子どもから中高年まで，幅広い対象に適用できることがこの検査の強みといえる。また，カードを分類するという単純な作業であることから，受検者が防衛的になりにくいこと，受検者の意向やそのときの状況によって活用法を柔軟に変化できる点も，この手法の特色といえる。さらに，OHBYカードは，1対1のカウンセリング場面だけでなく，2人組ペアでの実施や複数からなるグループや学級場面で用いることもできる。

## 3　コンピュータによるキャリア・ガイダンスシステム

コンピュータの普及に伴い，それらを活用したキャリア支援のツールが開発されている。これまでの活字資料を利用した情報収集や，紙と鉛筆を用いた筆記検査に代わり，これらをコンピュータ画面で行うことができ，総称して，コンピュータによるキャリア・ガイダンスシステム（Computer Assisted Career Guidance System : CACGs）という。わが国でも，労働政策研究・研修機構によって，受検者が単独で利用できるCACGsが開発され，学校場面でこれらの

Column コラム

## 天職は実現するのか？——夢と現実のすり合わせ

「天職にめぐり合うはずだ」，「自分にしかできない何かをしたい」，「仕事で輝きたい」，このような仕事へのこだわり意識を，あなたはどう思うだろうか。これらは，いまの時代の若者に特徴的とされる適職信仰の考え方である。しかし，このような若者の考え方に眉をひそめる大人たちが，実は意外と多いのである。天職に巡り合うなんていったいどれほどの確率なんだ，いまの時代に代替不能な職業などない，働くことはしょせん地味で辛いことだ……。つまり，適職信仰にとらわれ，ぴったりの何かにこだわった考え方をしているから，いつまでも世に出ようとせず，働けない，働かない，働こうとしない若者が増えるのだ，このような批判である。

では，適職へのこだわりは，そんなにもよくないことなのか。筆者が行った調査の結果，適職信仰は，これから仕事社会へ出て行こうとする学生や，自立へ向けて活動中の若者に特徴的な考え方であることがわかった（安達，2009）。また，こうした意識は，パーソナリティのように固定的なものではなく，積極的に動いているときには高くなり，目標を達成すると中程度に，行動を起こさないときには低くなるというように，活動状況と連動していた。このような結果を踏まえると，適職信仰の考え方を非現実的なものと否定するのではなく，その仕事につくための資格や能力，求人倍率，類似した職業群などを調べ，考えさせるような働きかけが求められる。つまり，天職と現実のすり合わせや，すきまを埋めるような方向づけが必要なのである。

ぴったりの天職や，輝くことのできる何かに憧れるような心は，多かれ少なかれ誰もがもっている。宇宙飛行士や総理大臣になりたいという子ども，こうした憧れを幼い夢や空想として片づけてしまうのはもったいない。その職業は，どのような仕事要素で成り立っているのだろう？　どのような適性が求められるのか？　実際になれる確率はどのくらいだろう？　同じような特徴をもつ仕事は，ほかにあるだろうか？　このように，現実離れした夢や希望を受け入れながら，現実場面での仕事や働くことと結びつけていけるよう，育てていきたいものである。これが，「I have a dream」「Be ambitious」を具現化させるためのキャリア支援ではないだろうか。

導入が進められている。例えば，中高生向けには，「職業ハンドブックOHBY (Occupation Hand Book for Youth)」が開発されており，これは430の職業について解説した，キャリア学習とガイダンスの機能を兼ね備えたものである。文字を中心とした職業の説明ではなく，絵や写真を有効に活用し，コンピュータを自分で操作しながら検索を進めることができる。また，働くことについて考える，自分の特徴について理解を深めるなど，キャリア選択で求められる基礎的スキルを養う機能も備えている。

これまでの職業ハンドブックは，職業世界へ移行する時期にある若者や，職業世界で働く大人たちを対象としたものであった。これに対して，職業世界から離れた時空間で生活する子どもをターゲットとしたツールが開発されたことは，画期的といえる。多くの家庭では，暮らしの空間と仕事空間が分断されており，子どもが仕事や働くことにふれる機会が限られてしまった。これは，子どもたちの希望職業が，人気テレビ番組で扱われているものや，日ごろ接触する職種に集中するという傾向にも表れている。このように，一部に偏った職業世界の知識や情報だけでは，将来，自分の能力を存分に発揮できるキャリア選択に辿りつくのはむずかしいだろう。

小学校や中学校などの早い段階からキャリアを決定する必要はない。しかし，キャリア選択を行うときまでに，仕事や働き方について，いろいろな情報や考え方にふれておくことは，選択肢の幅を広げることにもつながる。また，CACGsのシステムにそって自分や職業について理解を深め，実際に選んでみるという体験は，たとえ架空の状況設定であっても，意味あるキャリア学習体験になるだろう。松本・室山（2008）によれば，CACGsは，能力，興味，価値観，行動特性などの自己理解を深めるツールとして，とくに有効活用されている。いっぽう，こうして得た自分の情報と職業を照らし合わせて考えたり，目標を明確化していくときに，教師やカウンセラーによる働きかけが必要になる場合がある。このように，CACGsの効果はけっして万能ではないため，その機能や有用性を十分に理解したうえで活用していくことが望まれる。また，仕事や職業の情報に加えて，リモートワークや在宅ワーク，副業の広がりなど，新しい働き方や価値観についても情報を取り入れて，子どもたちが自分の将来像を描けるような支援や教育が必要である。

## 読書案内

**○渡辺三枝子（編著）2018『新版 キャリアの心理学【第２版】―キャリア支援への発達的アプローチ―』ナカニシヤ出版**

キャリアにまつわる代表的な理論がかわりやすく紹介されている。伝統的な理論から最新の理論までが丁寧に解説されている。発達的な視点にたったアプローチに関心がある読者，理論をどのようにカウンセリングなどの支援に活用するかにに興味がある学習者にすすめたい。

**○日本キャリア教育学会 2020『新版 キャリア教育概説』東洋館出版社**

キャリア領域のなかでも，とくに教育的な働きかけや支援に関心がある人におすすめの一冊である。本章で紹介している理論をさらに詳しく学ぶことができる。学校教育においてキャリア教育がどのような位置づけにあるかを踏まえながらキャリアについて理解することができる。

**○渡部昌平 2022『キャリア理論家・心理学者77人の人物で学ぶキャリア理論』福村出版**

キャリア理論とその提唱者について，個人的なエピソードを踏まえて紹介されている。キャリアという人生テーマについてさまざまな視点について学んでみたいという人，理論をどのように実践に活かしていくかに関心がある人にすすめたい。一般的な図書では扱われていない理論や人物があつかわれているのも本書の特徴である。

## 演習問題

Ａ群の問いに対する解答を，Ｂ群から１つ選びなさい。

［A群］

1　個人特性と職業特性の間に，適材適所の組合わせをもたせることを重視しパーソンズの考え方を何というか。

2　特性・因子理論で重視されている，人と職業の間のよりよい組合わせのことを何というか。

3　個人が生涯にわたって複数の役割を担い，統合していく過程を表現した理論を何というか。

4　われわれが日々行っている意志決定のメカニズムを，職業についての意志決定プロセスに適用した考え方を何というか。

5　現実社会において，偶然や直感，本人の主観など，合理的とはいえない要素を積極的に受け入れ，活用しようという考え方のキーワードは何か。

6　ホランドの職業選択理論の6領域の1つで，定まった法則や規則に従い，書類を作成したりデータを入力したりという事務的な作業を多く含む活動領域を何というか。

7　ホランドの職業選択理論に基づいた職業適性検査で，わが国の中・高生を対象としたものの名称を1つあげよ。

8　キャリアに関連した自分の能力についての自己評価を何というか。

9　自ら課題に取り組み，自分の力で成功したという経験は，自己効力を高める。この情報源を何というか。

10　個人の心理要因のみでなく，個人がもつ属性や社会背景などを取り入れてキャリア発達のメカニズムを説明する立場を何というか。

［B群］

ライフスパン−ライフサイクル理論，慣習的領域（R），社会・認知的進路理論，特性・因子理論，マッチング，個人的達成，意志決定理論，ライフ・キャリア，客観的自己，職業レディネステスト，価値システム，積極的不確実性，企業的領域，RIASEC，キャリア自己効力

# 第13章

# 情報リテラシーの発達

GIGAスクール構想による児童生徒1人1台端末と高速大容量の通信ネットワークの一体的整備により，子どもたちがインターネット上の情報に触れる機会は格段に増加しています。それとともに，インターネット上にあふれるフェイクニュース，偽情報・誤情報，ヘイトスピーチや特定個人に対する誹謗中傷といった悪意を含む情報に触れる機会も格段に増加しています。こうした状況において，子どもたちは，インターネット上で自分に必要な情報を正しく読み取り，理解する能力の獲得，すなわち情報リテラシーを早い段階から獲得することが求められているといえるでしょう。この章では，現在の子どものメディア利用の実態を整理するとともに，子どもたちに求められる情報リテラシーがどのようなものなのか，子どもたちがどのように情報リテラシーを獲得しているのかを解説します。

# Ⅰ　子どものメディア利用の実態

## 1　メディアとは？

私たちはメディアからさまざまな情報を得ている。メディア（media）とは，媒体，媒介物，伝達手段，中間などの意味をもつ英単語であり，メディウム（medium）の複数形である。情報を伝達するために受け手と送り手の中間で作用するものすべてがメディアという言葉に含まれるが，本章においては，メディアの代表的なものとして，テレビ，ゲーム，パソコンやタブレット，スマートフォンといったメディアに着目していく。

## 2　テレビとゲームの利用

ベネッセ教育総合研究所（2021）は，年少児（３歳児）～小学３年生の第一子をもつ母親を対象に，子どものメディア利用の実態に関する調査を行っている。**図13－１**に示したように，平日１日当たりのテレビ番組の平均視聴時間は，すべての年齢で75分を超えており，その他のメディアよりも使用時間が長い。この年代の子どもたちにとって，テレビが最も身近なメディアであるといえるだろう。

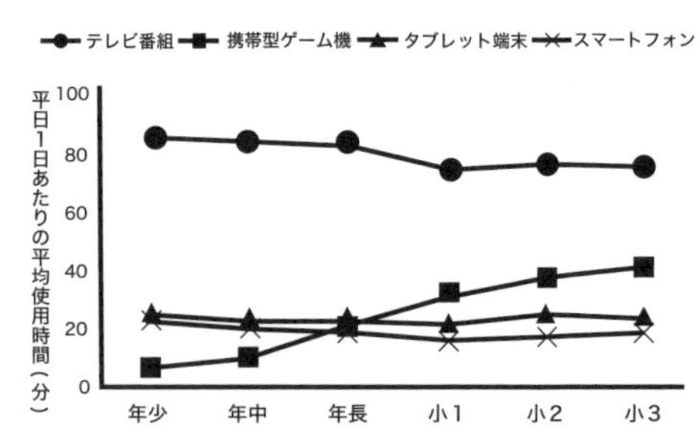


図13－１　各メディアの平日1日当たりの平均使用時間（ベネッセ教育総合研究所，2021）

また，携帯型ゲーム機の利用時間は年齢を追うごとに増加し，小学３年生の平日１日当たり平均使用時間は40分を超えている。

## 3　インターネットの利用

インターネットの利用については，内閣府（2022）による「令和３年度青少年のインターネット利用環境実態調査」において，低年齢層（０歳から満９歳）の子どもと同居する保護者を対象とした調査や青少年（満10歳から満17歳）を対象とした調査などが行われている。調査結果の一部を**図13－２**に示す。

９歳以下の低年齢層では，全体のうち74.3％がインターネットを利用しており，通園・通学前（０歳～６歳）で38.1%，通園中（０歳～６歳）で70.4％，小学生（６歳～９歳）で89.1%がインターネットを利用している。インターネットの平日１日当たりの利用時間は，通園・通学前（０歳～６歳）で126.3分，通園中（０歳～６歳）で98.0分，小学生（６歳～９歳）で118.2分であり，目的別にみると趣味・娯楽目的の利用時間（95.2分）が最も長かった。インターネットの利用内容をみると，動画を見る（94.0%），ゲームをする（59.0%），勉強する（32.9%）が上位であり，コミュニケーション（10.6%）やニュースをみる（3.8%）や検索する（18.5%）といった情報収集や情報の発信・伝達に関する利用は，全体としては少なかった。

次に，10歳以上の青少年では，全体のうち97.7%がインターネットを利用していると回答している。スマートフォンでインターネットを利用する割合は68.8%であり，そのうち子ども専用の機器を利用する割合は，小学生（10歳以上）で63.3％，中学生で91.1％，高校生で99.3％と，中学生から大幅に増加していた。インターネットの平日１日当たりの利用時間は，小学生（10歳以上）で207.0分，中学生で259.4分，高校生で330.7分であり，目的別にみるとやはり趣味・娯楽目的の利用時間（164.7分）が最も長かった。インターネットの利用内容をみると，小学生（10歳以上）ではゲームをする(84.5％)，動画を見る(84.2

％），検索する（65.8%），中学生では動画を見る(91.3％），検索する(82.3％），ゲームをする(81.1％），高校生では動画を見る(95.8％），音楽を聴く（90.0％），検索する(87.7％)が上位である。コミュニケーション（小：38.2%，中：72.2%，高：86.1%）やニュースをみる（小：28.6%，中：52.2%，高：61.8%），検索する（小：65.8%，中：82.3%，高：87.7%）といった情報収集や情報の発信・伝達に関する利用についても，やはり中学生から増加している。

以上のように，インターネットは通園・通学前の段階から利用されており，小学生以上の子どものほとんどが日常生活や学習場面でインターネットを多く利用している。そして，中学生になると自分のスマートフォンを持つようになり，さまざまな目的でインターネットを利用するようになる。このようなインターネットの利用機会の増加は，フェイクニュース，偽情報・誤情報，ヘイトスピーチや特定個人に対する誹謗中傷といった悪意を含む情報に触れる機会を増加させるものと考えられる。子どもたちは，インターネット上で自分に必要な情報を正しく読み取り，理解する能力を早い段階から獲得することが求められているといえるだろう。

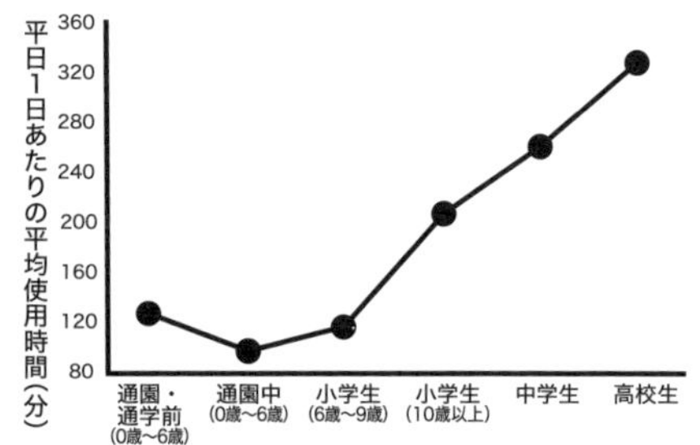


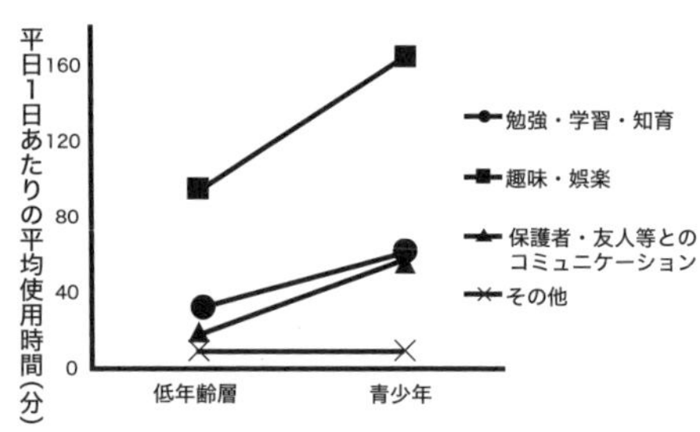


図 13 − 2　インターネットの平日１日当たりの平均使用時間と利用内容（内閣府，2022）

# Ⅱ メディアリテラシーと情報リテラシー

## 1　日本におけるメディアリテラシーの定義

情報を正しく読み取り，理解する能力は，「情報リテラシー（information literacy）」と呼ばれるが，それと密接に関連する用語として，メディアを利用する際に受け手に求められる能力である「メディアリテラシー（media literacy）」がある。いずれももともとは文字の読み書き能力を意味する「リテラシー（literacy）」から発展したものである。日本では，情報リテラシーよりもメディアリテラシーに着目した研究や教育が行われており，その概念の定義が議論されてきた。

例えば，鈴木（1997）は，「メディアリテラシーとは，市民がメディアを社会的文脈でクリティカルに分析し，評価し，メディアにアクセスし，多様な形態でコミュニケーションを創り出す力を指す。また，そのような力の獲得を目指す取組もメディアリテラシーという」と定義している。この定義は，カナダの市民組織「メディアリテラシー協会」の定義や，アメリカで開催された「メディアリテラシー運動全米指導者会議」でまとめられた定義を踏まえたものであり，送り手としてのマスメディアと受け手としての市民の関係を主な対象としている。

水越（1999）は，「メディアリテラシーとは，人間がメディアに媒介された情報を構成されたものとして批判的に受容し，解釈すると同時に，自らの思想や意見，感じていることなどをメディアによって構成的に表現し，コミュニケーションの回路を生み出していくという，複合的な能力である」と定義している。また，中橋（2013）は，「メディアの意味と特性を理解した上で，受け手として情報を読み解き，送り手として情報を表現・発信するとともに，メディアの在

Column コラム

## スマートフォンの利用と子どもの発達

スマートフォンの利用と子どもの発達との関連を検討する研究は，主に行動の抑制に関わる「抑制機能」の観点から行われている。Liら（2018）は，4歳〜6歳の子どもを対象に，スマートフォンの利用が子どもの抑制機能に与える短期的効果について実験的に検討している。「Dr. Panda，宇宙へ行く！」というファンタジーゲームアプリを題材とし，iPad上で動画を受動的に視聴する条件と，ゲームを能動的にプレイする条件を設定した。その結果，受動的に動画を視聴する条件では抑制機能を悪化させる効果がみられたのに対し，能動的にゲームをプレイする条件ではそのような効果はみられなかった。すなわち，スマートフォンを受動的に見続けることが，子どもの抑制機能に対して一時的・短期的に悪影響をもたらすと考えられる。スマートフォンは「いつでもどこでも見せられる」という特徴があるため，毎日長時間にわたっての動画の受動的な視聴には注意が必要である。

国内においては，浅野ら（2019）は，スマートフォンの利用と子どもの行動を制御する能力との関連を検証している。その結果，子どものスマートフォンの利用頻度・利用用途と，行動を制御する能力との間には関連はみられなかった。一方で，スマートフォンの利用規則と行動を制御する能力との間には弱い正の関連がみられ，家庭においてルール作りをするほど子どもの抑制機能も高いことが示されている。

以上のように，スマートフォンの利用がひとえに抑制機能に対して悪い影響を与えるとは言い切れない。しかし，この分野は未だ研究が少なく、因果関係についても十分に吟味されているとはいえないため，今後さらなる研究の積み重ねが必要だと考えられる。

り方を考え，行動していくことができる能力」と定義している。これらの2つの定義は，マスメディアだけでなくインターネットメディアも対象としている点が特徴であり，日本において多く引用される。また，情報を読み解き，情報を表現するという観点を含んでいることから，先に触れた情報リテラシーを含めた定義といえるだろう。

## 2　海外におけるメディアリテラシーの定義

世界に目を向けてみると，ユネスコ（2017）は，メディアリテラシーを「印刷物からビデオ，インターネットまで，さまざまな形式のメッセージにアクセスし，分析，評価し，創造し，参加するための枠組みを提供するものである。メディアリテラシーは，社会におけるメディアの役割を理解し，民主主義国家の市民に必要な探求心と自己表現力を身につける」と定義している。一方，情報リテラシーについては，「あらゆる分野の人々が，個人的，社会的，職業的，教育的目標を達成するために，情報を効果的に探し，評価し，利用し，創造できるようにすること」と定義しており，メディアリテラシーとは区別している。

そのうえで，ユネスコ（2011）は，メディアリテラシーと情報リテラシーを統合し，さらにニュースを正しく読み取り理解する能力であるニュースリテラシーや情報技術の知識や情報技術を活用する能力であるデジタルリテラシーなど，さまざまなリテラシーを統合した，「メディア情報リテラシー（media and information literacy）」という概念を提唱している（**図13－3**）。そして，メディア情報リテラシーを「市民がメディアや他の情報提供者と効果的に関わり，社会化し，積極的な市民となるための批判的思考力や生涯学習スキルを身につけるために必要な能力（知識，技能，態度）」と定義しており，教師向けのメディア情報リテラシーの研修カリキュラムのモジュールとともに，学校教師に育成すべき能力の提

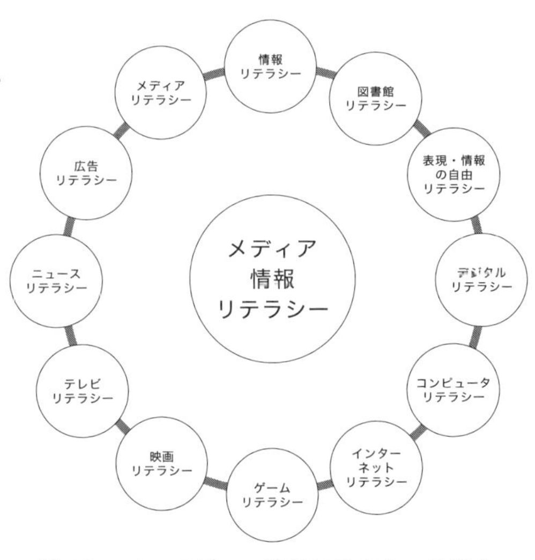


図13－3　メディア情報リテラシーの概念
（UNESCO, 2011）

案を行うなど，世界中でメディア情報リテラシー教育を推進している。

### 3 現代のメディアリテラシーの考え方

以上のように，メディアリテラシーの定義はさまざまに存在し，また，時代に合わせてその概念自体が変化してきている。インターネットが普及した現在，個人が容易に情報を表現・発信し，多様なコミュニケーションが生まれていることをふまえれば，マスメディアと市民との関係のみを想定したもともとのメディアリテラシーの考え方では不十分である。現在の情報社会において，メディアリテラシーと情報リテラシーは切っても切り離せないものといえるだろう。

## Ⅲ 子どもの情報リテラシーの発達

### 1 幼児・児童のテレビの内容理解の発達

子どものメディア利用の実態でも触れたように，テレビは子どもが乳幼児の段階から頻繁に接触するメディアであり，子どもたちはテレビから日々さまざまな情報を得ている。では，子どもはどのようにテレビの内容を理解できるようになるのだろうか。村野井（2010）は,「映像を理解することは自然にはできない。発達があるということである。発達があるということは，文字の読み書きと同様に，教育が必要なのである」と述べており，テレビの内容理解は発達していくものと考えられている。ここでは，幼児・児童のテレビの内容理解の特徴について整理していく。

まず，テレビ画面への注視が内容理解と関連することが報告されている。3

歳児や4歳児では画面への注視時間が長いほど内容の理解度が高いのに対して，5歳児になると必ずしも画面への注視時間と理解度は強く結びつかないとされる（内田, 2008)。5歳児ぐらいになると，それまでのテレビの視聴経験をもとに，テレビ番組に含まれるさまざまな特徴から内容を理解できるようになると考えられている。

ただし，幼児期は，テレビの世界と現実の世界の区別が十分にできていないと考えられている。ピアジェは，幼児期の子どもの思考の特徴として，自分自身の視点を中心にして周囲の世界を見るという「自己中心性」をあげている（第3章参照)。実際に，幼児はテレビに映っている人物とやり取りができると認識している可能性が報告されており（村野井, 2002)，自分がテレビを通して見た世界が，現実世界に広がっていると考えてしまうことがあるようである。

木村（2008）は，幼児期から児童期の初めにかけての子どもたちが，映像世界と現実世界の区別についての認識をどのように発達させていくかについて，「映像理解の発達モデル」を提唱している。このモデルでは，映像理解は3つの段階を経て発達することを仮定している。第1に，映像を図像的表象であると理解しておらず実体物として捉えている「非表象段階」である。第2に，映像がその指示対象に限りなく近いリアリティをもつが，実在物と間違えているわけではない「移行期的段階」である。第3に，映像を図象的表象として理解できる「表象性理解段階」である。

木村・加藤（2006）は，このモデルを検証するために，4～6歳児を対象とした実験を行っている。この研究では，4～6歳児に，「テレビの中の人がテレビの前に置かれた紙人形に息を吹きかけたら紙人形は倒れると思うか」(映像からの作用条件）と，「テレビの前の人がテレビの中の紙人形に息を吹きかけたら紙人形は倒れると思うか」（映像への作用条件）を尋ねた。その結果，映像の人物がフーッと吹いたらテレビの前に置かれた紙人形が倒れると答える4～6歳児が多数いることが示された（**図13－4**)。また，5歳前半までは現実とテレビとのインタラクションが可能だと考える子どもが多く，映像の表象性の理解ができていない子どもが多かった。さらに，木村・加藤（2007）は，小学2年生でもまだ画面に向かって息を吹きかけるなどの反応が見られることを報告しており，映像の表象性を理解するには長い発達のプロセスが必要であることが明らかとなっている。

映像の表象性の理解が困難である原因の1つとして，亘(2013)はメディアを使った課題状況の複雑さをあげている。テレビに映し出されるもの（例えば，テレビに映ったリンゴ）は，実際の事物としての役割（画像そのもの）と他の事物を指し示す記号的な役割（画像が指し示すリンゴ）との2つを同時に有している。このような特徴は二重表象とよばれ，テレビの内容の適切な理解と利用を困難にするとしている。

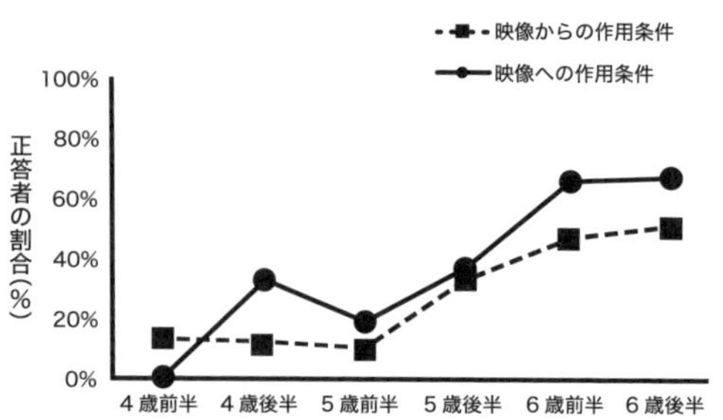


図13－4　年齢ごとの正答率（木村・加藤，2006を一部改変）

さらに，テレビキャラクターが実在するかどうかについて，幼児期ではキャラクターの実在性を十分に理解できていないことが報告されている（中根，2003）。小学生になると，テレビの仕組みにも気づき始め，キャラクターの実在性の理解も変化していく。足立（2012）は，小学1年生以降ではドラえもんやウルトラマンのような非現実的キャラクターは実在しないと考えているが，3年生でものび太のような人間的キャラクターに対しては，25％がその実在を肯定していたことを明らかにしている。このように，キャラクターの実在性の理解も，小学校以降に徐々に発達していくものと考えられる。また，足立・麻生（2007）は，アンパンマンの存在を信じている幼児が信じていない幼児に説得され，認識を変化させる様子が見られたことを報告している。幼稚園・保育園や家庭などにおいてテレビのキャラクターについて話すことが，メディアの内容理解につながることがあると考えられる。

## 2　情報活用能力の発達

次に，情報リテラシーの発達をみていく。文部科学省は，情報リテラシーを「情報活用能力」と呼んでおり，学習指導要領では，「学習活動において必要に応じてコンピュータ等の情報手段を適切に用いて情報を得たり，情報を整理・比較したり，得られた情報をわかりやすく発信・伝達したり，必要に応じて保存・共有したりといったことができる力であり，さらに，このような学習活動を遂行する上で必要となる情報手段の基本的な操作の習得や，プログラミング的思考，情報モラル，情報セキュリティ，統計等に関する資質・能力等も含むものである」と定義されている（文部科学省，2020）。

情報活用能力は，言語能力，問題発見・解決能力と並ぶ学習の基盤となる資質･能力の１つと位置づけられており，「知識および技能」「思考力，判断力，表現力等」「学びに向かう力，人間性等」の３つの柱によって捉えていくことが提言されている（**表13－１**；文部科学省，2020）。そして，情報活用能力の育成のために想定される学習内容として，「基本的な操作等」「問題解決・探究における情報活用」「プログラミング」「情報モラル・情報セキュリティ」の４つを位置づけている。

また，文部科学省は，日本における児童生徒の情報活用能力の現在を把握するため，2013年10月から2014年１月に，小学５年生3,343名と中学２年生3,338名を対象とした情報活用能力調査を行っている（文部科学省，2017）。なお，小学生と中学生では問題の内容が異なっている。結果の一部を**表13－２**に示す。その結果，小学生・中学生ともに，整理された情報を読み取る問題の通過率はある程度高かった。また，小学生では，複数情報から共通する観点を見つけ出して整理・解釈する問題の通過率が低く，課題があることが示された。中学生では，一覧表示された複数の情報を提示された条件をもとに整理・解釈する問題の通過率は高いが，複数のウェブページから目的に応じて情報を整理・解釈する問題の通過率が低く，課題があることが示された。

表 13－1　情報活用能力の要素（文部科学省，2020）

| 分類 | | | |
|---|---|---|---|
| A.<br>知識および技能 | 1 | 情報と情報技術を適切に活用するための知識と技能 | ①情報技術に関する技術<br>②情報と情報技術の特性の理解<br>③記号の組み合わせ方の理解 |
| | 2 | 問題解決・探究における情報活用の方法の理解 | ①情報収集，整理，分析，表現，発信の理解<br>②情報活用の計画や評価・改善のための理論や方法の理解 |
| | 3 | 情報モラル・情報セキュリティなどについての理解 | ①情報技術の役割・影響の理解<br>②情報モラル・情報セキュリティの理解 |
| B.<br>思考力，<br>判断力，<br>表現力等 | 1 | 問題解決・探究における情報を活用する力（プログラミング的思考・情報モラル・情報セキュリティを含む） | 事象を情報とその結び付きの視点から捉え，情報及び情報技術を適切かつ効果的に活用し，問題を発見・解決し，自分の考えを形成していく力<br>①必要な情報を収集，整理，分析，表現する力<br>②新たな意味や価値を創造する力<br>③受け手の状況を踏まえて発信する力<br>④自らの情報活用を評価・改善する力　等 |
| C.<br>学びに向かう力，<br>人間性等 | 1 | 問題解決・探究における情報活用の態度 | ①多角的に情報を検討しようとする態度<br>②試行錯誤し，計画や改善しようとする態度 |
| | 2 | 情報モラル・情報セキュリティなどについての態度 | ①責任をもって適切に情報を扱おうとする態度<br>②情報社会に参画しようとする態度 |

表 13－2　情報活用能力調査の結果の概要

| 小学校 | | 中学校 | |
|---|---|---|---|
| 調査問題内容 | 通過率(%) | 調査問題内容 | 通過率(%) |
| 整理された複数の発言者の情報の正誤を読み取る問題 | 62.4 | 整理された複数の見学地の情報の共通点を読み取る問題 | 84.3 |
| 複数のウェブページから情報を見つけ出し，関連づける問題 | 9.7 | 複数のウェブページから情報を見つけ出し，関連づける問題 | 43.7 |
| 一覧表示された複数のカードにある情報を整理・解釈する問題 | 17.9 | 一覧表示された複数の情報を，提示された条件をもとに整理・解釈する問題 | 76.4 |
| 2つのウェブページから共通している複数の情報を整理・解釈する問題 | 16.3 | 複数のウェブページから目的に応じて情報を整理・解釈する問題 | 12.2 |
| プレゼンテーションソフトにて画像を活用してスライドを作成する問題 | 33.3 | プレゼンテーションソフトにて文字や画像を活用してスライドを作成する問題 | 39.1 |

※通過率とは，正答と準正答（正答の条件の一部を満たしているもの）の割合の合計を指す

キーボードによる文字入力に関しては，１分間当たりの文字入力数の平均は，小学生で5.9文字，中学年生で17.4文字であり，年齢とともに入力速度は向上してはいるものの，素早く入力できているとはいえないレベルであった。入力が遅いことが思考や表現を妨げている可能性も考えられるだろう。なお，2022年１月～２月に実施された令和３年度版情報活用能力調査の速報によると，１分間あたりの文字入力数の平均は，小学生で15.8文字，中学生で23.0文字と，前回調査を上回っていた（文部科学省，2022)。GIGAスクール構想によりキーボード入力の機会・経験が増加したことに起因すると考えられる。

以上の情報活用能力調査の結果を踏まえると，全体としては小学生から中学生にかけて情報活用能力は向上しており，整理された情報を読み取る力は中学生の段階である程度獲得できているといえる。しかし，複数の情報源から目的に応じて特定の情報を見つけ出し関連づけるといった，より複雑な能力については十分な水準とはいえず，子どもの情報リテラシーの育成が急務であるといえる。

# Ⅳ　現在の教育課題と情報リテラシー

## 1　PISA調査からみた課題

経済協力開発機構（OECD）による「生徒の学習到達度調査」（PISA）において，日本は「数学的リテラシー」と「科学的リテラシー」の分野では毎回上位に位置している。しかし,「読解力」の分野においては，2012年調査から2015年調査，2018年調査にかけて，平均得点が徐々に低下している。文部科学省・国立教育政策研究所（2019）によると，2018年調査の読解力に関する問題のうち，「必要な情報がウェブサイトに記載されているか推測し，探し出す」問題や「情報の質と信憑性を評価し，自分ならどう対処するか，根拠を示して説明する」問題の正答率が，OECD平均と比べて低いとされる。これらは情報リテラシーに相当する問題であり，日本は他のOECD加盟国よりも情報リテラシーが低い状況であるといえるだろう。先述した情報活用能力調査においても日本の子どもの情報リテラシーの低さが課題となっていたが，それがPISA調査の結果に反映されたとも考えられるだろう。

文部科学省・国立教育政策研究所（2019）は，こうした読解力の低下の背景の１つとして，コンピュータ画面上での長文読解の慣れをあげている。実際，2018年調査におけるデジタル機器の利用状況に関する調査によると，日本は学校の授業（国語，数学，理科）におけるデジタル機器の利用時間がOECD加盟国中最下位であり，「利用しない」と答えた生徒の割合は約80％に及ぶとされる。デジタル環境整備の遅れが読解力低下の一因になる可能性があることから，学習指導要領において情報活用能力の重要性が強調され，GIGAスクール構想が進められるようになったのである。GIGAスクール構想は，児童生徒に１人１台の学習者用端末を与えることで，これまでの教育実践に加えて主体的・対話的で深い学びの視点からの授業改善により，学習活動の一層の充実を目指すものである。子どものデジタル環境を整備し，それを活用した授業を広く展開していく必要があるだろう。

## 2　今後に向けて

インターネット上には，フェイクニュースや誤情報・偽情報があふれかえっており，こうした情報の真偽を正しく見極めることは，子どもだけでなく大人でも極めて困難である。単純に子どものデジタル環境を整備しただけでは，十分な情報リテラシーの獲得にはつながらないだろう。

坂本（2022）は，ソーシャルメディア時代において，メディアリテラシー，情報リテラシー，ニュースリテラシーやデジタルリテラシーなど，多元的なリテラシーが必要であると述べており，先述したユネスコが提唱するメディア情報リテラシー教育の推進の必要性を指摘している。実際に，総務省（2022）は，誤情報・偽情報対策に向けて，「メディア情報リテラシー向上施策の現状と課題等に関する調査」を行っており，日本におけるメディア情報リテラシーの向上のための施策案を提示している。今後は，学校現場におけるメディア情報リテラシー教育はもとより，成人層や高齢者層など，幅広い世代を対象として，メディア情報リテラシーの教育や啓発が行われるようになるだろう。そして，誰もが一市民として責任をもってデジタル機器を扱い，社会に貢献できるようになることが求められていくだろう。

## 読書案内

**○坂本　旬　2022『メディアリテラシーを学ぶ：ポスト真実時代のディストピアを超えて』大月書店**

世界的なメディアリテラシー研究の状況を概観することができる。大学生の初学者向けに書かれている。

**○村野井　均　2016『子どもはテレビをどう見るか:テレビ理解の心理学』勁草書房**

子どもがテレビの内容を理解する力をどのように身につけるのかについて，発達心理学の観点から解説している。

## 演習問題

A群の設問中の番号に当てはまる用語を，B群から選びなさい。

**［A 群］**

1　（　①　）とは，媒体，媒介物，伝達手段，中間などの意味をもつ単語で，情報を伝達するために受け手と送り手の中間で作用するものすべてを指す。

2　ユネスコは，（　②　）を「さまざまな形式のメッセージにアクセスし，分析，評価し，創造し，参加するための枠組みを提供するもので，社会におけるメディアの役割を理解し，民主主義国家の市民に必要な探求心と自己表現力を身につける」能力，（　③　）を，「あらゆる分野の人々が，個人的，社会的，職業的，教育的目標を達成するために，情報を効果的に探し，評価し，利用し，創造できるようにすること」と定義している。そして，それらと他のさまざまなリテラシーを統合した（　④　）という概念を提唱している。

3　幼児期のテレビの内容理解の特徴として，3，4歳児では（　⑤　）が長いほど内容の理解度が高いこと，5歳前半までは現実とテレビとの（　⑥　）が可能だと考える子どもが多く，映像の（　⑦　）の理解ができていない子どもが多いことなどが挙げられる。

4　文部科学省は，情報リテラシーを（　⑧　）と呼んでおり，言語能力，問題発見・解決能力と並ぶ学習の基盤となる資質・能力の一つと位置付けている。また，2013年～2014年に行われた調査の結果，（　⑨　）の情報源からウェブページから目的に応じて特定の情報を見つけ出し，関連付ける能力が十分ではないことを示している。

5　OECDによるPISA調査によると，日本の（　⑩　）の平均得点が減少傾向にあるとされる。

［B群］
メディア，メディアリテラシー，情報リテラシー，メディア情報リテラシー，ニュースリテラシー，数学的リテラシー，科学的リテラシー，情報活用能力，読解力，画面への注視時間，テレビの視聴時間，複数，個別，表象性，表現技法，インタラクション

# ◆◆◆章末演習問題の解答◆◆◆

**第 1 章　発達心理学とは**　p.28

1（生涯発達心理学）　2（成熟）　3（ポルトマン）　4（統合）　5（初語）　6（敏感期）　7（エリクソン）　8（1年半）　9（発達課題）　10（ピアジェ）

**第 2 章　体と運動の発達**　p.45-46

1（スキャモン）　2（中枢末端法則）　3（思春期のスパート）　4（BMI）　5（発達加速現象）　6（防衛体力）　7（モロー反射）　8（1～2歳ごろ）　9（ストレッサー）　10（生活習慣病）

**第 3 章　知的能力の発達**　p.66

1 a（精神年齢），b（生活年齢）　2 c（感覚運動期），d（前操作期），e（具体的操作期），f（形式的操作期）　3（保存）　4（自己中心性）　5（アンダーアチーバー）　6（拡散的思考）

**第 4 章　認知の発達**　p.85

1（領域固有性）　2（選好法）　3（馴化法）　4（胎児期）　5（感覚記憶）　6（中央実行系）　7（素朴理論）　8（因果性）　9（メタ認知）　10（ヒューリスティックス）

**第 5 章　非認知能力の発達**　p.100

1 ①（ヘックマン）　2 ②（行動）　3 ③（学びに向かう力・人間性等）　4 ④（社会情動的スキル），⑤（感情のコントロール）　5 ⑥（共感性）　6 ⑦（楽観性）　7 ⑧（セルフコントロール）　8 ⑨（できる）　9 ⑩（ビッグファイブ）

**第 6 章　感情と動機づけの発達**　p.121

1 ①（生理的微笑）　2 ②（自己意識）　3 ③～⑤（誇り，恥，罪悪感〈順不同〉）　4 ⑥（目標）　5 ⑦（コンピテンス（有能感））　6 ⑧（欲求不満耐性）　7 ⑨（内発的動機づけ），⑩（外発的動機づけ）

**第7章　自己とパーソナリティの発達**　p.140

1（自我）　2（階層モデル）　3（性的ステレオタイプ）　4（うつ病）　5（モラトリアム）　6（類型論）　7（Y-G性格検査）　8（CAT）　9（優生学）　10（双生児研究法）

**第8章　人間関係の発達**　p.158

1 ①（愛着），②（ストレンジ・シチュエーション法），③～⑤（回避，安定，両価〈順不同〉　2 ⑥（心の理論），⑦ ⑧（サリーとアンの課題，スマーティ課題〈順不同〉）　3 ⑨（ソシオメトリックテスト）　4 ⑩（反応性攻撃）

**第9章　社会性の発達**　p.176

1（社会性）　2（向社会的行動）　3（共感性）　4（ホフマン）　5（ピアジェ）　6（客観的責任概念）　7（主観的責任概念）　8（コールバーグ）　9（クーイング）　10（三項関係）

**第10章　性の発達**　p.193

1（セクシュアル・マイノリティ）　2（包括的性教育）　3（2次性徴）　4（成熟前傾現象）　5（ジェンダー）　6（XY）　7（ベビーX）　8（フロイト）　9（性的指向）　10（XX）

**第11章　心の問題と心理臨床**　p.217-218

1（学習障害）　2（注意欠陥多動性障害）　3（高機能自閉症）　4（分離不安症）　5（双極性障害）　6（ネグレクト）　7（22）　8（77）　9（一定の人的関係のある）　10（20）

**第12章　キャリアの発達**　p.235-236

1（特性・因子理論）　2（マッチング）　3（ライフスパン－ライフサイクル理論）　4（意思決定理論）　5（積極的不確実性）　6（慣習的領域（R））　7（職業レディネステスト）　8（キャリア自己効力）　9（個人的達成）　10（社会・認知的進路理論）

**第13章　情報リテラシーの発達**　p.251-252

1 ①（メディア）　2 ②（メディアリテラシー），③（情報リテラシー），④（メディア情報リテラシー）　3 ⑤（画面への注視時間），⑥（インタラクション），⑦（表象性）　4 ⑧（情報活用能力），⑨（複数）　5 ⑩（読解力）

# ◆◆◆引用文献◆◆◆


## 第1章　発達心理学とは

ベネッセ教育研究開発センター　2005『第1回子ども生活実態基本調査報告書　小学生・中学生・高校生を対象に』ベネッセコーポレーション

ベネッセ教育研究開発センター　2010『第2回子ども生活実態基本調査報告書　小4生～高2生を対象に』ベネッセコーポレーション

Erikson, E. H.　1959　*Identity and the life cycle.* International Universities Press.（小此木啓吾・小川捷之・岩男寿美子（訳）1973『自我同一性　アイデンティティとライフ・サイクル』誠信書房）

藤﨑眞知代　1993「家族から近隣社会へ（2～4歳）」高橋道子・藤﨑眞知代・仲　真紀子・野田幸江『子どもの発達心理学』新曜社

古賀八重子・鈴木偉代　1995「壮年期，向老期，老年期」浅井　潔（編）『人間理解のための心理学』日本文化科学社

Havighurst, R. J.　1953　*Human development and education.* Longman.（荘司雅子（訳）1958『人間の発達課題と教育　幼年期より老年期まで』牧書店）

Havighurst, R. J.　1972　*Developmental tasks and education.* 3rd ed., Longman.

Portmann, A.　1951　*Biologische Fragmente zu einer lehre vom Menshen.* Schwabe.（高木正孝（訳）1961『人間はどこまで動物か　新しい人間像のために』岩波書店）

斎藤耕二　1990「発達課題と社会化」斎藤耕二・菊池章夫（編）『社会化の心理学ハンドブック　人間形成と社会と文化』川島書店

櫻井茂男　2014「第1章 子どもをどうとらえるのか」櫻井茂男・濱口佳和・向井隆代『子どものこころ－児童心理学入門－［新版］』有斐閣　pp.3-22.

櫻井茂男　2021「第1章　乳幼児の心理」櫻井茂男・大内晶子（編著）『たのしく学べる乳幼児のこころと発達』福村出版　pp.9-23.

櫻井茂男・佐藤有耕（編）2013『スタンダード 発達心理学』サイエンス社

杉原一昭　1986「人間を育てる－発達と教育－」杉原一昭・海保博之（編）『事例で学ぶ教育心理学』福村出版

高林敏文ら　1981「妊娠と喫煙」『産科と婦人科』48(2), 199-206.

富田庸子　2001「発達の心理」桜井茂男（編）『心理学ワールド入門』福村出版

## 第2章　体と運動の発達

藤井勝紀・穐丸武臣・花井忠征・酒井俊郎　2006「幼児の体格・運動能力の発育・発達における年次変化に関する検証　身体成熟度から見たアプローチ―」『体力科学』55, 489-502.

長谷川智子　2000『子どもの肥満と発達臨床心理学』川島書店

日野林俊彦　2007「青年と発達加速」南　徹弘（編）『発達心理学』<朝倉心理学講座3> 朝倉書店

石井好二郎　1999「身体と運動能力の発達」桜井茂男・大川一郎（編）『しっかり学べる発達心理学』福村出版

国立教育政策研究所　2017『OECD生徒の学習到達度調査　PISA2015年調査国際結果報告書：生徒のwell-being（生徒の「健やかさ・幸福度」)』
〈https://www.nier.go.jp/kokusai/pisa/pdf/pisa2015_20170419_report.pdf〉(2023.1.18)

小杉正太郎　2006「ストレスと健康」小杉正太郎（編）『ストレスと健康の心理学』〈朝倉心理

学講座19〉朝倉書店
厚生労働省　2006『平成16年国民健康・栄養調査報告』〈https://www.mhlw.go.jp/bunya/kenkou/eiyou06/01.html〉（2023.1.18）
厚生労働省雇用均等・児童家庭局　2012『平成22年乳幼児身体発育調査』〈https://www.mhlw.go.jp/toukei/list/73-22.html〉（2023.1.18）
文部科学省　2022『学校保健統計調査　令和3年度（確報値）の結果の概要』〈https://www.mext.go.jp/b_menu/toukei/chousa05/hoken/kekka/k_detail/1411711_00006.htm〉（2023.1.18）
村田光範　2004「子どもの生活習慣病」『青少年問題』**51**(**10**)，16-21.
内藤久士　2008「『体力・運動能力調査報告書』の意味するもの」『体育の科学』**58**(**5**)，315-319.
日本肥満学会肥満症診断基準検討委員会　2011「肥満の定義（診断基準）」『肥満研究』17（臨時増刊），1-8.
日本体育学会測定評価専門分科会　1977『体力の診断と評価』大修館書店
西野泰広　1992「身体・運動」東　洋・繁多　進・田島信元（編）『発達心理学ハンドブック』福村出版
小澤永治　2017「子どものからだとこころのストレスマネジメント」『教育と医学』**65**(**9**)，774-781.
齊藤誠一　1997「身体と運動能力の発達」濱口佳和・宮下一博（編）『子どもの発達と学習』北樹出版
澤田　昭　1982『現代青少年の発達加速 発達加速現象の研究』創元社
澤江幸則　2007「運動」本郷一夫（編）『シードブック発達心理学 保育・教育に活かす子どもの理解』建帛社　pp.13-26.
Scammon, R. E.　1930　The measurement of the body in childhood. In Harris, J. A., Jackson, C. M., Paterson, D. G. & Scammon, R. E. (Eds.), *The measurement of the body.* University of Minesota Press.
Shirley, M. M.　1951　A longitudinal study of the first year. In Dennis, W. (Ed.) *Readings in child psychology.* Prentice Hall.
スポーツ庁　2019『平成30年度体力・運動能力調査結果の概要及び報告書について』〈https://www.mext.go.jp/sports/b_menu/toukei/chousa04/tairyoku/kekka/k_detail/1421920.htm〉（2023.1.18）
鈴木雅裕　1994「身体構造・運動機能の変化」平山　諭・鈴木隆男（編）『発達心理学の基礎Ⅱ：機能の発達』ミネルヴァ書房
鈴木隆男　1994「青年期とは」平山　諭・鈴木隆男（編）『発達心理学の基礎Ⅱ：機能の発達』ミネルヴァ書房
髙石昌弘・樋口　満・小島武次　1981『からだの発達　身体発達学へのアプローチ　改訂版』大修館書店
竹中晃二（編）1997『子どものためのストレス・マネジメント教育　対症療法から予防措置への転換』北大路書房

## 第3章　知的能力の発達

Azuma, H. & Kashiwagi, K.　1987　Description for intelligent person: A Japanese study. *Japanese Psychological Research,* 29, 17-26.
Baltes, P. B.　1987　Theoretical propositions of life-span developmental psychology: On the

dynamics between growth and decline. *Developmental Psychology,* 23, 611-626.
Gardner, H. 1983 *Frames of Mind: A Theory of Multiple Intelligences.* New York: Basic Books.
Guilford, J. P. 1967 *The nature of human intelligence.* NY: McGraw-Hill.
Guilford, J. P. & Hoepfener, R. 1971 *The analysis of intellect.* NY: McGraw-Hill.
Horn, J. K., & Cattell, R. B. 1966 Refinement and test of theory of fluid and crystallized intelligence. *Journal of Educational Psychology,* **57**, 253-270.
市川伸一 1990「青年の知的発達」無藤 隆・高橋惠子・田島信元（編）『発達心理学入門Ⅱ：青年・成人・老人』東京大学出版会
北尾倫彦 1975『学業不振―落ちこぼれを防ぐ教育の理論』田研出版
向田久美子 1999「自分をとりまく世界の認識：認知の発達」繁多 進（編）『乳幼児発達心理学：子どもがわかる好きになる』福村出版
桜井登世子 2006「認知と思考」桜井茂男（編）『はじめて学ぶ乳幼児の心理：こころの育ちと発達の支援』有斐閣
Sternberg, R. J., Conway, B. E., Ketron, J. L. & Bernstein, M. 1981 People's conceptions of intelligence. *Journal of Personality and Social Psychology,* **41**, 37-55.
Thurstone, L. L. 1938 Primary mental abilities. *Psychometric Monographs, 1.* Chicago: University of Chicago Press.
内田伸子 1991「世界を知る枠組みの発達」内田伸子・臼井 博・藤崎春代『乳幼児の心理学』有斐閣
弓野憲一（編）2002『発達・学習の心理学』ナカニシヤ出版

**第4章 認知の発達**

Anand, K. J., & Hickey, P. R. 1987 Pain and its effects in the human neonate and fetus. *New England Journal of Medicene,* **317**, 1321-1329.
Atkinson, R. C., & Shiffrin, R. M. 1971 The control of short-term memory. *Scientific American,* **225**, 82-91.
綾部早穂・小川緑 2021「味覚・嗅覚」川畑直人・大島剛・郷式徹（監修）萱村俊哉・郷式徹（編著）『知覚・認知心理学―「心」の仕組みの基礎を理解する―』ミネルヴァ書房
Baddeley, A. 2000 The episodic buffer: anew component of working memory? *Trends in Cognitive Sciences,* **11**, 417-423.
Baillargeon, R., Spelke, E. S., & Wasserman, S. 1985 Object permanence in 5-month-old infants. *Cognition,* **20**, 191-208.
Brown, A. L., & Scott, M. S. 1971 Recognition memory for pictures in preschool children. *Journal of Experimental Child Psychology,* **11**, 401-412.
Bertenthal, B. I., Proffitt, D. R., Spetner, N. B., & Thomas, M. A. 1985 The development of infant sensitivity to biomechanical motions. *Child Development,* **56**, 531-543.
Bullock, M., & Gelman, R. 1979 Preschool children's assumptions about cause and effect: Temporal ordering. *Child Development,* **50**, 89-96.
Byrnes, M. M., & Spitz, H. H. 1977 Performance of retarded adolescents and nonretarded children on the Tower of Hanoi Problem. *American Journal of Mental Deficiency,* **81**, 561-569.
Chan, C., Burtis, J., & Bereiter, C. 1997 Knowledge building as a mediator of conflict in conceptual change. *Cognition and Instruction,* **15**, 1-40.
Chi, M. T. H. 1978 Knowledge structure and memory development. In Rissinger (Ed.),

*Children's thinking: What develops?* (pp.73-96). Hillsdale. NJ: Lawrence Erlbaum Associates Inc.

Crook, C. K. 1978 Taste perception in the newborn infant. *Infant Behavior and Development,* **1**, 52-69.

DeCasper, A.J., & Spence, M.J. 1986 Prenatal maternal speech influences newborns' perception of speech sounds. *Infant Behavior & Development,* **9**, 133-150.

Fantz, R. L. 1961 The origin of form perception. *Scientific American,* **204**, 66-72.

Gathercole, S. E., & Alloway, T. P. 2008 *Working memory and learning.* London: Sage Publications.（湯澤正通・湯澤美紀（訳）2009『ワーキングメモリと学習指導：教師のための実践ガイド』北大路書房）

Gelman, S. A., & Wellman, H. M. 1991 Insides and essences: Early understandings of the non-obvious. *Cognition, 38*, 213-244.

Goswami, U. 1998 *Cognition in Children.* London: Psychology Press.（岩男卓実・上淵寿・古池若葉・富山尚子・中島伸子（訳）2003『子どもの認知発達』新曜社）

稲垣佳世子・波多野誼余夫　2005『子どもの概念発達と変化―素朴生物学をめぐって―』共立出版

James, C. E., Laing, D. G., & Oram, N. 1997 A comparison of the ability of 8-9-year-old children and adults to detect taste stimuli. *Physiology & Behavior,* **62**, 193-197.

川畑秀明　2010「第15章　認知発達」箱田裕司・都築誉史・川畑秀明・萩原滋（著）『認知心理学』有斐閣

Keil, F. C., & Batterman, N. 1984 A characteristic-to-defining shift in the development of word meaning. *Journal of Verbal Behavior,* **23**, 221-236.

Meltzoff, A. N., & Borton, R. W. 1979 Intermodal matching by human neonates. *Nature,* **282**, 403-404.

Mendelson, R., & Shultz, T. R. 1976 Covariation and temporal contiguity as principles of causal inference in young children. *Journal of Experimental Child Psychology,* **22**, 408-412.

室橋春光　2018「第６章　メタ認知と学力」本郷一夫・田爪宏二（編著）『認知発達とその支援』ミネルヴァ書房

Newell, A. & Simon, H. A. 1972 *Human problem solving.* Englewood Cliffs, NJ: Prentice-Hall.

岡本真彦　2001「メタ認知」森敏昭（編）『認知心理学を語る　第3巻　おもしろ思考のラボラトリー』北大路書房

大川一郎・中村淳子・野原理恵・芹澤奈菜美・戸田晋太郎　2008「記憶スパンに関する生涯発達的研究―数唱課題を通して―」日本発達心理学会第19回大会発表論文集, 689.

Rosenstein, D., & Oster, H. 1988 Differential facial responses to four basic tastes in newborns. *Child Development,* **59**, 1555-1568.

Rovee-Collier, C. K., Sullivan, M. W., Enright, M., Lucas, D., & Fagen, J. W. 1980 Reactivation of infant memory. *Science,* **208**, 1159-1161.

Russell, M. J. 1976 Human olfactory communication. *Nature,* **260**, 520-522.

Schaal, B., Marlier, L., & Soussingnan, R. 1995 Responsiveness to the odor of amniotic fluid in the human neonate. *Biology of Neonate,* **67**, 397-406.

Shin, H., Bjorklund, D. F., & Beck, E. F. 2007 The adaptive nature of children's overestimation in a strategic memory task. *Cognitive Development,* **22**, 197-212.

Streri, A., Lhote, M. & Dutilleul, S. 2000 Haptic perception in newborns. *Developmental Science,* **3**, 319-327.

都築誉史　2010「第11章　問題解決と推論」箱田裕司・都築誉史・川畑秀明・萩原滋（著）『認知心理学』有斐閣
湯澤正通　2010「第10章　科学的概念の発達と教育」日本認知心理学会（監修）市川伸一（編）『現代の認知心理学5　発達と学習』
Werker, J. F., & Tees, R. C.　1984　Cross-language speech perception: Evidence for perceptual reorganization during the first year of life. *Infant Behavior & Development,* **25**, 49-63.

## 第5章　非認知能力の発達

Baumeister, R. F., Campbell, J. D., Krueger, J. I., & Vohs, K. D.　2003　Does high self-esteem cause better performance, interpersonal success, happiness, or healthier lifestyles? *Psychological Science in the Public Interest,* **4**(**1**), 1–44.
Carver, S. C., Scheier, M. F., & Segerstrom, S. C. 2010 Optimism. *Clinical Psychology Review,* **30**, 879-889.
中央教育審議会　2016『幼稚園，小学校，中学校，高等学校及び特別支援学校の学習指導要領等の改善及び必要な方策等について（答申）』
Duckworth, A.　2018　*Grit: The Power of Passion and Perseverance.*　NY: Scribner.
Heckman, J.　2013　*Giving Kids a Fair Chance.* The MIT Press.
Li, J., & Fischer, K. W.　2007　Respect as a positive self-conscious emotion in European Americans and Chinese. In J. L. Tracy, R. W. Robins, & J. P. Tangney (Eds.), *The self-conscious emotions: Theory and research* (pp. 224–242). Guilford Press.
OECD　2012　*Better skills, better jobs better lives: A strategic approach to skills policies.* OECD publishing.
OECD　2015　*Skills for social progress: The power of social and emotional skills.* OECD publishing.
小塩真司（編）2021『非認知能力－概念・測定と教育の可能性』北大路書房
小塩真司·阿部晋吾·カトローニ ピノ　2012「日本語版Ten Item Personality Inventory (TIPI-J) 作成の試み」『パーソナリティ研究』**21**a (1) 40–52.
菅原大地・武藤世良　2019「特性尊敬関連感情と理想自己のレパートリーの関連」『感情心理学研究』**27** (Supplement) ps35.
Twenge, J. M., & Campbell, W. K.　2002　Self-esteem and socioeconomic status: A meta-analytic review. *Personality and Social Psychology Review,* **6** (1)　59–71.

## 第6章　感情と動機づけの発達

Cole, P. M. 1986　Children's spontaneous control of facial expression. *Child Development,* **57**, 1309-1321.
Lewis, M. 2000　The emergence of human emotions. Lewis, M. & Havilland-Jonse, J. M.( Eds.) *Handbook of Emotions (2nd edition.)* NY: Guilford Press.
Maslow, A. H. 1954　*Motivation and personality.* Harper & Row.
Kamins, M. L. & Dweck, C. S.　1999　Person versus process praise and criticism: Implication for contingent self-worth and coping. *Developmental Psychology,* **35**, 835-847.
Saarni, C. 1999　*The development of emotional competence.* NY: Guilford Press.（佐藤　香（監訳）2000『感情コンピテンスの発達』ナカニシヤ出版）
桜井茂男　1997『学習意欲の心理学―自ら学ぶ子どもを育てる』誠信書房

桜井茂男　2003「何で『やる気』がでないの？－動機づけ」桜井茂男・濱口佳和・向井隆代『子どものこころ―児童心理学入門』有斐閣
桜井茂男・高野清純　1985「内発的―外発的動機づけ測定尺度の開発」『筑波大学心理学研究』7, 43-54.
櫻井茂男　2017『自律的な学習意欲の心理学―自ら学ぶことは，こんなに素晴らしい』誠信書房
櫻井茂男　2020『自ら学ぶ子ども―4つの心理的欲求を生かして学習意欲をはぐくむ』図書文化
篠真希・長縄史子　2015『イラスト版子どものアンガーマネジメント』合同出版
Stein, N. L. & Levine, L. J.　1989　The Causal organization of emotional knowledge: A developmental study. *Cognition & Emotion,* **3**, 343-378.
田上不二夫・桜井茂男　1984「Harterによる内発的―外発的動機づけ尺度の日本語版の検討」『信州大学教育学部紀要』**51**, 47-58.
上淵寿　2008「感情研究と動機づけ研究の関係」上淵寿（編）『感情と動機づけの発達心理学』ナカニシヤ出版
White, R. W. 1959　Motivation reconsidered: The concept of competence. *Psychological Review,* **66**, 297-333.

## 第7章　自己とパーソナリティの発達

Allport, G. W. 1937　*Personality: A psychological interpretation.* Holt, Rinehart, and Winston.
安藤寿康　2000『心はどのように遺伝するか―双生児が語る新しい遺伝観』講談社
新井邦二郎　1995「やる気はどこから生まれるのか―学習意欲の心理」『児童心理』2月号増刊, 3-11.
Beck, A. 1976　*Cognitive therapy and the emotional disorders.* NY: International Universities Press.
Crocker, J. & Park, L. E. 2004　The costly pursuit of self-esteem. *Psychological Bulletin,* **130**, 392-414.
市原学・新井邦二郎　2004「学習場面における有能感と興味の発達―小学4年生から中学3年生までを対象とした横断的研究」『筑波大学心理学研究』27, 43-50.
Jensen, A. R. 1968　How much can we boost IQ and scholastic achievement? *Harvard Educational Review,* **39**, 1-123.
Kretschmer, E. 1955　*Korperbau und Charakter.*（相場　均（訳）1961『性格と体格―体質の問題および気質の学説によせる研究』文光堂）
Marcia, J. E. 1966　Development and validation of ego identity status. *Journal of Social Psychology,* **3**, 551-558.
Marcia, J. E. 1980　Identity in adolescence. In Adelson, J.(Ed.), *Handbook of adolescent Psychology.* Wiley. 159-187.
Marsh, H. W. 1989　Age and sex effects in multiple dimensions of self-concept: Theoretical and empirical justification. *Journal of Educational Psychology,* **81**, 417-430.
Marsh, H. W. 1990　The structure of academic self-concept: The Marsh/Shavelson model. *Journal of Educational Psychology,* **82**, 623-636.
Marsh, H. W., Barnes, J., Cairns, L. & Tidman, M. 1984　Self-description questionnaire: Age and sex effects in the structure and level of self-concept for preadolescent children. *Journal of Educational Psychology,* **76**, 940-956.

宮城音弥　1960『性格』岩波新書
桜井茂男　1983「認知されたコンピテンス尺度（日本語版）の作成」『教育心理学研究』31, 60-64.
Shavelson, R. J., Hubner, J. J. & Stanton, G. C. 1976　Self-concept: Validation of construct interpretation. *Review of Educational Research,* 46, 407-441.
外山美樹　2008「児童虐待」小林正幸・橋本創一（編）『教師のための学校カウンセリング』有斐閣
米本昌平・松原洋子・島　次郎・市野川容孝　2000『優生学と人間社会―生命科学の世紀はどこへ向かうのか』講談社現代新書
Wimmer, H. & Perner, J. 1983　Beliefs about beliefs: Representation and constraining function of wrong beliefs in young children's understanding deception. *Cognition,* 13, 103-128.

**第 8 章　人間関係の発達**

阿部聡美・水野治久・石隈利紀　2006「中学生の言語的援助要請スキルと援助不安，被援助指向性の関連」『大阪教育大学紀要　第Ⅳ部門』54, 141-150.
Ainsworth, M. D. S. & Bell, S. M. 1970　Attachment, exploration, and separation: Illustrated by the behavior of one-year-olds in a strange situation. *Child Development,* 41, 49-67.
Ainsworth, M. D. S., Waters, E. & Wall, S. 1978　*Patterns of attachment: a psychological study of the strange situation.* Hillsdale, NJ: Lawrence Erlbaum Associates, Inc.
安積陽子　2002「乳児をもつ母親に対するタッチケアの効果に関する研究」『平成13年度神戸市看護大学共同研究費（一般）研究実績報告書』 88.
Bowlby, J. B. 1969　*Attachment and loss.*（Vol.1）New York: Basic Books.（黒田実郎・大羽蓁・岡田洋子・黒田聖一（訳） 1991『母子関係の理論Ⅰ　愛着行動』岩崎学術出版社）
Coie, J. D., Dodge, K. A. & Coppetelli, H. 1982　Dimensions and types of social status: A cross-age perspective. *Developmental Psychology,* 18, 557-570.
Dodge, K. A., Petitt, G. S., McClaskey, C. L. & Brown, M. M. 1986　Social competence in children. Monographs of the Society for Research in *Child Development.*（No.213）
Eckerman, C. O., Whatley, J. L. & Kutz, S. L. 1975　Growth of social play with peers during the second year of life. *Developmental Psychology,* 11, 42-49.
藤田昌也・大対香奈子・大竹恵子・松見淳子　2006「小学校低学年におけるグループ遊び場面での仲間との相互作用の行動アセスメント（2）」『日本行動分析学会第24回年次大会発表論文集』
Gopnik, A. & Astington, J. W 1988　Children's understanding of representational change and its relation to the understanding of false belief and the appearance-reality distinction. *Child Development,* 59, 26-37.
濱口佳和　1992a「挑発場面における児童の社会的認知と応答行動との関連についての研究」『教育心理学研究』40, 224-231.
濱口佳和　1992b「挑発場面における児童の社会的認知と応答行動に関する研究：仲間集団内での人気ならびに性の効果」『教育心理学研究』40, 420-427.
Harlow, F. H. & Zimmerman, R. R. 1959　Affectional responses in the infant monkey: Orphaned baby monkeys develop a strong and persistent attachment to inaimate surrogate mothers. *Science,* 130, 421-432.
柏木惠子　1983「自己の行動統制（制御）機能の諸相とその発達」『子どもの「自己」の発達』

東京大学出版会
川原誠司・山﨑美香子　1996「中学生における友人関係の特徴と意義」『東京大学大学院教育学研究科紀要』36, 303-324.
小林　真　1998『幼児の社会的行動における主張性と協調性の役割』風間書房
小保方晶子・無藤　隆　2005「親子関係・友人関係・セルフコントロールから検討した中学生の非行傾向行為の規定要因および抑止要因」『発達心理学研究』16, 186-299.
Lewis, M. 1982　The social network systems model: Toward a theory of social development. In Field, T. M., Huston, A., Quay, H. C., Troll, L. & Finely, G. E.（Eds.）*Review of human development.* NY: John Wiley and Sons.
前田健一　1995「仲間から拒否される子どもの孤独感と社会的行動特徴に関する短期縦断的研究」『教育心理学研究』43, 256-265.
丸山良平　2007「保育園0・1歳クラス児の仲間関係と保育者援助の実態」『上越教育大学紀要』26, 331-343.
Meltzoff, A. N. & Moore, M. K. 1977　Imitation of facial and manual gestures by human neonates. *Science,* 198, 75-78.
三宅和夫　1991「本研究にかかわるこれまでの報告の要点」三宅和夫（編著）『乳幼児の人格形成と母子関係』東京大学出版会
岡田有司　2008「学校生活の下位領域に対する意識と中学生の心理的適応：順応することと享受することの違い」『パーソナリティ研究』16, 388-395.
大対香奈子・藤田昌也・大竹恵子・松見淳子　2006「小学校低学年児童におけるグループ遊び場面での仲間との総合作用の行動アセスメント（1）」『日本行動分析学会第24回年次大会発表論文集』
Parten, M.B. 1932　Social Participation among Pre-School Children. *Jaurnal of Abnormal and Social Psychology,* 27, 243-269.
Raine, A., Dodge, K. A., Loeber, R., Gatzke-Kopp, L., Lyman, D., Reynolds, C, Stouthamer-Loeber, M. & Liu, J. 2006　The Reactive-Proactive Aggression Questionnaire: Differential Correlates of Reactive and Proactive Aggression in Adolescent Boys. *Aggressive Behavior,* 32, 159-171.
酒井厚・菅原ますみ・眞榮城和美・菅原健介・北村俊則　2002「中学生の親および親友との信頼関係と学校適応」『教育心理学研究』50, 12-22.
佐藤正二・佐藤容子・高山　巌　1988「拒否される子どもの社会的スキル」『行動療法研究』23, 26-33.
鈴木智裕　2004「児童養護施設入所児童における自我機能と攻撃性の関係」『龍谷大学大学院文学研究科紀要』26, 229-232.
戸ヶ崎泰子・坂野雄二　1997「母親の養育態度が小学生の社会的スキルと学校適応におよぼす影響：積極的拒否型の養育態度の観点から」『教育心理学研究』45, 173-182.
立元　真　1993「乳児における共鳴反応の発達」『心理学研究』64, 173-180.
田島信元　1991「母子関係・子どもの行動特徴と自己制御行動の発達」三宅和夫（編著）『乳幼児の人格形成と母子関係』東京大学出版会
吉葉研司・汐見俊幸・土谷みち子・松永静子　2001「乳児保育における『保育者－子ども相互関係形成』の重要性について：保育実践が『親－子ども』関係の改善に与える影響」『日本保育学会第54回大会発表論文集』352-353.

## 第9章 社会性の発達


Condon, W. S. & Sander, L. 1974 Neonate movement is syncronized with adult speech, *Science,* **183**, 99-101.

アイゼンバーグ, N. 二宮克美・首藤敏元・宗方比佐子（訳）1995『思いやりのある子どもたち 向社会的行動の発達心理』北大路書房

Eisenberg, N. & Mussen, P. H. 1989 *The roots of prosocial behavior in children.* Cambridge Press.

George, C. & Main, M. 1979 Social interactions of young abused children: Approach, avoidance and aggression. *Child Development,* **56**, 306-318.

Goren, C. C., Sarty, M. & Wu, P. Y. K. 1975 Visual Following and Pattern Discrimination of Face-like Stimuli by Newborn Infants. *PEDIATRICS, 56*, 544-549.

Haith, M. M., Bergman, T. & Moore, M. J. 1977 Eye contact and face scanning in early infancy. *Science,* **198**, 853-855.

Harlow, H. F. 1966 Love in infant monkeys. In S. Coopersmith (ed.), *Frontiers of Psychological research.* Freeman.

橋本秀美 2000「青年期の社会性の特徴」塩見邦雄（編）『社会性の心理学』ナカニシヤ出版

Hoffman, M. L. 1987 The contribution of empathy to justice and moral judgement. In N, Eisenberg. & J. Strayer. (Eds.), *Empathy and its debelopment.* NY: Combridge University Press.

繁多 進 1991「社会性の発達とは」繁多 進・田島信元・矢澤圭介（編）『社会性の発達心理学』福村出版

繁多 進 1995「社会性の発達を考える」二宮克美・繁多 進（編）『たくましい社会性を育てる』有斐閣

伊藤忠弘・平林秀美 1997「向社会的行動の発達」井上健治・久保ゆかり（編）『子どもの社会的発達』東京大学出版会

小石寛文 2000「仲間関係を通してみた社会性の発達」塩見邦雄（編）『社会性の心理学』ナカニシヤ出版

コールバーグ, L. 永野重史（監訳）1987『道徳性の形成 認知発達的アプローチ』新曜社

Midlarsky, E. & Hannah, M. E. 1985 Competence, reticence, and helping by children and adolescents. *Developmental Psychology,* **21**, 534-541.

宗方比佐子・二宮克美 1985「プロソーシャルな道徳判断の発達」『教育心理学研究』33（2），157-164

西村多久磨・村上達也・櫻井茂男 2018「向社会性のバウンスバック—児童期中期から青年期前期を対象として」『心理学研究』89, 345-355.

尾形和男 1995「父親の育児と幼児の社会生活能力：共働き家庭と専業主婦家庭の比較」『教育心理学研究』43（3），335-342.

Selman, R. L. & Yeats, K. O. 1987 Childhood social regulation of intimacy and autonomy: A developmental-constructionist perspective. In Kurtines, M. & Gewirtz, J. L. (eds.), *Moral development through social interaction.*

鈴木有美・木野和代・出口智子・遠山孝司・出口拓彦・伊田勝憲・大谷福子・谷口ゆき・野田勝子 2000「多次元共感性尺度作成の試み」『名古屋大学教育学部紀要』47, 269-279.

鶴 宏史・安藤 忠 2007「社会・家族の変化と子どもの社会性発達」『神戸親和女子大学福祉臨床学科紀要』4, 61-70.

渡辺弥生 2000「幼児の道徳性の発達を意図したVLF教育プログラム」『日本教育心理学会総

会発表論文集』42, 498.
山岸明子　1995「対立を交渉によって解決する能力」二宮克美・繁多　進（執筆代表）『たくましい社会性を育てる』有斐閣
山本琢俟・河村茂雄・上淵寿　2021「学級の社会的目標構造とクラスメイトへの自律的な向社会的行動との関連―小中学生の差異に着目して―」『教育心理学研究』69, 52-63.
Zahn-Waxler, C., Friedman. S. L. & Cummings, E. M. 1983 Children's emotions and behaviors in response to infant cries. *Child Development,* 54, 1522-1528.

**第10章　性の発達**

新井康允　2005「性の分化のメカニズム」『教育と医学』53, 400-408.
ベネッセ未来教育センター　2005「男の子の世界・女の子の世界」『モノグラフ・小学生ナウ』vol.24-3, ベネッセコーポレーション
ベネッセ教育研究所　1996「ジェンダー・バイアス」『モノグラフ・小学生ナウ』vol.16-1, ベネッセコーポレーション
Brooks-Gunn, J., Petersen, A. C. & Eichorn, D. 1985 The Study of Maturational Timing Effects in Adolescence. *Journal of Youth and Adolescence,* 14, 149-161.
日野林俊彦・赤井誠生・安田　純・志澤康弘・山田一憲・南　徹弘・糸魚川直祐　2006「発達加速現象の研究・その20―2005年2月の全国初潮調査の結果より―」『日本心理学会第70回大会発表論文集』1125.
日野林俊彦・清水真由子・大西賢治・金澤忠博・赤井誠生・南徹弘　2013「発達加速現象に関する研究・その 27―2011年2月における初潮年齢の動向―」『日本心理学会大会発表論文集』77, 2PM-068.
保志　宏　1997『ヒトの成長と老化〈第３版〉：発生から死にいたるヒトの一生』てらぺいあ
いしかわ女性基金・金沢大学留学生センター　2002「児童・生徒のジェンダー意識調査報告書」
伊藤公雄・樹村みのり・國信潤子　2002『女性学・男性学―ジェンダー論入門』有斐閣アルマ
伊藤裕子（編著）　2000『ジェンダーの発達心理学』ミネルヴァ書房
上長　然　2006「思春期で経験する身体に関するイベンツ―思春期の身体発育の発現に対する受容感との関連」『神戸大学発達科学部紀要』13, 95-104.
上長　然　2008「思春期の身体発育のタイミングと学校適応との関連」『神戸大学大学院人間発達環境学研究科研究紀要』1, 195-200.
上瀬由美子　2006「メディアとジェンダー」福富　護（編）『ジェンダー心理学』朝倉書店
近藤いね子・高野フミ（編）　2002『小学館プログレッシブ和英中辞典〈第3 版〉』小学館
松下明代　2002「青年のもつ性にまつわる不快な経験についての検討」『思春期学』20, 249-260.
森永康子　2004「男らしさ・女らしさへの歩み」『ジェンダーの心理学〈改訂版〉』ミネルヴァ書房
森脇裕美子　2008「米国の学校における性教育の最近の動向」『児童心理』882, 58-64. 金子書房
村瀬幸浩　2008「自立と共生を目指す性の教育」『児童心理』882, 33-41. 金子書房
中村　孝　1984「ヒトの生涯と思春期」中村孝（編集企画）『思春期』〈小児科MOOK34〉, 金原出版
日本家族計画協会　2003『男女の生活と意識に関する調査報告書　性に関する知識意識行動について』

日本性教育協会（編）2001『「若者の性」白書　第5回青少年の性行動全国調査報告』小学館
日本性教育協会（編）2007『「若者の性」白書　第6回青少年の性行動全国調査報告』小学館
日本性教育協会（編）2019『「若者の性」白書　第8回青少年の性行動全国調査報告』小学館
大野　久　1998「異性への意識」落合良行（編）『中学二年生の心理』大日本図書
相良順子　2005「幼児・児童期における性差」『教育と医学』53, 433-440.
相良順子　2008「幼児・児童期のジェンダー化」青野篤子・赤澤淳子・松並知子（編）『ジェンダーの心理学ハンドブック』ナカニシヤ出版
鈴木淳子・柏木惠子　2006『ジェンダーの心理学』培風館
田代美江子　2004「ジェンダー・フリー」『セクシュアリティ』18, 90-91.
東京都幼稚園・小・中・高・心障性教育研究会　1999「1999年調査　児童・生徒の性」学校図書
東京都幼稚園・小・中・高・心障性教育研究会　2002「2002年調査　児童・生徒の性」学校図書
東京都幼稚園・小・中・高・心障性教育研究会　2005「2005年調査　児童・生徒の性」学校図書
上野淳子　2008「セクシュアリティ」青野篤子・赤澤淳子・松並知子（編）『ジェンダーの心理学ハンドブック』ナカニシヤ出版
山本ちか　2006「女子中学生の思春期的変化の時期と抑うつ傾向, 自己評価, 問題行動の変化」『日本青年心理学会第14回大会発表論文集』44-45.
山内兄人・新井康允（編著）2001『性を司る脳とホルモン』コロナ社


**第11章　心の問題と心理臨床**


アメリカ精神医学会（原著）高橋三郎・大野裕（監訳）2014『ＤＳＭ－５精神疾患の分類と診断の手引』　医学書院
法務省法務総合研究所（編）2022「令和4年版 犯罪白書」
厚生労働省　2023「令和3年度福祉行政報告例の概況」
西澤　哲　1999『トラウマの臨床心理学』金剛出版
ランディン, R. W.　前田憲一（訳）1998『アドラー心理学入門』一光社
文部科学省　2022「令和3年度 児童生徒の問題行動・不登校等生徒指導上の諸課題に関する調査結果について」


**第12章　キャリアの発達**


安達智子　2009「フリーターのキャリア意識　彼らの考え方がいけないのか」白井利明・下村英雄・川崎友嗣・若松養亮・安達智子『フリーターの心理学』世界思想社
安達智子　2006「社会とつながるわたし　キャリア選択に関する問題」金政祐司・石盛真徳（編著）『わたしから社会へ広がる心理学』北樹出版
Betz, N. E. & Hackett, G.　1981　The relationship of career-related self-efficacy expectations to perceived career options in college women and men. *Journal of Counseling Psychology,* 28, 329-410.
Gellat, H. B. 1962　Decision making: A conceptual frame of reference for counseling. *Journal of Counseling Psychology,* 9, 240-245.
Gellat, H. B. 1967　Role of subjective probabilities in the decision process. *Journal of Counseling Psychology,* 14, 332-341.
Gellat, H. B. 1989　Positive uncertainty: A new decision-making framework for counseling.

*Journal of Counseling Psychology,* **36**, 252-256.
Holland, J. L. 1959 A theory of vocational choice. *Journal of Counseling Psychology,* **6**, 35-45.
Holland, J. L. 1973 *Making vocational choice: A theory of careers.* Englewood Cliffs, NJ: Prentice-Hall.
Holland, J. L. 1985 *Making Vocational choice (2nd ed.).* Englewood Cliffs, NJ: Prentice-Hall. (渡辺三枝子・松本純平・舘暁夫（訳）1990『職業選択の理論』雇用問題研究会)
Lent, R. W., Brown, S. D. & Hackett, G. 1994 Toward a unifying social cognitive theory of career and academic interest, choice, and performance, *Journal of Vocational Behavior,* **45**, 79-122.
松本純平・室山晴美 2008「CACGsの運用と利用方法の検討『キャリア・インサイトD版』の利用記録の分析を通して」JILPT *Discussion Paper,* 1-41.
菊池武剋 2008「キャリア教育とは何か」日本キャリア教育学会（編）『キャリア教育概説』東洋館出版社
Parsons, F. 1909 *Choosing a vocation.* New York, NY: Agathon.
労働政策研究・研修機構 2008「OHBYカード活用の手引き」
労働政策研究・研修機構 2006「職業レディネス・テスト 第3版手引き」
Super, D. E. 1957 *The psychology of careers.* New York: Harper & Row.
Super, D. E. 1980 A life-span, life-space approach to career development, *Journal of Vocational Behavior,* **16**, 282-296.

**第13章 情報リテラシーの発達**

足立絵美 2012「テレビキャラクターの実在性の認識について―6歳から9歳の子どものインタビュー調査から―」『心理科学』33, 16-25.
足立絵美・麻生 武 2007「アンパンマンはテレビの中にいるの？：“子ども対話法”から見えてくる子どもたちの思考」『京都国際社会福祉センター紀要』, **23**, 57-73.
浅野良輔・浦上 萌・徳田智代・園田直子 2019「幼少期におけるモバイル端末利用と自己制御の関連」『パーソナリティ研究』**29**, 125-136.
ベネッセ教育総合研究所 2021「幼児期から小学校低学年の親子のメディア活用調査」〈https://berd.benesse.jp/up_images/research/media_20211124.pdf〉
木村美奈子・加藤義信 2006「幼児のビデオ映像理解の発達：子どもは映像の表象性をどのように認識するか？」『発達心理学研究』**17**, 126-137.
木村美奈子・加藤義信 2007「小学校2年生児童のビデオ映像の表象性理解：理解の揺らぎを中心として」『愛知県立大学文学部論集児童教育学科編』**56**, 35-52.
Li, H., Subrahmanyam, K., Bai, X., Xie, X., & Liu, T. 2018 Viewing fantastical events versus touching fantastical events: Short-term effects on children's inhibitory control. *Child Development,* **89**, 48-57.
水越 伸 1999『デジタルメディア社会』岩波書店
文部科学省 2017「情報活用能力調査の結果概要」<https://www.mext.go.jp/component/a_menu/education/detail/__icsFiles/afieldfile/2015/03/24/1356195_1.pdf>
文部科学省 2020「学習の基盤となる資質・能力としての情報活用能力の育成：体系表例とカリキュラム・マネジメントモデルの活用」〈https://www.mext.go.jp/content/20201002-mxt_jogai01-100003163_1.pdf〉
文部科学省 2022「児童生徒の情報活用能力の把握に関する調査研究【情報活用能力調査（令和3年度実施）】速報結果」〈https://www.mext.go.jp/content/20221223-mxt_chousa-

000026776.pdf>
文部科学省・国立教育政策研究所　2019「OECD 生徒の学習到達度調査2018年調査(PISA2018) のポイント」〈https://www.nier.go.jp/kokusai/pisa/pdf/2018/01_point.pdf〉
村野井　均　2002『子どもの発達とテレビ』かもがわ出版
村野井　均　2010「視聴覚メディアを問い直す：「わかる」のために」『視聴覚教育』64, 28-30.
内閣府　2022「令和3年度青少年のインターネット利用環境実態調査調査結果(速報)」〈https://www8.cao.go.jp/youth/kankyou/internet_torikumi/tyousa/r03/net-jittai/pdf/sokuhou.pdf〉
中橋　雄　2013「メディアプロデュースのためのメディア・リテラシー」中橋　雄・松本恭幸（編著)『メディアプロデュースの世界』北樹出版
坂本　旬　2022『メディアリテラシーを学ぶ：ポスト真実時代のディストピアを超えて』大月書店
総務省　2022「メディア情報リテラシー向上施策の現状と課題等に関する調査結果報告」〈https://www.soumu.go.jp/main_content/000820476.pdf〉
鈴木みどり　1997『メディア・リテラシーを学ぶ人のために』世界思想社
UNESCO　2011　Media and Information Literacy Curriculum for Teachers.〈https://unesdoc.unesco.org/ark:/48223/pf0000192971〉
UNESCO　2017　Reading the Past, Writing the Future: Fifty Years of Promoting Literacy.〈https://unesdoc.unesco.org/ark:/48223/pf0000247563〉
内田伸子　2008『幼児心理学への招待―子どもの世界づくり[改訂版]』サイエンス社
亘　直子　2013「メディアと子どもの発達」『教育心理学年報』52, 140-152.

# ◆◆◆索　引◆◆◆

## た行

**な行**



**は行**



**ま行**



**や行**



**ら・わ行**

## ○編者紹介

**櫻井茂男**（さくらいしげお）

1956年長野県生まれ。筑波大学大学院心理学研究科（博士課程）心理学専攻修了（教育学博士）。日本学術振興会特別研究員，奈良教育大学助教授，筑波大学人間系教授などを経て，現在，筑波大学名誉教授。学校心理士。
著書：『発達心理学入門Ⅰ 乳児・幼児・児童』（東京大学出版会），『自律的な学習意欲の心理学』（誠信書房），『子どものこころ 児童心理学入門〔新版〕』（有斐閣），『完璧を求める心理』（金子書房），『学びの「エンゲージメント」』（図書文化）ほか多数。

## ○執筆者紹介

櫻井　茂男（筑波大学名誉教授）編集者，第1章担当
池田　幸恭（和洋女子大学人文学部教授）第2章担当
鈴木　公基（関東学院大学教育学部准教授）第3章担当
大内　晶子（常磐短期大学幼児教育保育学科准教授）第4章担当
外山　美樹（筑波大学人間系教授）第5章担当
黒田　祐二（福井県立大学学術教養センター教授）第6章担当
市原　　学（都留文科大学教養学部教授）第7章担当
小林　　真（富山大学教育学部教授）第8章担当
鈴木みゆき（関東学院大学法学部准教授）第9章担当
佐藤　有耕（筑波大学人間系教授）第10章担当
松尾　直博（東京学芸大学教育学部教授）第11章担当
安達　智子（大阪教育大学教育学部教授）第12章担当
佐藤　広英（信州大学人文学部准教授）第13章担当

（執筆順。所属，役職は，2023年2月現在）

【改訂版の主な変更点】

・「第 5 章 非認知能力の発達」を新設し，全 13 章構成とした。

・「第 4 章 認知の発達」および「第 13 章 情報リテラシーの発達」は著者が代わり，内容も全面的に改めた。

・その他の章も，研究の進展や教育界の変化に鑑みて，適宜，内容を改訂した。

改訂版
たのしく学べる最新発達心理学
－乳幼児から中学生までの心と体の育ち－

2010 年 3 月 10 日　初版第 1 刷発行
2023 年 4 月 1 日　改訂版第 1 刷発行

［検印省略］

編　者……櫻井茂男
発行人……則岡秀卓
発行所……株式会社図書文化社
〒 112-0012 東京都文京区大塚 1-4-15
TEL 03-3943-2511 FAX 03-3943-2519
振替　00160-7-67697
http://www.toshobunka.co.jp/
組版・印刷・製本……株式会社　厚徳社
装幀者……中濱健治

乱丁，落丁本はお取替えいたします。
定価は表紙カバーに表示してあります。
ISBN978-4-8100-3779-1 C3037